WOLFGANG SLAPANSKY

DAS KLEINE VERGNÜGEN AN DER PERIPHERIE

MARKIERUNGEN
REISEN IN DEN ALLTAG

Herausgegeben von Hubert Ch. Ehalt

WOLFGANG SLAPANSKY

DAS KLEINE VERGNÜGEN AN DER PERIPHERIE

DER BÖHMISCHE PRATER IN WIEN

PICUS VERLAG WIEN

Gedruckt mit Unterstützung des Fonds zur Förderung der wissenschaftlichen Forschung in Österreich
und des Bundesministeriums für Wissenschaft und Forschung in Wien

Die Deutsche Bibliothek – CIP-Einheitsaufnahme

Slapansky, Wolfgang:
Das kleine Vergnügen an der Peripherie : der Böhmische Prater in Wien /
Wolfgang Slapansky. – Wien : Picus, 1992
(Markierungen, Reisen in den Alltag)
ISBN 3-85452-235-5

Graphische Gestaltung: Dorothea Löcker, Wien
Satz: Atelier Vogel, Korneuburg
Druck und Verarbeitung:
Landesverlag Druckservice, Linz
Printed in Austria
ISBN 3–85452–235–5

INHALT

VORWORT

Die Geschichtswissenschaft hat im deutschsprachigen Raum in den letzten beiden Jahrzehnten eine neue Identität gefunden, die zwischen den Polen einer »historischen Sozialwissenschaft« und einer ethnologisch orientierten Kulturforschung angesiedelt ist. Die erste Phase einer kritischen Standortbestimmung der Geschichtswissenschaft war wesentlich durch die systematischen Sozialwissenschaften beeinflußt, und das Forschungsinteresse richtete sich auf die Analyse von Strukturen und Prozessen, von sozialen Gebilden und Konfigurationen, die über subjektive Erfahrungen und Intentionen hinausreichen. Dort wo die Geschichtsforschung den Charakter einer »historischen Sozialwissenschaft« annahm, traten Ereignisse und Personen in den Hintergrund. So wichtig diese Entwicklung für die Überwindung historischer Positionen war, sie barg in sich zweifellos auch Schwächen und Gefahren. Der historische Ablauf wurde durch diese strukturgeschichtliche Perspektive so abstrahiert, daß er an Authentizität und Nachvollziehbarkeit verlor. Die Kluft zwischen Individuum und Gesellschaft, zwischen der Geschichte und den persönlichen Geschichten der durch sie betroffenen Menschen, zwischen der Wissenschaft und ihren Objekten, den eigentlich Betroffenen, blieb bestehen.

Die zweite Phase der Neuorientierung der Geschichtsforschung wurde sehr stark durch die inhaltlichen Zielvorstellungen und die Methoden der Ethnologie beeinflußt. Schlüsselbegriffe wurden »Alltag« und »Kultur«, das Leben der Menschen, ihre alltäglichen Handlungs-, Wahrnehmungs- und Bewältigungsweisen. Mittlerweile ist eine umfangreiche Literatur zur Geschichte des Alltags entstanden, deren Schwerpunkte im Hinblick auf die Quellenlage – autobiographisches Material und lebensgeschichtliche Interviews – naturgemäß im 19. und 20. Jahrhundert liegen.

Die Buchreihe »Markierungen – Reisen in den Alltag« ist an einem alltags- und regionalgeschichtlichen Ansatz orientiert. Die Markierungen beschreiben das, was in anderen Reiseführern nicht steht, und das, was in ihnen steht aus einer anderen Perspektive. Traditionen, die von der Geschichtsschreibung verdrängt oder unterdrückt wurden, werden aufgedeckt, Klischees zerstört, Bilder zurechtgerückt. Ein anderes Verständnis von Städten, Ländern und Regionen wird möglich. Augen, Ohren und Nasen werden für das Alltägliche geschärft, das durch ethnologische Perspektiven verfremdet, damit aber erst sichtbar wird.

Geschichte und Gegenwart werden aus einer sozial- und kulturwissenschaftlichen Perspektive, vor allem aus der Sicht der Menschen, die an einem bestimmten Ort gelebt haben oder leben, dargestellt. Das Klischee verliert sich und die Strukturen des alltäglichen Lebens, die Alltagskultur, die Mentalitäten und Rituale der »Eingeborenen«, wie sie in den Stadtchroniken und Baedekern nicht vermerkt sind, werden sichtbar.

Zeitdokumente, Augenzeugenberichte und lebensgeschichtliche Interviews machen die sozialen Wirklichkeiten, in denen sich das Leben der Menschen abspielt, deutlich.

Vieles wird festgehalten, bevor mit den Menschen auch die Erinnerungen schwinden.
Die Markierungen beschreiben andere Orte und Wege, die oft nur einige Schritte von den üblichen touristischen Routen entfernt sind. Den »Markierungen« folgen heißt, sich auf eine Auseinandersetzung mit dem anderen, dem Fremden, einzulassen. Strukturen werden aus der Geschichte der handelnden Personen lebendig, authentische Erfahrungen und die Originalität von Orten und Menschen, die sich bisher ihrer näheren Umwelt mitteilten, werden erschlossen. Als Herausgeber der »Markierungen« freue ich mich über das vorliegende Buch von Wolfgang Slapansky, das in seiner genauen Darstellung des Mikrokosmos »Böhmischer Prater« Strukturen umfassender geschichtlicher Entwicklungen sichtbar macht.

Hubert Ch. Ehalt,
Wien im Sommer 1992

SPAZIERGÄNGE IN DER VORSTADT

ÜBER DIE GASTLICHKEIT
BEMERKUNGEN ZU DEN GASTSTÄTTEN IM BÖHMISCHEN PRATER

»waßt wie sche daß des is
in an schanigarten sitzen
am freitag aufd nacht
bei an seidl bier
waßt wia sche daß des is
in an schanigarten sitzen
am freitag aufd nacht
bei an kriegl bier
und afoch des hirn
und afoch des hirn
davorinna lassen . . .«
(Peter Henisch)

Ein Spaziergang durch den Böhmischen Prater ohne den Besuch des einen oder anderen Gasthauses links und rechts der Hauptstraße durch den Prater – das wäre wohl nur eine halbe Sache. Ein kühles Krügel oder Vierterl im schattigen Gasthausgarten, ein süßes Kracherl, ein Eisbecher oder ein Langos, die kleinen kulinarischen Genüsse gehören ebenso zu den Fixpunkten eines Praterbesuchs wie die vielfältigen schaustellerischen Attraktionen. Und zur Befriedigung dieser Genüsse gibt es im Böhmischen Prater Möglichkeiten genug. Schließlich stehen, abgesehen von mehreren Imbißstuben und Verkaufsständen, entlang der nur wenige hundert Meter langen Hauptstraße nicht weniger als sieben Gaststätten in unmittelbarer Nachbarschaft zur Auswahl, allesamt einladend an der Straßenfront gelegen und mit großteils weitläufigen Gasthausgärten ausgestattet. Diese Konzentration von Gastwirtschaften ist nicht weiter verwunderlich, gehörten doch Schaustellergeschäfte und Gaststätten seit jeher untrennbar zusammen. Denn überall, wo größere Menschenansammlungen zu erwarten waren, erkannten Gastwirte und Schausteller gleichermaßen zu Recht das einträgliche Geschäft. Und

bis heute hat sich diese Nachbarschaft von Schaustellerbetrieben und Gaststätten auch am Laaerberg erhalten.
Ohne Zweifel, Krisen hatten beide Sparten des Unterhaltungsgewerbes im Böhmischen Prater im Laufe der letzten hundert Jahre zahlreiche zu bestehen. Wie auch mehrere Schaustellerbetriebe mußten zwei Gaststätten im Laufe der fünfziger und sechziger Jahre ihren Betrieb einstellen. Die Mehrzahl der Familienbetriebe jedoch machte weiter, trotz Zukunftsperspektiven, die alles andere als gut waren. Und heute zeigt sich, daß der ungebrochene Optimismus der Gastwirte am Laaerberg nicht unbegründet war, denn die Gaststätten sind während der Sommermonate wieder gut besucht, so gut jedenfalls, daß die Betriebe wohl weiterbestehen werden können.
Vieles liegt hier am Laaerberg noch enger am Klischee der Wiener Gemütlichkeit als in so mancher Heurigengegend Wiens. Erscheinen diese heute vielfach den Prospekten der Fremdenverkehrswerbung angepaßt, so lebt die Stimmung im Böhmischen Prater weit mehr vom vielzitierten Charme der Vorstadt. Improvisationen in den Schanklokalen und Gasthausgärten erinnern nachhaltig an die verschlafene Zeit der fünfziger und sechziger Jahre, als hier nicht an überhastete Modernisierungen zu denken war, als sich nur wenige Gäste hierher verirrten, in das abgelegene Gebiet im Laaer Wald, eingebettet zwischen Schrebergärten und Industrieruinen. Und auch im Gegensatz zu vielen Wiener Gasthäusern, die im Zuge des Beisl-Booms ab den siebziger Jahren sich zunehmend in einem standardisierten Interieur präsentierten, konnten die Gasthäuser am Laaerberg eine gewisse Eigenständigkeit beibehalten, eine Art Widerborstigkeit gegen den Zeitgeist. Wie etwa der Schankraum im Gasthaus Bendekovics. Ein alter Bretterboden, Holztäfelungen an der Wand, in der Mitte ein Kohlenofen, und schließlich die obligate Schank mit Kühlraum, Bierhahn und Abwasch.
Seit jeher leben die Gaststätten am Laaerberg in erster Linie von den idyllisch gelegenen Gasthausgärten. Das gesamte Pratergeschäft ist in der Hauptsache ein Saisongeschäft, und bei schönem Wetter sind es natürlich die Biergärten, die die Hauptattraktion darstellen. Unter mächtigen Eichen, Ahorn- und Kastanienbäumen stehen Hunderte Sitzplätze zur Verfügung, wobei es an so manchem lauen Sommerabend schon einmal vorkommen kann, daß man in dem einen oder anderen Gastgarten längere Zeit nach einem freien Tisch suchen muß. Ganz zur Freude der Gastwirte, denn unter der Woche ist hier bedeutend weniger Betrieb zu verzeichnen. Und mehrere verregnete Wochenenden im Sommer können sich hier schon spürbar auf den Geschäftsgang auswirken.
Freilich, früher hat es viel mehr Betrieb gegeben, erinnert sich ein Gastwirt an die Zeit vor dem Zweiten Weltkrieg, als er hier sein Gasthaus übernommen hatte. Trotz der schlechten wirtschaftlichen Situation, oder vielleicht gerade deshalb, habe sich halb Favoriten hier getroffen. Hunderte Liter Bier seien hier an Wochenenden in jedem Gasthaus ausgeschenkt worden. Große Feste hätten hier stattgefunden, Tanzveranstaltungen, musikalische Darbie-

tungen, und auch die vielen Kegelbahnen hätten das ihre zur Unterhaltung beigetragen. Und natürlich, viel gerauft wurde hier auch. Nach dem Krieg aber war alles nicht mehr so wie früher. Viel ruhiger ist es geworden. Kartenrunden hat es noch gegeben, und einige Stammgäste, die fast täglich hierherkamen. Die alten Gäste jedoch, die sterben weg. Und heute, das ist ein ganz anderes Publikum. Gebessert habe es sich, betont der Wirt. Denn noch vor zwanzig Jahren wäre es nicht ratsam gewesen, am späten Abend allein durch den Böhmischen Prater zu gehen. Und noch etwas. Früher, da waren Wirte vom alten Schlag gefragt, da hat Durchsetzungkraft dazugehört, um für klare Verhältnisse im Lokal zu sorgen. Doch heute habe sich alles normalisiert, Schwierigkeiten mit Gästen gäbe es keine mehr. Schließlich habe er sich ja herausgeputzt, der Böhmische Prater.

Eigentlich hatten die Gaststätten des Böhmischen Praters nie den Charakter jener Gasthäuser, wie sie für die Außenbezirke der Stadt typisch sind, als Beisl am Eck, als »verlängertes Wohnzimmer« im Arbeiterbezirk. Vielmehr handelte es sich seit jeher um mit Ausflugsgaststätten vergleichbare Wirtschaften. Zu abgelegen ist der Böhmische Prater, um im Bereich der Gastwirtschaften für den lokalen Bedarf im Bezirk in Frage zu kommen. So sind es neben den Praterbesuchern hauptsächlich Spaziergänger, die, von Favoriten oder Simmering kommend, hier auf ihrem Weg eine Zwischenrast einlegen. Dementsprechend sind es in der Hauptsache Getränke und kleine Speisen, die hier konsumiert werden. Und hier ist zu bemerken, daß sich die Preise im Böhmischen Prater durchaus in Grenzen halten. Nicht teurer als beim Heurigen oder in den Gaststätten im Bezirk ist hier das Angebot an Speisen und Getränken. Was in den letzten Jahren die Wirtshäuser im Böhmischen Prater zu beliebten Alternativen zu Heurigenlokalen werden ließ.

In der Mitte des Böhmischen Praters, in unmittelbarer Nachbarschaft zum ältesten Ringelspiel am Laaerberg, dem Pferdekarussell, befinden sich jene beiden Gaststätten, die im wesentlichen jenen Bestand an Gastwirtschaften repräsentieren, wie er zumindest ab der Zwischenkriegszeit für den Laaerberg charakteristisch war. Dabei handelt es sich um die beiden Gaststätten Pintarich und Bendekovics. Die beiden Lokale bilden fast eine Einheit, da sie unmittelbar aneinandergrenzen. Nur die beiden links und rechts der Häuser befindlichen Biergärten weisen darauf hin, daß es sich hier um zwei voneinander getrennte Gaststätten handelt. Und beide Gärten zählen sicherlich zu den wesentlichen Attraktionen im Böhmischen Prater. Beim »Spenglerwirt« (Bendekovics) finden im Garten an die 300 Personen Platz. Feiner Kies macht den Garten einigermaßen pflegeleicht, Eichen und Kastanien sind hier mächtige Schattenspender. Zwischen den Holztischen sind eine Reihe von kleinen Laternen aufgestellt, um den Besuch des Gasthauses an lauen Sommerabenden noch romantischer erscheinen zu lassen. An der Hausfront befindet sich eine überdachte Laube, an der bei besonders starkem Andrang das Bier gleich direkt im Garten abgezapft werden kann. In der Mitte des Gartens schließlich steht ein kleines Holzsalettl, in dem an guten Geschäftstagen der Alleinunterhalter Fredi die Gäste bei Laune halten soll. Sein musikalisches Repertoire beinhaltet alle Gassenhauer, von norddeutschen Seemannsliedern über bayrische Bierlieder, Wienerlieder, bis hin zu aktuellen Schlagern aus der Hitparade. Von Märchenprinzen singt er ebenso wie von weißen Tauben, weißen Rosen und roten Lippen, und auch der Lambada fehlt nicht im Programm. Und auch nicht die Frage, was denn wäre, wenn wir alle Vöglein wären. Eine improvisierte Tanzfläche vor dem Salettl ist häufig von Tanzpaaren in Beschlag genommen. Hier wiegen sich Besucher jeden Alters zu den Weisen, vorgetragen mit Harmonika oder Synthesizer in der Koppelung mit mehreren Effektgeräten und einem Drumcomputer. Noch einmal der Zillertaler Hochzeitsmarsch, und dann legt der Herr Fredi eine kurze Pause ein, die er dazu nutzt, mit einem Körbchen von Tisch zu Tisch zu gehen, und um eine kleine Spende für die Musik zu bitten.

Die Auswahl an Speisen und Getränken orientiert sich beim Bendekovics im wesentlichen an der Wiener Küche. Neben Schnitzel und Schweinsbraten sind vor allem die ausgezeichneten Specklinsen zu nennen. Neuerdings sind hier auch Spareribs im Angebot. Bei den Getränken dominieren nach wie vor Bier und Wein.

Nach mehreren Seideln Bier kann man hier hautnah noch eine Kuriosität des Böhmischen Praters erleben, nämlich die Toilettenanlagen. Diese sind ähnlich wie beim nächsten Gasthaus, dem Gasthaus Pintarich, nicht im Hauptgebäude untergebracht, sondern befinden sich abgelegen in einer eigenen gemauerten Hütte am hinteren Ende des Gasthausgartens. Was im Sommer kurios erscheint, kann während der kalten Jahreszeit eher unangenehm werden, wenn man aus der warmen Wirtsstube etwa 50 Meter durch den Garten hetzen muß, um die Toilettenanlagen aufzusuchen.

Nun zum zweiten alten Pratergasthaus, dem »Weißen Rössel« (Pintarich). Auffällig sind hier vor allem die vielen kleinen, mit kräftigen Farben gestrichenen Tische im Garten mit den dazugehörigen, an Betonpfeilern fixierten Sitzbänken. Im hinteren Teil des Gartens befindet sich eine kleine überdachte Laube, um bei Regenschauern den Gästen im Freien etwas Schutz zu bieten. Dort, wo sich früher eine Kegelbahn befand, führt heute ein mit Steinplatten versehener Weg zu den am hinteren Ende des Gartens gelegenen Toilettenanlagen. Der Garten beim Pintarich ist um einiges kleiner als der beim benachbarten Bendekovics, aber um nichts weniger frequentiert. Das Angebot an Speisen reicht hier von kleinen Imbissen wie etwa Preßkopf bis zu den obligatorischen Schnitzeln, Schweinsbraten, und auch Spareribs und Wildspezialitäten fehlen nicht auf der im übrigen recht nett gestalteten Speisekarte. Im Bereich der Getränke stehen ebenfalls Bier und Wein im Vordergrund. Als äußerst positiv bleibt hier zu vermerken, daß alkoholfreie Getränke verhältnismäßig billig sind. An der Bar im Inneren des Lokals gibt es eine große Auswahl an Hochprozentigem.

Das Lokal ist recht behutsam modernisiert worden, ohne die Charakteristik eines Vorstadtgasthauses zu verdecken. Mehrere einfache Holztische bieten auch bei schlechter Witterung den Gästen Platz. An der Wand hängen Tageszeitungen und Illustrierte, und schließlich ist hier auch für Unterhaltung gesorgt. Im Schankraum steht ein häufig benutzter Flipper und im Hinterzimmer ein Poolbillardtisch. Und auch der Gastwirt selbst trägt zur Unterhaltung bei, wenn er begeistert Anekdoten aus seinem langen Praterleben erzählt und mit Stolz seine alte Fotosammlung präsentiert.

Am Ausgang des Schankraumes zur Straße hin befindet sich ein kleines, aber durchaus einträgliches Nebengeschäft, nämlich der Straßenverkauf von kleinen Imbissen, von Süßigkeiten und Eis.

Eine zweite Verkaufshütte für allerlei Kleinigkeiten steht beim Gasthaus »Copa Cabana« (Sommer). Hier sind es vor allem Langos, Pommes frites und gesponnener Zucker, die laufend Absatz finden. Das Gasthaus selbst, erst im Laufe der siebziger Jahre errichtet, entbietet zumindest im Inneren eher den Eindruck eines Kaffeehauses oder Heurigen als den eines Pratergasthauses. Dem Lokal sieht man die Affinität der Besitzerin zum Süden an. Es wirkt so frisch herausgeputzt wie eine Gaststätte in einem südeuropäischen Feriendorf. Der Gastgarten hingegen entspricht wiederum dem Umfeld des Böhmischen Praters. Etwas über dem Straßenniveau gelegen, findet man hier unter Linden und Eichen schattige Plätzchen zur Entspannung. Etwas von südländischer Feriendorfstimmung kommt hier dann auf, wenn der große Grill im Garten angeheizt wird. Dann nämlich gibt es hier ausgezeichnete Grillspezialitäten, vor den Augen der Gästen zubereitet. Neben den herkömmlichen Spießen und Koteletts kann man noch eine ganz besondere Spezialität genießen, die Steckerlfische, für die das Gasthaus Sommer weit über die Grenzen des Böhmischen Praters hinaus berühmt ist. Und Biergenießer finden hier noch etwas Besonderes: Tschechisches Bier, Budweiser, frisch vom Faß.

Auf der dem »Copa Cabana« gegenüberliegenden Straßenseite befindet sich der erst 1988 eröffnete Heurige »Zum Werkelmann«. Dieses Lokal steht auf traditionsreichem Boden, befand sich doch hier der »Staudacher«, das wohl bekannteste Praterlokal während der Zwischenkriegszeit. Nach dem Krieg wurde das Gebäude wieder instand gesetzt, dem Gasthaus »Dvorak-Staudacher« war jedoch kein langes Leben beschieden. Bereits nach wenigen Jahren mußte das Lokal wieder geschlossen werden, niemand fand sich, der an der Weiterführung des Gasthauses interessiert gewesen wäre. Jahrzehntelang stand das Gebäude leer, war dem Verfall preisgegeben. Erst vor wenigen Jahren wurde es von der Familie Geißler völlig renoviert und schließlich als Heurigenlokal eröffnet.

Am Eingang des Gartens steht im Freien ein großer Holzkohlengrill, wo Dutzende Grillhühner zubereitet werden. Der Garten selbst wirkt sehr gepflegt, und an guten Geschäftstagen ist er häufig bis auf den letzten Platz belegt. Das Innere des Lokals ist modern und zweckrational eingerichtet, im unterkühlten Charme rustikaler Romantik. In einer langen Vitrine sind alle Köstlichkeiten einladend angerichtet, vor allem Aufstriche, Salate, Wurst, Geselchtes, und auch die hausgemachten Strudel sind durchaus empfehlenswert. An der Wand hängen alte Fotos aus dem Böhmischen Prater, daneben alte Zeitungsberichte. In der Ecke steht ein großes Bild des wohl berühmtesten Herren am Laaerberg, des Baron Karl. Wie in allen Gasthäusern der Umgebung soll der Baron Karl auch beim Staudacher, dem Vorläufer des heutigen Heurigen, des öfteren eingekehrt und zum einen oder anderen Bier eingeladen worden sein. So erzählt man im Böhmischen Prater.

Wenn die Dämmerung über den Laaerberg hereinbricht, dann fährt der Heurigenwirt seine Drehorgel in den Garten. »Es wird ein Wein sein . . .« ertönt es nun im weiteren Umkreis der Buschenschenke, und unter der Laube bleibt die weinselige Heurigenstimmung bis spät in die Nacht prolongiert.

Für den Heurigen »Zum Werkelmann« ist ein Angebot charakteristisch, das in erster Linie Eltern mit Kindern zu schätzen wissen: Stufen führen vom Gasthausgarten auf eine darunterliegende Spielwiese, auf der ein kleiner Kinderspielplatz eingerichtet ist. Während die Eltern unter der Heurigenlaube in aller Ruhe ihre G'spritzten trinken, können die Kinder auf der Wiese nach Herzenslust herumtollen.

Das zweite Lokal, das erst im Laufe der achtziger Jahre im Böhmischen Prater eröffnet wurde, ist die Pizzeria »Zum Schrankenwirt«. Wie aus dem Namen bereits ersichtlich, liegt das Lokal nahe dem Verkehrsschranken, der an Sonn- und Feiertagen den Böhmischen Prater für den Autoverkehr sperrt. Ganz im Gegensatz zu den übrigen Pratergaststätten steht hier italienische Küche zur Auswahl, vor allem Pizzas und verschiedene Nudelgerichte. Die kleinen Tischchen auf der Terrasse des Lokals würden Erinnerungen an Italienurlaube wachrufen, wäre da nicht die dröhnende Lautsprechermusik des in unmittelbarer Nachbarschaft gelegenen Kettenkarussells, das nachhaltig die Prateratmosphäre betont.

Abschließend seien noch zwei Lokale genannt, die zwar nicht direkt als Gastwirtschaften zu bezeichnen sind, die aber dennoch ihren nicht unbedeutenden Anteil an der Gastronomie im Böhmischen Prater haben. Da wäre zum ersten die Spielhalle Tatschl, eine Spielhalle, die im Gegensatz zu den beiden Casinos im Böhmischen Prater weniger auf Gambler-Automaten setzt, sondern mehr auf Unterhaltungs- und Geschicklichkeitsspiele. Die Spielhalle, von Johann Leitgeb in den späten vierziger Jahren aufgebaut, birgt eine Reihe von jenen Unterhaltungen, die in den fünfziger Jahren die amerikanische Unterhaltungsindustrie bis hierher auf den Laaerberg bekannt machte. Da stehen zum einen mehrere Flippergeräte an der Wand, an denen sich die Pinball-Wizards von Favoriten messen können. Eine Juke-Box sorgt für die musikalische Umrahmung. In der Mitte des Spielsalons befinden sich zwei Tischfußballspiele, daneben stehen zwei Billardtische zur Verfügung. Der heutigen Zeit angepaßt, befinden sich auch mehrere Computerspiele im Angebot der Spielhalle. Es ist vorwiegend ein jugendliches Publikum aus dem Bezirk, das hier im Spielsalon Tatschl seinen Treffpunkt gefunden hat. Und da bekanntlich ein ausgiebiges Bedienen der Spielautomaten durstig macht, ist in der Spielhalle auch eine Stehbar untergebracht. Bier, Wein und auch alkoholfreie Getränke sind hier um einiges billiger als in den benachbarten Gaststätten. Schließlich kann bei einem Bier oder einem Vierterl auch aus dem mittelmäßig Begabten ein Flipperkönig oder aus dem wenig talentierten Tischfußballspieler ein Kurbelmaradona werden. Und auch die Pausen zwischen den Spielen lassen sich an der Bar recht gut verbringen. Illusionen sind es ja schlußendlich, die seit jeher die Praterunterhaltungen bestimmten.

Und auch das letzte hier vorgestellte Lokal ist im eigentlichen Sinn kein Gasthaus. Es ist das Süßwarengeschäft Kazda gegenüber dem Riesenrad. Im Stil einer alten Landgreißlerei stehen in dem nur wenige Quadratmeter großen Verkaufslokal allerlei Kleinigkeiten zur Auswahl, von Süßigkeiten wie Schokolade, Kokoskuppeln, Schaumrollen über Eis bis hin zu belegten Broten, Wurstsemmeln, Salzstangerln und ähnlichem. Und auch für Getränke ist hier gesorgt. Milch, Mineralwasser, Limonaden und auch Bier und Wein. Dem kleinen Verkaufslokal ist ein ebenso kleiner Garten mit sieben Tischen angeschlossen, an der Straße gelegen, doch nur durch den Verkaufsraum zu betreten. Mehrere Tafeln mit der Aufforderung, daß sogleich zu bezahlen ist, weisen darauf hin, daß hier Selbstbedienung herrscht. Und dementsprechend sind die Getränke etwa um die Hälfte des Gasthauspreises zu bekommen. Vieles wirkt hier noch improvisierter als in den anderen Gaststätten, vieles erinnert an die Stimmung in einem der nahegelegenen Schrebergärten. Alte Holztüren, Teerplatten, alles findet hier als Baumaterial Verwendung.

Im Herbst, wenn die Pratersaison sich dem Ende zuneigt, dann wird es ruhig im Böhmischen Prater. Sobald der Gartenbetrieb nicht mehr möglich ist, kommen auch weniger Gäste auf den Laaerberg. Nach einem hektischen Sommer kehrt hier wieder Ruhe und Beschaulichkeit ein. Die Gastgärten werden geräumt, Tische, Sessel und Bänke werden in den Lagerschuppen verstaut. Die Gärten sind leer, und in den Gasthausstuben finden sich auch nur wenige Gäste ein. Einige Lokale haben für mehrere Wochen überhaupt geschlossen, andere ihren Betrieb auf Wochenenden oder Abende reduziert. Und auch das Bedienungspersonal, das während der Saison so dringend benötigt wird, brauchen die Gastwirte nun nicht mehr. »Im Winter sind wir dann ein echter Familienbetrieb«, meint einer der Gastwirte, »ohne Küchenhilfe und Kellnerin.« Und voller Begeisterung erzählt er von all den Attraktionen, die er für das nächste Jahr geplant hat, wenn es um die Osterzeit wieder darangeht, den Gasthausgarten für die nächste Saison auf Hochglanz zu bringen.

* * *

ALLES DREHT SICH, ALLES BEWEGT SICH ...
DAS DREHORGELMUSEUM
VON OTTO GEISSLER

Laaer Wald Nr. 35. Ein mit Kies aufgeschütteter gepflegter Schaustellerplatz, wie er für den heutigen Böhmischen Prater typisch ist. Hinter dem Eingang des Platzes befindet sich an der linken Seite die »Raupe«, rechts fahren die »Schnauferl« entlang ihrer Rundbahn, in der Mitte des Platzes stehen einige kleinere Unterhaltungsgeschäfte. Hinter den Schaustellergeschäften erhebt sich das schmucke Einfamilienhaus der Familie, daneben mehrere Werkstätten und Garagengebäude des ehemaligen Autoverwertungsbetriebes.

Abgesehen vom durchaus bemerkenswerten Bestand an traditionellen Praterunterhaltungen bietet der Schaustellerplatz der Familie Geißler eine außergewöhnliche und einem breiten Publikum weitgehend unbekannte zusätzliche Attraktion: ein Drehorgelmuseum. Untergebracht ist dieses Museum im Seitentrakt der ehemaligen Garage des Autoverwertungsbetriebes. Eigentlich müßte man die rührige Privatsammlung eher als Sammlung historischer Musikapparate bezeichnen, denn die Drehorgeln stellen nur einen kleinen Teil der Sammlung dar. Doch bilden sie andererseits den Kern, und überdies läßt sich über die Drehorgeln am ehesten die inhaltliche Verbindung zum Pratergewerbe herstellen.

Direkt mit dem Schaustellergewerbe haben die hier ausgestellten mechanischen Musikapparate nur am Rande zu tun. Vielmehr stellen sie imposante Objekte des Alltagslebens um die Jahrhundertwende dar. Überall, wo Musik zur Belebung des Geschäftsgangs ihren Beitrag leisten konnte, wurden mechanische Musikapparate eingesetzt – in der Gastronomie ebenso wie im Unterhaltungsgewerbe. Vor allem die großen Orchestrions stellten vielfach die Basis der Tanz- und Unterhaltungsmusik in Gasthäusern, Cafés und Restaurants dar, zumindest dort, wo keine Live-Musik möglich war. Nach wie vor wird mit der Kultur des Praters, des Jahrmarkts und des Rummelplatzes die leiernde Geräuschkulisse der Karussell- und Drehorgeln assoziiert, wenngleich heutzutage diese von den aus den Lautsprecheranlagen dröhnenden Popsongs der aktuellen Hitparade fast ausnahmslos verdrängt wurden. Das Grammophon und später der Plattenspieler setzten bereits vor dem Zweiten Weltkrieg den mechanischen Musikapparaten jene Grenzen, die ihren weiteren Einsatz nicht mehr sinnvoll erscheinen ließen.

Wie gesagt, der Bestand von Otto Geißlers Musikautomatensammlung bezieht sich nur am Rande auf die Kultur der Rummelplätze, wiewohl Kindheitserinnerungen maßgeblichen Anteil an der Sammlertätigkeit Otto Geißlers hatten. Als Kind war er auf den Plätzen seines Großvaters sowie seiner Tante regelmäßig dazu eingeteilt gewesen, die Drehorgeln neben dem Riesenrad beziehungsweise neben dem Karussell zu bedienen. An endlos erscheinende Wochenenden erinnert er sich, an denen die Arbeit für die Kinder der Schausteller mehr als lästige Verpflichtung war. Der große Brand im Frühjahr 1945 zerstörte jedoch diese Orgeln ebenso wie den Großteil der Illusionen.

Gegen Ende der sechziger Jahre machte sich Otto Geißler daran, verstärkt nach verfügbaren, auch noch so beschädigten Musikautomaten Ausschau zu halten. Über Bekannte, alte Schaustellerkollegen sowie über Zeitungsanzeigen, konnte er schließlich den Grundstock der heutigen Sammlung erwerben.

Das erste Stück war ein in desolatem Zustand befindliches altes Orchestrion eines tschechischen Schaustellers, der gerade in Wien seine Unterhaltungsgeschäfte betrieb. Nach einer aufwendigen Generalsanierung erstrahlte das Orchestrion bald in neuem Glanze, und auch akustisch war die Renovierung ein Erfolg, wovon man sich bei einer Führung eindrucksvoll überzeugen kann, denn es bläst, im wahrsten Sinne des Wortes, aus vollem Rohr.

Die Orchestrions können zu Recht als Vorläufer der elektronischen Musikautomaten (Wurlitzer etc.) bezeichnet werden. Sie standen in Gaststätten zur Musikuntermalung zur Verfügung. Der Aufbau dieser Geräte ist vergleichsweise einfach und genial zugleich: Auf einer drehbaren Holzwalze sind Stahlstifte befestigt, die bei Drehung der Walze über einen Metallkamm gleiten. Die Abfolge der Stahlstifte wird schließlich auf eine Saitenbespannung übertragen und ohne weitere Verstärkung reproduziert. Was früher die Aufgabe des Gastwirtes war, zeigt nun Otto Geißler voller Stolz vor: Über eine Kurbel wird ein Gewicht aufgezogen, das Orchestrion ist spielbereit. Nach dem Einwurf einer Münze, wenn also der sprichwörtliche Groschen gefallen ist, wird die Sperre des Gewichts entsichert und so die Walze in Betrieb gesetzt. Das Orchestrion legt in eindrucksvoller Lautstärke los. Mehrere Melodiestimmen lassen unschwer die »Lustigen Holzhackerbuam« erkennen, und das sogar mit Schlagzeugbegleitung. Insgesamt stehen pro Walze acht verschiedene Melodien zur Verfügung, die auf Wunsch abgerufen werden können. Im Vergleich zum schmeichelweichen Computersound der heutigen Unterhaltungsmusik wirkt die schräge Melodie des Orchestrions als Jukebox der Jahrhundertwende mehr als kontrastierend.

Neben den beiden Orchestrions befinden sich in der Musikautomatensammlung von Otto Geißler mehrere bemerkenswerte Automaten, die zumindest von der Konstruktion her den Schallplattenautomaten bereits ähnlich sind. Bei diesen Polyphonen ist die Melodie eines Musikstückes durch Metallstifte auf einer Blechplatte gespeichert. Bei Drehung der Blechplatte gleiten die Metallstifte über einen Metallkamm, wodurch ein sphärischer Klang ähnlich etwa dem feinschichtigen Klang einer Harfe ertönt. Die zur Verfügung stehenden Scheiben mit je einer Melodie sind im Plattenschrank unter dem Polyphon archiviert. Die Scheiben weisen unterschiedliche Durchmesser auf, von 40 bis 62 cm. Je größer die Scheibe war, um so mehr Stimmen konnten darauf gespeichert werden, was sich schließlich auch auf die Lautstärke des Musikstückes auswirkte. Bei der Auswahl der Melodien stehen Walzer, Märsche und sentimentale Seemannslieder wie etwa »La Paloma« im Vordergrund.

Neben den imposanten, mannshohen Orchestrien und Polyphonen, die vor allem in Gaststätten zur Aufstellung gelangten, konnte Geißler jedoch auch eine Reihe von kleinen Spielautomaten und Spieldosen erwerben, die vornehmlich den bürgerlichen Haushalt der Jahrhundertwende mit Musik versorgten. Hier fanden alle technischen Variationsmöglichkeiten Verwendung. Jede Erzeugerfirma hatte ihre eigene Technologie, Normierung jedenfalls war nicht notwendig. Die billigeren Musikautomaten waren mit Harmonikazungen ausgestattet, die teureren bereits mit Blechplättchen und Orgelpfeifen. Bei den mit Orgelpfeifen versehenen Automaten mußte, wie bei den Drehorgeln, während des Spielens eine Kurbel angetrieben werden, die nun einerseits die mit Stiften bestückte Walze antrieb und andererseits über einen Blasbalg die jeweiligen kleinen Orgelpfeifen mit Luft versorgte. Eine größere Variationsbreite bei der Auswahl der Musikstücke wurde dadurch möglich, daß in manchen Fabrikaten anstelle einer Holzwalze eine Papierrolle zur Verwendung kam, auf der die eingestanzten Löcher die Melodieabfolge bestimmten. Mußten die beiden genannten Typen ständig angekurbelt werden, so stellt eine kleine Spieldose die Ausnahme dar. Dieser mit Einlegearbeit verzierte, beinahe zerbrechlich wirkende Musikautomat kann mit Hilfe eines Schlüssels aufgezogen und so spielbereit gemacht werden. Eine winzige Blechwalze mit Metallstiftchen kann nun auf Wunsch in Betrieb gesetzt werden, wobei die Stifte auf der Walze über einen Metallkamm gleiten und eine in hohen Tonlagen angesiedelte fein ausdifferenzierte Melodie erzeugen.

Wie bei all den genannten Musikautomaten handelt es sich auch bei den kleinen Spieldosen vornehmlich um Produkte der traditionellen Heimindustrie und Spielwarenerzeugung, wie sie etwa im Schwarzwald, in der Schweiz, im Thüringer Wald oder auch in Franken und im Böhmer Wald bis in unser Jahrhundert Bestand hatte. Langwierige Präzisionsarbeit war jedenfalls vonnöten, um jeden Stift auf der Walze exakt zu plazieren. Das machte schließlich die Qualität der Spielautomaten aus.

Ein reichlich kurioses Klavier befindet sich ebenfalls in der Sammlung von Otto Geißler. Das sogenannte »Phonola«-Klavier hatte die Eigenschaft, daß es sowohl aktiv bespielt als auch als Musikautomat verwendet werden konnte. Über einen Fußmechanismus kann hier eine eingebaute Papierwalze in Betrieb gesetzt werden, die verschiedene Melodien eingestanzt hat und über einen Abnehmermechanismus direkt auf die Klaviersaiten wirkt. So hatten die Besitzer, zum Großteil wiederum Gastwirte, die Möglichkeit, entweder selbst zu spielen oder gegebenenfalls spielen zu lassen.

Doch nun zum Kernstück der Sammlung, zu den Drehorgeln. Insgesamt stehen hier sechs Drehorgeln zur Besichtigung, wobei jedoch vier Leihgaben des bekannten Wiener Drehorgelspielers Karl Nagl sind. Die Verbindung der Drehorgeln zum Praterleben läßt sich in erster Linie über die Ebene der Kultur der Armut herstellen. Als Bettelinstrumente fanden sie vor allem in den Straßen und Hinterhöfen der Großstädte und Industrieballungszentren bis in die zwanziger und dreißiger Jahre unseres Jahrhunderts ihre Verbreitung. Dementsprechend sind ihre Herkunftsorte im wesentlichen auch Berlin, Prag oder Wien. Heute stellen die regelmäßig abgehaltenen Drehorgelvorführungen eher Kuriosa und blasse Erinnerungen an einen zum Teil bereits verschütteten Bereich der Kultur des Großstadtlebens zur Zeit der Industrialisierung dar. Anzumerken bleibt, daß im Böhmischen Prater seit 1982 regelmäßig ein internationales Drehorgelspielertreffen stattfindet (Memusi), wobei Drehorgelspieler aus der BRD, aus Frankreich und Großbritannien hier zum Erfahrungsaustausch und zur Präsentation ihrer Instrumente zusammenkommen. Mit Bettelmusik hat das Drehorgelspielen heute freilich nichts mehr zu tun. Geißler erzählt von einem Arzt aus der BRD, der abends regelmäßig in den Straßen der Stadt seine Drehorgel spielt. Auch Otto Geißlers Sohn Wolfgang, der im Böhmischen Prater ein Heurigenlokal betreibt, führt in seinem Lokal »Zum Werkelmann« regelmäßig Drehorgelmusik vor. So dient das mit dem schalen Beigeschmack der Bettelmusik behaftete Instrument heute eher strategischen Werbezwecken: Wolfgang Geißler war mit seiner Drehorgel nun bereits in Tokio und Kuwait, um Werbung für Wien – und nicht zuletzt für den Böhmischen Prater – zu machen. Und diese Werbestrategie scheint zum Teil auch aufzugehen, denn einige japanische Touristen waren bereits in den Böhmischen Prater gekommen, um den Werkelmann zu sehen. Von kuwaitischen Scheichs ist bislang allerdings noch keine Reaktion bekannt.

Doch zurück zur Sammlung von Otto Geißler. Nicht nur ihrer Lautstärke wegen stellen die Drehorgeln den Kern der Sammlung dar. Hier ist auch die persönliche Beziehung Otto Geißlers offensichtlich die stärkste. Alle Drehorgeln funktionieren nach demselben Prinzip: Eine Holz- bzw. Papierwalze hat die Melodienfolge über Stifte oder gestanzte Löcher gespeichert, die nun die 26 bis 87 Orgelpfeifen aus Metall oder Holz in Funktion setzen. Im aufklappbaren Deckel der Holzkonstruktion befinden sich Verzeichnisse der verfügbaren Musikstücke, die wahlweise abgespielt werden können. Das Spielen kann nur vonstatten gehen, wenn die Kurbel, die einen Blasbalg betreibt, bewegt wird. »Alte Kameraden«, »Tanzen möchte ich«, »Schneewalzer«, »Berliner Luft« oder »Mariechen saß weinend im Garten« sind nur wenige Beispiele der zur Verfügung stehenden Musikstücke.

Die größeren Drehorgeln besitzen durchwegs einen mit einem Fahrgestell ausgestatteten Untersatz, der die Fortbewegung erst ermöglichte. Jedoch gibt es in Geißlers Sammlung auch eine tragbare Drehorgel, die mit Hilfe eines Ledergurtes getragen werden konnte. Beim Betrieb dieser wesentlich kleineren Drehorgeln konnte zumeist ein Stützfuß ausgefahren werden, um einen leichteren Betrieb zu gewährleisten.

Neben den Musikautomaten sammelt Otto Geißler seit Jahren alle verfügbaren Objekte, die mit dem Praterleben im Zusammenhang stehen. So ist in seinem Museum ein Springpferd eines Pferdekarussells ebenso zu sehen wie eine Kutsche, die als Karussellbesatz diente. Daneben befindet sich ein sogenannter Triller, ebenso ein historisches Unterhaltungsgeschäft.

ALLES DREHT SICH, ALLES BEWEGT SICH . . .

Etwas versteckt im Hintergrund, aber nichtsdestoweniger bemerkenswert, befindet sich in der Sammlung ein kleiner Zuckerlautomat aus der Zeit der Jahrhundertwende. Das »Reichert's Hexenhäuschen« ist dem Lebkuchenhaus aus dem Märchen Hänsel und Gretel nachempfunden. Hinter einer Glasscheibe ist die Schlüsselszene des Märchens in einer lieblichen Inszenierung zu bewundern. Die Hexe macht sich gerade gegen Hänsel bemerkbar, der als Gefangener im Käfig sitzt, während Gretel etwas hilflos der Szenerie folgt. Natürlich fehlen auch Katz' und Hund nicht. Durch den Einwurf von 20 Pfennig und das Drehen einer Kurbel konnten Kinder die Süßigkeiten zum Vorschein bringen. Doch das war noch nicht alles – auch eine kleine Melodie ertönte, die die Szenerie des Märchens etwas untermalte, wenn der Automat bedient wurde.

Zum Abschluß seien noch die zahlreichen historischen Fotografien, Plakate u. ä. genannt, die ebenfalls in dieser Sammlung zu sehen sind.

Wenn der Besucher nun, beeindruckt und von der lauten Musik etwas benommen, den Raum der Sammlung verläßt, ist die Führung noch nicht zu Ende. Denn das Prunkstück der Sammlung Otto Geißlers findet allein aufgrund seiner Größe in der Garage keinen Platz. Es ist eine fahrbare Karussellorgel, die Geißler im Jahre 1978 in der BRD erwerben konnte. In zugeklapptem Zustand glaubt man eher, den Anhänger eines LKW zu sehen, doch wenn die Seitenfront geöffnet wird, kann man die etwa 3 × 3 m große Orgel in ihrer imposanten Größe bewundern. Insgesamt besitzt die 1913 erbaute Karussellorgel 137 Orgelpfeifen von 3 m bis zu 1,5 cm Größe, daneben auch ein eingebautes Schlagzeug – das entspricht einer Orchesterkapazität von 25 Musikern. Der Antrieb erfolgt elektrisch, wobei wie bei den vergleichsweise kleinen Drehorgeln Walzen mit Stahlstiften die Melodien gespeichert haben. Standen derartige Karussellorgeln noch bis zum Zweiten Weltkrieg häufig mit dem Betrieb der Karussells in Verbindung, so steht Otto Geißlers Orgel nur noch bei Vorführungen im Einsatz. Als eines der letzten Relikte des historischen Schaustellergewerbes. »Der Inhaber O. Geißler, Nachkomme einer über 100 Jahre alten Schaustellerfamilie, möchte mit diesem Instrument wieder etwas Ruhe und Beschaulichkeit in unsere hektische Zeit übermitteln«, steht programmatisch auf einem Seitenflügel der Karussellorgel zu lesen. Das mit Ruhe und Beschaulichkeit bleibt zwar beim Betrieb der Orgel zu bezweifeln, zumindest, wenn man sich in der Nähe des Instruments aufhält, doch als Gegenpol zur allgemeinen Hektik des modernen Stadtlebens wird die Karussellorgel von zahlreichen Besuchern des Böhmischen Praters geschätzt.

* * *

DER PUPPENSPIELER VOM BÖHMISCHEN PRATER DAS PUPPENTHEATER PETER SCHAFLER – EIN PORTRÄT VOR UND HINTER DER BÜHNE

Ein rotgestrichenes Gebäude, ziemlich genau in der Mitte des Böhmischen Praters, gegenüber dem Gasthaus Pintarich. Bis vor kurzem bot die zum größten Teil aus rötlich-braunen Rolläden bestehende Fassade so gut wie keinen Hinweis auf die aktuelle Nutzung des Gebäudes. »Spielhalle Manhattan« war noch vor wenigen Monaten in einer schwungvollen Neonaufschrift im Stil der fünfziger Jahre zu lesen – ein nostalgischer Verweis auf die bis Anfang der achtziger Jahre hier eingerichtete Spielhalle, in der vor allem mechanische Spielautomaten, Flipper und Geschicklichkeitsspiele dem vorwiegend jugendlichen Publikum zur Verfügung standen. Zwar wurde die Aufschrift bereits entfernt und durch eine Tafel mit dem Hinweis auf das Puppentheater Schafler ersetzt, alles in allem jedoch bietet das Gebäude – zumindest unter der Woche, wenn keine Aufführungen stattfinden – einen eher unscheinbaren Eindruck. Was sich jedoch schlagartig ändert, wenn an Samstagen und Sonntagen der Puppenspieler vom Böhmischen Prater die Rolläden öffnet, die Pforten zu seinem Reich des Guten und Bösen in personifizierter Form. Hier ist die Residenz von Kasperl und Gretl, von Seppl und dem Bürgermeister, und natürlich der gesamten Feen- und Märchenwelt.

An der Frontseite des Gebäudes ist ein kleiner Tisch aufgestellt, der als Kassa dient. Von hier aus wird unüberhörbar auf die bevorstehenden Vorstellungen hingewiesen. »Abenteuer in Kasperlhausen – Beginn 15 Uhr« lautet der Hinweis, der die anwesenden Kinder in verzückte Neugier versetzt. Handgeschriebene Plakate im gesamten Praterbereich sollen ebenso auf die Kasperltheatervorführungen aufmerksam machen. Am Eingang des Puppentheaters bietet ein Händler Zuckerwatte und andere Süßigkeiten zum Verkauf an. Das geschickte Arrangement der Näschereien bietet einen Anreiz mehr für die Kinder, sich langsam aber betont zielsicher dem Eingang des Theaters zu nähern. In den an der Straßenfront befindlichen Schaukästen wird das Puppentheater kurz dargestellt: Bühnenbilder früherer Aufführungen, Fotos und Zeitungsartikel sollen die inhaltliche Konzeption der Puppenbühne erläutern. Aus zwei Lautsprechern tönt Musik, was soviel bedeutet, daß in Kürze eine weitere Aufführung beginnen wird. Die Musik vermittelt weniger den Eindruck einer Kinderpuppenbühne als den eines Polkanachmittags, denn es ist vorwiegend böhmische Blasmusik, die Peter Schafler als Rahmen- und Pausenmusik heranzieht.

Damit ist das zweite große Hobby des Puppenspielers Peter Schafler vertreten: die böhmische Blasmusik. Als er das Puppentheater noch nicht betrieben hatte, spielte er jahrelang in der Blasmusikkapelle »Bohemia«. Doch ließen sich die nächtelangen Auftritte und die zahlreichen Frühschoppen mit dem Berufsleben nicht mehr vereinbaren. Da jedoch bekanntlich die

Bretter die Welt bedeuten, suchte Schafler ein neues Betätigungsfeld, das vor allem körperlich weniger anstrengend ist – und fand es in seinem Puppentheater.

Zu Beginn der achtziger Jahre erhielt Schafler die Möglichkeit, die aufgelassene und leerstehende Spielhalle als Produktionsstätte zu nutzen. Kleinere Adaptierungsmaßnahmen waren allerdings notwendig, um eine geeignete Spielstätte entstehen zu lassen. Eine Bühne aus Holzbrettern war bald hergestellt, die ersten Bühnenbilder entworfen. Das Anfertigen der Puppen war Aufgabe einer Puppenmacherin, die nach der Vorlage von Skizzen die Charaktere entwarf. Die Herstellung der Bekleidung der Puppen übernahm Schaflers Ehefrau, die nächtelang an der Nähmaschine saß, um alle notwendigen Utensilien, Uniformen, Lodenjanker, Zipfelmützen usw. zu fertigen. Schließlich blieb die Anfertigung aller notwendigen Requisiten. Hier wurde Schafler vornehmlich im Spielwarenhandel fündig. Kleinere Adaptionen an herkömmlichen Spielwaren ließen brauchbare Bühnenrequisiten entstehen. Stolz präsentiert werden allerlei Kleinkram wie Brunnen, Schatztruhen, Musikinstrumente, Puppenhäuser, Schränke und Tische, alles funktionstüchtig und den großen Originalen täuschend ähnlich. Der Ziehbrunnen etwa kann wirklich Wasser fördern, als Wasserkübel dient ein kleines Schnapsstamperl.

Die technische Ausstattung hinter der Bühne steht ganz im Zeichen eines Einmannbetriebes. Eng ist es hier und ansatzweise chaotisch. Kabel, Mikrophone, Fußeffektgeräte, Scheinwerferspots, zahlreiche Requisiten und Bühnenbilder müssen hier Platz finden. Gesprochen wird von Peter Schafler während der Vorführungen über ein Mikrophon, das über eine kleine Gesangsanlage verstärkt wird. Die Einbeziehung eines Mikrophons gibt ihm die Möglichkeit, Effekte und Verfremdungen der Stimme zu erzielen. Mit Hilfe der in der Musikbranche verwendeten Fußeffektgeräte kann wahlweise Hall, Echo und auch Verzerrung der Stimme ermöglicht werden, ohne daß die Szene unterbrochen werden muß. Zusätzlich bietet das Mikrophon den Vorteil, daß während einer Vorstellung nicht ohne Unterbrechung in voller Lautstärke gesprochen werden muß, was vor allem den Stimmbändern zugute kommt.

Man sieht, der Einmannbetrieb ist während der 45 Minuten dauernden Vorstellung ohne Unterbrechung in Aktion, im wahrsten Sinne des Wortes mit Händen und Füßen. Da kann es schon vorkommen, daß eine Vorstellung sehr anstrengend wird – nicht zuletzt während der heißen Sommertage, wobei die Hitze durch die zahlreichen Beleuchtungskörper hinter dem Bühnenbild zusätzlich verstärkt wird. Und auch die Pause zwischen erstem und zweitem Akt kann nicht als Erholungsphase verstanden werden. Während einer raschen Zigarette müssen Bühnenbild, Requisiten usw. gewechselt werden, nicht selten kommen kleinere Reparaturarbeiten an verschiedenen Gegenständen hinzu. Ebenso darf nicht unterschätzt werden, daß eine Vorstellung für Schafler bedeutet, an die 45 Minuten permanent mit beiden Händen über Kopf zu hantieren, was bei mehreren hintereinander stattfindenden Vorstellungen auch recht anstrengend werden kann. Deshalb sind die verwendeten Puppen aus relativ leichtem Material hergestellt, zumeist aus Lindenholz oder Pappmaché. Schließlich bleibt noch die Berufskleidung des Puppenspielers zu nennen, ein schwarzer Rollkragenpullover sowie eine schwarze Kappe. Nichts soll für die Kinder die Illusion in Frage stellen lassen, daß hier die auftretenden Personen eigenständig agieren. So muß es vermieden werden, daß die führenden Hände gegen den Hintergrund gesehen werden können.

Rund fünfzig Kinder finden auf den Sitzbänken im Inneren des Puppentheaters Platz. Trotz gespannter Ruhe merkt man den Kindern das Bedürfnis nach unmittelbarer Kommunikation mit den auftretenden Figuren an. Nach dem obligaten Gejohle auf die Frage, ob denn auch alle da wären, rufen bereits einige ihre Meinung in Richtung Bühne. Völlig aus dem Häuschen geraten sie schließlich, wenn sie von einer Figur, zumeist vom Kasperl höchstpersönlich, um Rat und Hilfe gebeten werden. Förmlich überstürzt bieten alle lautstark ihre Mithilfe bei der Lösung des jeweiligen Problems an. Und gerade in diesem Bereich sieht Schafler die Vorzüge seines Puppentheaters gegenüber allen anderen Formen der szenischen Präsentation für Kinder. Denn nirgends anders können sich die Kinder derart spontan einbringen. Deshalb lehnt Schafler auch den Einsatz von Playback-Bändern im Kasperltheater strikt ab, die zwar gewisse technische Vorzüge bieten, den Aspekt der Spontaneität jedoch völlig außer acht lassen. Denn nichts ist wohl für Kinder enttäuschender, als die Ignoranz ihren spontanen Wortmeldungen gegenüber. Wenn auch Playback-Bänder bereits vermehrt von großen Bühnen eingesetzt werden, so sind Schafler die Kinderreaktionen wichtiger. Hinter der Bühne ist der Puppenspieler ausschließlich auf die akustischen Rückmeldungen angewiesen, die vielfach im Geschrei kaum verständlich sind. Daher ist es notwendig, die Szenen derart zu strukturieren, daß die Reaktionen aus dem Publikum an gewissen Schnittpunkten der Handlung kulminieren. Natürlich können in diesem Zusammenhang auch unvorhersehbare Reaktionen auftreten, wie Schafler erzählt. Im Zuge einer Vorführung etwa bekundeten mehrere Kinder ihre Sympathie für den Räuber. Eine zweifellos prekäre Situation, die jedoch durch eine geschickte Mehrheitsfindung wieder begradigt werden konnte. Schließlich war die gehörige Relation zwischen Gut und Böse wieder hergestellt.

Seien es die »Abenteuer in Kasperlhausen« oder die Abenteuer vom »Brunnengeist Waldemar« – die inhaltliche Konzeption der Stücke ist in ihren Leitlinien stets die gleiche. Moralische Grundwerte sollen vermittelt werden, ohne moralisierend zu wirken. Schließlich darf auch der Aspekt der Unterhaltung nicht zu kurz kommen. In krasser Schwarzweißmalerei soll das Gute und Böse in den Charakteren herausgestrichen werden, wobei vorwiegend Toleranz gegen Korruptheit steht. In einer Dialogstruktur in der Art von Farkas–Waldbrunn werden Dummheit und Hinterlistigkeit stets gegen das Gute im Menschen (vorwiegend im Kasperl) ausgespielt – und am Ende darf das obligate Happy-End nicht fehlen.

Die Inhalte der Stücke stammen zum Teil aus der Märchen- und Sagenwelt, zum Teil sind sie von Schafler selbst geschrieben. Dem Alter des Zielpublikums entsprechend – etwa drei

bis 10 Jahre – sind die Stücke in ihrem Handlungsverlauf recht einfach gehalten. Zu viele Charaktere würden eher zur Verwirrung beitragen, und so setzt Schafler auf eine glatte, klar strukturierte Handlung. Schließlich ist es ja häufig der erste Theaterbesuch der Kinder, und der soll einen bleibenden Eindruck hinterlassen. Und auch die Improvisation darf nicht zu kurz kommen, weswegen im Grundkonzept jedes Stücks zahlreiche Freiräume offenbleiben, die den Spielraum für die Mitgestaltung der Kinder darstellen. Besonders den Fragen zu ihrer unmittelbaren Umwelt fühlt sich Schafler verpflichtet. So stehen Themen wie Verkehrsberuhigung, Spielplätze usw. im Mittelpunkt vieler Stücke, wobei die beherzt vorgebrachten Zurufe aus dem Publikum jeden Kommunalpolitiker zum Nachdenken anregen sollten.
Ganz im Gegensatz zu den Jahrmarktpuppenspielern früherer Jahrzehnte setzt der überwiegende Teil der heute aktiven Puppenspieler weniger auf vordergründige Brutalität, sondern eher auf subtile Fragestellungen. So muß auch in Schaflers Puppenbühne das Krokodil sich mit einer Statistenrolle begnügen, denn der dem Krokodil zugeschriebene fixe Platz des geschlagenen Opfers hat im Rahmen seines Konzepts keine Berechtigung. Auch der Handlungsablauf mancher Märchen wird von Schafler in dem Sinne geändert, daß äußerst blutrünstige Szenen entweder ersatzlos gestrichen oder begradigt werden. Im »Tapferen Schneiderlein« beispielsweise wird das Einhorn nicht wie bei den Gebrüdern Grimm brutal abgeschlachtet, sondern dem örtlichen Tiergarten übergeben – ein zumindest weniger qualvolles Ende des Tieres. Auch Mordkomplotte und ähnliche Inhalte werden ausgespart. Ebenso wäre es heute nicht mehr denkbar, den Charakter des Kasperls in der Weise anzulegen, daß er stets betrunken nach Hause kommt, randaliert und seine Gretl schlägt – ein bis in unser Jahrhundert noch durchaus gebräuchliches Thema im Bereich der Jahrmarktpuppenspieler.
An der Einmannbühne Schafler ist es nicht notwendig, nach feststehenden Drehbüchern zu arbeiten. Einsätze, Stichworte usw. stellen bei mehreren gleichzeitig agierenden Puppenspielern eine Notwendigkeit dar, bei Schafler steht hingegen weit mehr Raum der Improvisation zur Verfügung. Nur eine Schwäche gibt Peter Schafler offenherzig zu: die Zaubersprüche. Deswegen benutzt er in diesem Zusammenhang an der Rückwand der Bühne befestigte Behelfe. Schließlich wäre bei einer falschen Zeile der gesamte Reim beim Teufel.
Natürlich kann sich das Puppentheater Schafler in keiner Weise mit den professionellen Bühnen, wie sie etwa in der BRD oder der CSFR bestehen, messen. Dort wird mit unvergleichbar größerem Aufwand agiert, vielfach sind an diesen Bühnen bis zu 40 Personen beschäftigt. Peter Schafler arbeitet allein, und das mit dennoch beachtlichem Erfolg. Stolz kann er auf seine Statistiken verweisen. An 46 Spieltagen zwischen März und Oktober wurden über 3000 Karten verkauft, und das im Böhmischen Prater, dessen Besucherzahl äußerst witterungsabhängig ist. Neben den regelmäßig an Wochenenden abgehaltenen Vorstellungen hält Schafler auch Puppentheatervorführungen für Kindergärten und Volksschulen ab, die gegen Voranmeldung auch unter der Woche stattfinden können. So findet ein gemeinsamer

Wandertag im Laaer Wald vielfach sein Ende im Puppentheater. Auch im Rahmen des Wiener Ferienspiels ist das Puppentheater Schafler vertreten.
An den Reaktionen der Kinder kann Peter Schafler den Erfolg seiner Vorführungen messen. Am Ende jedes Stückes fordert nämlich der Kasperl die Kinder auf, ihre Eindrücke in Zeichnungen wiederzugeben, die wiederum im Kasperltheater aufgehängt werden. Ein Anreiz mehr für die Kleinen, beim nächsten Besuch im Böhmischen Prater das Puppentheater wieder zu besuchen, um ihre Werke im Rahmen der Ausstellung zu betrachten.
Einen Traum hat der Puppenspieler noch, der in den nächsten Jahren verwirklicht werden sollte, nämlich den, auch für Jugendliche oder Erwachsene Stücke zu konzipieren. Altwiener Sagen oder klassische Stoffe wie Goethes Faust, das wären reizvolle Aufgaben.
Doch noch sind es die Kindermärchen, die liebevoll inszeniert werden. Und die zahlreichen bunten Kinderzeichnungen an der Wand sprechen eine deutliche Sprache.
Das Ende der »Abenteuer in Kasperlhausen« kündigt sich bereits an. Der entwendete Geldsack ist von Kasperl mit Hilfe der Kinder wieder gefunden, der Übeltäter dem Hüter des Gesetzes übergeben. Der Bürgermeister, der um das Geld einen Spielplatz errichten lassen will, gratuliert dem Kasperl zu seiner hervorragenden Leistung. Als Belohnung für seine gute Tat erfüllt die Großmutter ihrem Kasperl einen ganz besonderen Wunsch – zu Mittag gibt es Palatschinken. Bescheiden ist er, der Kasperl im Böhmischen Prater.

* * *

ÜBER DEN LAAERBERG
VERSUCH EINER ANNÄHERUNG AN DIE PERIPHERIE

Gleichgültig, von welcher Seite man sich dem Böhmischen Prater am Laaerberg nähert, die für die Vorstadt so typische Grauzone des diffusen Übergangs von urbaner und agrarischer Kultur ist überall zumindest ansatzweise noch zu bemerken. Das über Jahrzehnte dominierende Übereinander und Nebeneinander von Industriebauten der Gründerzeit, von Wiesen und Feldern, Plakatwänden, Fabriksabplankungen, Schrebergärten, Mistgruben, Gstätten, Ziegelteichen, Lagerplätzen Altwaren- und Autoverwertungsbetrieben findet hier nach wie vor eine Ausformung, die der Endgültigkeit städtischer Expansion erheblichen Widerstand entgegensetzen konnte. Hier läßt sich ein Aspekt der Stadtkultur nachvollziehen, der durch die filternde Wirkung der herkömmlichen Kulturauffassung aus der urbanen Lebenswelt weitgehend ausgeblendet wurde und nach wie vor wird.

»Jenseits der Favoritenlinie, wo die Straße am kaiserlichen Lustschloß ›La Favorita‹ vorbei den Linienwall passierte [heute Südtiroler Platz], begann noch im 19. Jh. weites Acker-, Wein- und Weideland. Den lichten Eichenwald, der einst die Höhen von Laaer- und Wienerberg gegen Schönbrunn hin bedeckte und dessen spätmittelalterliche Nordgrenze die Linie Gudrunstraße–Marx-Meidlinger-Straße–Niederhofstraße andeuten mag, war schon vom mittelalterlichen Menschen gerodet worden. Den letzten Rest dieses den trockenen Schotterflächen der höchsten und ältesten Donauterrasse angepaßten Waldbestandes sehen wir heute im Laaer Wald. Daher gab es hier auch ein Jagdschloß [Roter Hof]. Den Tegel unter der Schotter- und Sandkappe nutzten Ziegeleien, von denen eine, das ›Landgut‹, 1834 in eine Biedermeiervergnügungsstätte umgewandelt wurde.

1839 setzte mit der Anlage der Gloggnitzer und Raaber Bahn [heute Süd- und Ostbahn] und nach 1848 mit dem Arsenal die Bautätigkeit und die Ausdehnung der Ziegelgruben vor der Favoritenlinie ein. Da die Arbeitersiedlung zwischen den beiden Bahntrassen, wie im VII. Bezirk Kroatendörfel genannte, bald gegen 25.000 Einwohner zählte, trennte man sie anläßlich der Trassierung der Gürtelstraße 1873 von der Wieden, zu der sie bis dahin gehört hatte, ab und schloß diesen Siedlungskomplex der Stadt Wien als neuen Bezirk an.

Obwohl nur vier – bis vor wenigen Jahren unansehnliche – Durchfahrten unter der Barriere der Gleisanlagen hindurch eine Verbindung mit den Innenbezirken herstellen, entwickelte sich der neue Vorort rasch zu einem großen Arbeiter- und Industriebezirk. Die Ziegeleien erreichten um 1900 ihre weiteste Ausdehnung und lieferten das Material für den Ausbau der Residenzstadt. Während sich nach 1918 dieser Produktionszweig in den Wienerberger Ziegelwerken konzentrierte (gegr. 1869, heute gegen 3000 Arbeiter), künden von aufgelassenen abseitigen Ziegelgruben nur noch Grundwasserteiche, Müll- und Schuttablagerungsplätze oder in letzter Zeit gestaltete städtische Anlagen.«

Soweit der »Führer durch Wien und Umgebung« aus den sechziger Jahren. Einer der ganz seltenen Belege über den Arbeiterbezirk Favoriten und gar über den Laaerberg in einem Stadtführer von Wien. Wen wundert es – nichts ist hier zu finden, was als erwähnenswert erachtet wird. Die Peripherie, das ist keine Gegend, die präsentationswürdig ist, zumindest nicht im Sinne der herkömmlichen Ästhetik bildungsbürgerlicher Art. Die Peripherie, sie will nicht so recht in das offizielle Bild der goldenen Wienerstadt passen, nicht so recht zum Klischee der goldenen Wienerherzen. Die Enge der Zinskasernen, die »wilden Siedlungen«, Baracken und Schrebergärten, die Eintönigkeit der Schlafsilos der Stadtrandsiedlungen – für die gegen das Zentrum ausgerichtete Blickweise zeigt sich hier eine Seite der Stadt, die nur allzu gern ausgeblendet wird aus den Zusammenhängen des urbanen Lebens. Die Peripherie, das »Unbewußte der Stadt«, wie es die beiden Architekten Rudolf Kohoutek und Gottfried Pirhofer ausdrücken, *»ist kein Ort. Die Sprache verbietet zu sagen: in der Peripherie. Immer an der Peripherie, als ob sie reine Differenz wäre, ausdehnungsloser verschiebbarer Rand, tendenzielles Gefälle . . . Zone der Hunde, Modellflieger, Mückenschwärme und Blechbüchsen . . . Du gehst an der Peripherie, siehst eine blühende Distel, eine Cola-Dose, ein Autowrack . . . An Peripherie denkt man nicht, man läßt schweifen, Drachen fliegen, bastelt, arbeitet schwarz, betrügt, liest auf, wirft weg, läßt seinem Hund Leine . . . Peripherie ist zufällig entstanden, man kann nicht einmal sagen, sie sei ›gewachsen‹: Die Produktionskategorie ist auf der Peripherie kaum anwendbar. Sie ist gerade Rest, Brachland, Übergangszone, verlassene Zone, Leerraum, Raum der Spekulation. Weder Natur noch Kultur, weder Macht- noch Geldzone, kein Ort der Geschichte.«*

Schließlich erinnert die Peripherie nachhaltig daran, daß zum Reichtum der Stadt Arbeit notwendig war, Arbeit, die nicht zuletzt hier verrichtet wurde. Von Arbeitern, die an dem, was sie produzierten, nie partizipieren konnten. Der gesellschaftliche Reichtum floß woanders hin, in das Zentrum; am Stadtrand ist davon nichts zu bemerken. Doch die Spuren der Arbeit, die sind nachhaltig sichtbar. Auf Schritt und Tritt kann man die Spuren der expansiven industriellen Nutzung der Peripherie, die im Laufe des 19. Jahrhunderts stetig zunahm und um die Jahrhundertwende ihren Höhepunkt erreichte, deutlich erkennen. Da sind zum einen die heute in einer idyllischen Inszenierung stadtplanerischer Überlegungen eingebetteten Ziegelteiche, die letzten Erinnerungen an die einst so dominante Ziegelproduktion am Laaerberg. Die Ziegelwerke sind längst aufgelassen, ab und zu kann man noch vereinzelt Mauerreste alter Ringöfen finden. Größtenteils jedoch sind die Industrieanlagen der ehemaligen Ziegelwerke heute von anderen städtischen Nutzungen überlagert, sei es von Schrebergärten oder von anderen Industriebetrieben. Daneben ist natürlich auch die imposante Backsteinanlage der Ankerbrotfabrik zu nennen, eine der bedeutendsten Industrieanlagen der Jahrhundertwende, die heute ebenso mächtig wie vor fast hundert Jahren eine wichtige Markierung im Umfeld des Laaerbergs darstellt. Alles in allem jedoch bleibt das Zwischenland, die Übergangszone zwischen Stadt und Land, zwischen städteplanerischer Gestaltung und Improvisation, eine Gegend voller Widersprüche, in der, wie es der Kulturhistoriker Wolfgang Kos einmal treffend ausdrückte, heute die Verdünnung gleichmäßiger geworden ist. *»Es gibt keine Brocken, Knorpel und Knochen mehr in der Sauce aus Wohnen, Arbeiten, Shopping und Tennisspielen . . . Zur Rechten eine endlose alte Fabriksmauer und zur Linken ein Stück Ackerland mit Unkrautdschungel als Begrenzung. Solche schroffen Widersprüche sterben aus. Während Bürgerinitiativen und flinke Lokalpolitiker jeden Winkel zum städtischen Grün, Minipark oder Spielplatz, veredeln wollen, geht die großräumigere Mischung, das für den Süden Wiens so typische Nebeneinander von Fabrik und Gstätten, von Industrie und Weingarten, unwiederbringlich verloren. (. . .) Wichtig an dieser Mischung ist die Existenz von Niemandsland. (. . .) Wenn störendes Gebüsch weggeräumt, wenn das Bacherl begradigt, wenn die Ruine der Ziegelwerke planiert, wenn in die Wiese Hinweistafeln für Fitneßpfade gerammt werden, kurzum, wenn Niemandsland umgewandelt wird, dann ist es aus mit der Freiheit der Freiräume.«*

Und gerade diese Freiräume sind nach wie vor charakteristisch für das Umfeld des Böhmische Praters am Laaerberg. Wenn auch heute bereits städteplanerische Kultivierungsmaßnahmen unübersehbar sind. Da ist etwa das Aufforstungsgebiet Laaer Wald, durch Zäune umgrenzt und von Spazierwegen durchzogen. Tische und Bänke, gepflegte Lager- und Spielwiesen erwecken eher den Eindruck eines am Reißbrett konzipierten Naherholungsgebietes. Die Besucher werden gebeten, die Wege nicht zu verlassen, schließlich ist um die ehemaligen Ziegelteiche ein Vogelschutzgebiet eingerichtet. Natur aus zweiter Hand ist hier zu genießen, ohne Frage eine Attraktion des Laaerbergs, doch mit der Wildnis der Peripherie, mit der ist es aus.

Anders dagegen verhält es sich am Osthang des Laaerbergs, wo weite Felder und Wiesen gegen die Ostbahn hin eine Öffnung der Stadt in Richtung der am Horizont auslaufenden Donauebene weisen. Von hier aus kann man die eindrucksvolle Stadtlandschaft von Simmering, Kaiserebersdorf, Schwechat bis hin zur Lobau genießen, an klaren Tagen sind auch die Kleinen Karpaten zu sehen. Zwar sind auch hier die Regulationsversuche von Städteplanern und Grünraumgestaltern unübersehbar – so gibt es etwa mehrere Kinderspielplätze, Rastplätze und zumindest Ansätze für einen Fitneßparcour – doch die Wiesen gehören hier noch den Kindern, die unermüdlich ihre Drachen steigen lassen, ihren Frisbee-Scheiben nachlaufen und nicht selten mit ihren Fahrrädern durch waghalsige Manöver die Grenzbereiche der Physik ausloten. Was vielfach mit Schrammen und blauen Flecken endet, doch das Eis oder der gesponnene Zucker im Böhmischen Prater läßt auch diese Wunden bald vergessen.

Als Beispiele vorgefertigter, gleichsam verordneter Kinderunterhaltung seien hier zwei Spielplätze genannt, die sich in unmittelbarer Nähe des Laaer Waldes befinden. Am südöstlichen Ende des Böhmischen Praters wurde in Zusammenarbeit von Gemeinde Wien und

Bundesheer die Anlage eines amerikanischen Forts errichtet, eine mehr als fragwürdige Spielmöglichkeit für Kinder, zumal durch einige spitze Holzstäbe und scharfe Kanten eine nicht unbeträchtliche Verletzungsgefahr besteht. Wenige hundert Meter davon entfernt wurde vor einigen Jahren eine frei zugängliche BMX-Bahn eröffnet. Dadurch bietet sich für Kinder eine Möglichkeit, ohne den Gefahren des Straßenverkehrs ausgesetzt zu sein, Wettrennen zu absolvieren.

Die weiten Felder und Wiesen wirken fast anachronistisch im großstädtischen Umfeld, als störrischer Versuch, sich der großstädtischen Nutzung als Wohn- oder Industriegebiet zu entziehen. Und wie es den Anschein hat, wird diese Landschaft auch noch länger so bestehen bleiben. An eine Verbauung ist hier nicht zuletzt aufgrund des wenig tragfähigen Untergrunds nicht zu denken. Denn hier, und auch das ist typisch für die Peripherie, war bis vor wenigen Jahrzehnten eine große Mülldeponie der Stadt Wien angelegt, jene Mistgrube, die im Wienerlied »Zwischen Simmering und Favoriten« verewigt ist.

Während also am Horizont die Wohnsilos der Stadtrandsiedlungen sich rasch ausbreiten, die Stadt stetig nach außen drängt und immer mehr Felder, Wiesen und Gärten am südlichen und östlichen Stadtrand in Besitz nimmt, bleibt der Laaerberg eines der letzten noch einigermaßen unberührten Rückzugsgebiete innerhalb der Stadtgrenze. Freilich, Niemandsland ist hier nur mehr marginal vorhanden. *»Niemandsland«*, so der Schweizer Kulturkritiker Lucius Burckhardt, *»das ist das Land, wo der Schorsch seine selbstgebastelte Rakete zündete und wo die Anne ihren ersten Kuß bekam.«* Niemandsland soll es nicht geben, *»wenigstens nicht in einer anständig geplanten Stadt«*. Jede freie Grünfläche soll okkupiert, begradigt, sauber und nett in Randsteine gefaßt werden. Den Schorsch und die Anne kümmert das noch wenig, *»sie ärgern sich erst, wenn die städtischen Equipen das Gebüsch niederbrennen, das Bächlein begradigen, die Wiese periodisch mähen und einen Sitzplatz mit Grill errichten«*. Und noch einmal Lucius Burckhardt: *«Niemandsland entsteht da, wo nach Ausscheiden einer Bauzone die landwirtschaftliche Nutzung obsolet, die städtische Nutzung aber noch nicht genügend rentabel ist. Niemandsland ist der Leerraum zwischen dem Stadtkörper und seinem zu groß geschneiderten Planungsanzug. Wir alle, besonders aber die Halbwüchsigen, sind ihm dankbar dafür . . . Die Art und Weise, wie Städte begärtnert werden, steht immer noch unter dem Anspruch der dreißiger Jahre: Funktionalisierung und Hygienisierung. Und diese zweckgerichtete Begrünung nimmt nun gerade der Freifläche ihre Freiheit, letzter Auslauf zu sein, insbesondere für jene Altersstufe, die ohnehin mit dem Stigma des Undisziplinierten behaftet ist, für die Halbwüchsigen. Und halbwüchsig sind wir bis ins hohe Alter.«*

Einschneidende Schritte zur genannten Funktionalisierung und Hygienisierung des Laaerbergs wurden bereits ab den fünfziger Jahren unternommen, wilde Mülldeponien um die Ziegelteiche wurden beseitigt, zahlreiche freie Flächen um den Laaer Wald im Rahmen eines Erholungs- und Freizeitgebietes adaptiert. Und auch der Stadtwanderweg 7 führt direkt durch das Erholungsgebiet Laaer Wald. Und doch bleiben abseits der Spazierwege noch jene Freiräume, die sich nach wie vor jeglicher Verwertbarkeit entziehen. So etwa die Gegend um die Zentralwerkstätte der ÖBB an der Ostbahn, zwischen Werkstättenweg und der Straße entlang der Ostbahn, oder die Gegend zwischen der Verbindungsbahn zur Ankerbrotfabrik und den Betonpfeilern der Südost-Tangente. Hier sind sie noch aufzuspüren, jene Reste der Freiräume, die so typisch sind für die Kultur der Vorstadt, die einen bedeutenden Indikator für das enge Nebeneinander von Produktion und Reproduktion in einem proletarischen Lebenszusammenhang erahnen lassen. Schließlich stellte dieses weitläufige Geflecht von urbaner Nutzung und Niemandsland für Generationen von Kindern und Jugendlichen aus der Vorstadt ein bedeutendes Sozialisationsfeld dar. Und nicht zuletzt waren es diese Freiräume, die es erst ermöglichten, daß hier gegen Ende des vorigen Jahrhunderts ein kleiner, in hohem Maße durch Improvisation geprägter Vergnügungspark im Laaer Wald entstehen konnte.

* * *

DER BÖHMISCHE PRATER
EINE PHOTOGRAPHISCHE ANNÄHERUNG

10., Laaer Wald

Versuchen Sie
die Katz im Sack!
FEINSTE HEURIGE
SALZGURKEN

FAHRPREIS
S15.-
VERBOTEN
KINDER
AB 10
JAHREN

EINWUR
1x5.-S
DAS FAHREN VON KINDERN
UNTER 4 JAHREN IST
POL VERBOTEN

HANSI

PRO PERSON
7.-

6.-

Feuerwehr

DIE RAUPE
Fahrpreis
7.-
CAPSULE

DIE RAUPE

SCHAFLER'S
PUPPENTHEATER
Hänsel und Gretel
VORSTELLUNGEN:
JEWEILS
SA., SO., u.F-Tg.
um 15-u.16 h

Gösser
GOLD
Wir empfehlen:

SCHIESSBUDE
105

Scheibe
3 Schuss
10.-
1x 10.-
1x 10.-
Fehlschuss 5.-

222
Coca-Cola
Coke
KAISER
BIER
emachte 46,-
tascherln
strudel 28,-
torte mit
42,-

...DAS BIER
Budw
Kokoruz 16.-
Zuckerwatte 15.-
Schaumbecher 15.-
SCHOCK-SALZBREZL 10.-
Wundertüte 15.-
Wundereier 10.-
Gummiwaren 2.-
Dose 17.-
Budweiser
Budvar

HELMUT'S
KARUSSELL
FAHRPREIS
öS 15.-
KINDER
AB 10 JAHRE
VERBOTEN IST
Die Mitnahme von Schirmen
und Stöcken
sowie Schwingen und
Händereichen

STRASSENBAHN HALTESTELLE
6
Schoko bananen
Schoko trauben
18
Liebe ist...
...dem Liebling etwas Süsses zu kaufen!
Paradies Apfel

Coca-Cola
Es spielt für SIE!!!
unser Entertainer
FREDI
TOMBOLINI

schungen
DA RENATE
Bensdorp
Bensdorp
Bensdorp
Bensdorp
SCHOKOLAD

FRANZI's KAFFE
HÄFERL

Otto

Casino
Tivoli

5
Cool

Drehorgelzeit
in
Wien
MEMUSI
August 90
WILFERTS
RIESENRAD
Casino
Tivoli
SODAWASSER & KRACHERLN
Böhmischer
Prater 100
Jahre bei
Wien
Design Casino Tivoli

LICHT UND SCHATTEN DER REICHSHAUPT- UND RESIDENZSTADT

WIEN IM SPÄTEN 19. JAHRHUNDERT

Blick über den Keplerplatz gegen die Pfarrkirche Johannes Evangelist und die Favoritenstraße (damals Himbergerstraße) stadteinwärts, um 1900.

Wien im späten 19. Jahrhundert – das war das Wien des Kaiserhofes, des Adels und nicht zuletzt des finanzkräftigen Großbürgertums. Reichtum und Macht der Wohlhabenden wurden hier im besonderen Maß zur Schau getragen. Im Zentrum der Stadt, wo Handelshäuser, Geldinstitute sowie der größte Teil des zentralistischen Verwaltungsapparates ihren Sitz hatten, erreichte die öffentliche Präsentation von Wohlstand und Luxus bislang ungekannte Ausmaße. Noch heute stellen die Prunkbauten entlang der Wiener Ringstraße, die zahlreichen Palais, Repräsentations- und Verwaltungsgebäude eindrucksvolle Zeugen jener Zeit dar, die in einer trügerisch romantisierenden Geschichtsauffassung nur allzu oft als die »gute alte Zeit« dargestellt wird. Keine Gelegenheit ließ die Wiener Noblesse aus, Überfluß und Luxuskonsum in der Öffentlichkeit darzustellen. Der Korso an der Ringstraße, das Flanieren in den Nobel- und Geschäftsvierteln der Stadt oder in den innerstädtischen Parkanlagen, aber auch der demonstrative Müßiggang in den bürgerlichen Salons und Cafés zeigt nachhaltig einige Aspekte der Repräsentationskultur der Oberschichten.

Der zweifellos vorhandene Reichtum einiger weniger darf jedoch nicht darüber hinwegtäuschen, daß der bei weitem größere Teil der Bevölkerung Wiens im späten 19. Jahrhundert unter wesentlich anderen Lebensbedingungen sein Dasein zu fristen hatte. Das »andere Wien« jenseits aller Operettenromantik und Monarchieherrlichkeit – das war das Wien der kleinen Handwerker, der Gewerbetreibenden, der Dienstboten, der kleinen Beamten, und vor allem der Arbeiter. Das Wien jener subalternen Klassen also, deren Lebensbedingungen im Gegensatz zu den heute noch durchaus gängigen Klischees nicht geprägt waren durch Salonfeste und Walzerherrlichkeit, sondern vielmehr durch Massenarmut, wirschaftliche Krisen, unmenschliche Arbeits- und Wohnbedingungen.

Wien um die Jahrhundertwende war eine Arbeiterstadt. Wenn auch die Wirtschaftsstruktur deutlich vom Kleingewerbe dominiert war, von Betrieben also, die zwischen einem und fünf Beschäftigten aufwiesen[1], so muß die soziale Lage der hier Tätigen dennoch als proletarisch bezeichnet werden. Im Gegensatz zu den großindustriellen Betriebsstandorten, etwa dem südlichen Niederösterreich (Industrieviertel), bot Wien in weit geringerem Maß ein für die Großindustrie profitversprechendes Umfeld. Und das aus mehreren Gründen: Zum einen waren die Bodenpreise sowohl in der Stadt als auch im Umfeld weit höher als in ländlichen Gebieten. Weiters gab es in Wien, abgesehen von der Ziegelerzeugung, keine für die Großindustrie relevanten Rohstoffe. Ebenso mangelte es an Energiequellen. Die zum Betrieb von großindustriellen Anlagen notwendigen Wasserläufe waren hier nur sehr beschränkt vorhanden, auch der Einsatz von Dampfmaschinen setzte sich in Wien vergleichsweise nur sehr zögernd durch. Und schließlich waren die Lohnkosten in der Stadt deutlich höher als in ländlichen Gebieten. All diese und viele weitere Gründe waren dafür verantwortlich, daß die großindustrielle Produktionsweise in Wien erst mit deutlicher Verzögerung Einzug fand. Dennoch, etwa 70 Prozent der Unselbständigen wurden in amtlichen Erhebungen als »Arbeiter« bezeichnet[2], wenn auch das Bild von in riesigen, dumpfen Werkhallen tätigen Arbeitern in Wien weniger zutreffend war als in anderen Industriegebieten zur gleichen Zeit. Anders als in der Großindustrie waren es vor allem Produktionsstätten in Hinterhöfen, in Kellern, vielfach auch in ohnedies bereits äußerst beengten Wohnungen, die die Arbeitsbedingungen der Wiener Arbeiterschaft kennzeichneten.

Vielfach lebten die in Handwerksbetrieben beschäftigten Arbeiter noch im Haus des Meisters, zumeist in äußerst beengten Räumlichkeiten, wobei in der Regel mehrere Personen ein Zimmer teilen mußten. Die hausrechtlichen Abhängigkeiten jedoch traten immer mehr in den Hintergrund. »Unter den gegebenen Bedingungen war die Gründung eines eigenen Haushalts kaum möglich. Andererseits dürfen wir nicht davon ausgehen, daß der beim Meister wohnende Arbeiter in dessen Haushalt integriert worden wäre, zum Arbeitgeber oder zu seinen Kollegen auch nur einigermaßen stabile oder langfristige soziale Beziehungen hätte entwickeln können. Die Arbeits- und Lebensbedingungen in den kleinen Werkstätten waren sehr schlecht, jeder trachtete, sich zu verbessern, hatte damit keinen Erfolg und versuchte es aufs neue. Eine ungeheure Fluktuation beherrschte das Arbeitsleben, und es war mitunter ziemlich schwer, Arbeit bei einem neuen Meister zu finden, der auf dieselben wenigen Arbeitsgänge spezialisiert war wie der alte. War man den Vierzigern nahe, so wurde es immer schwieriger, im ursprünglichen, hausrechtlich verfaßten Beruf Arbeit zu finden, und man versuchte, als Heimarbeiter – meist in der Textilbranche – sein Auskommen zu finden.«[3]

Zweifellos bedeutete es einen sozialen Aufstieg, wenn ein Arbeiter in der Lage war, sich eine Unterkunft außerhalb des Hauses des Meisters leisten zu können, wenn auch in den meisten Fällen nur als Untermieter oder Bettgeher. Jedenfalls entstand in der zweiten Hälfte des 19. Jahrhunderts auch in Wien ein städtischer Wohnungsmarkt großen Ausmaßes. Wohnen wurde zur Ware, die Unterkünfte unterlagen dem marktwirtschaftlichen Verhältnis von Angebot und Nachfrage. So erscheint es wenig verwunderlich, daß kapitalstarke Unternehmer sich auch dieses Marktes bemächtigten und Zinshäuser errichten ließen, die nun als profitable Einnahmequellen herhalten konnten. Nicht zuletzt durch die hohe Zahl an Zuwanderern nach Wien erzielte man Jahr für Jahr hohe Steigerungsraten. In der Hauptsache betraf die expandierende Wohnbautätigkeit die rasche Errichtung von Zinshäusern mit Klein- und Kleinstwohungen, also jene Bassenawohnhäuser, die gekennzeichnet waren durch beengte, mangelhaft ausgestattete Wohneinheiten, wobei vor allem die hygienischen Verhältnisse äußerst bedenklich erschienen. Die Wohnungen waren durchwegs überbelegt, denn in den meisten Fällen waren die Mieter nicht in der Lage, aus ihren Einkommen die verhältnismäßig hohen Mietkosten zu bezahlen. So erschien es unumgänglich, Untermieter, oder bei noch geringerem Platzangebot, Bettgeher zusätzlich zu beherbergen. Auffallend ist in diesem Zusammenhang, daß gerade die Mieter der kleinsten Wohnungen die höchste Rate an familienfremden Personen in ihren Wohnungen aufwiesen.[4] Um 1870 etwa betrug der Anteil an Untermietern und Bettgehern in den Vorstädten und Vororten beinahe 25 Prozent der Gesamtbevölkerung. Allein der Anteil an Bettgehern, also an Personen, die in einer fremden Wohnung nur ein Bett mieten konnten, das zudem für den Tag und die Nacht an jeweils unterschiedliche Personen vermietet wurde, betrug in Favoriten beispielsweise 10,1 Prozent der Bevölkerung.[5] Das hinter derart nüchternen statistischen Darstellungen liegende Elend läßt sich aus einer Studie über die soziale Lage der Bewohner von Arbeiterzinshäusern aus dem Jahr 1894 ansatzweise erahnen: »Man kann Wohnung für Wohnung abgehen, so fehlt alles, was wir als Grundlage gesunden bürgerlichen Lebens zu sehen gewohnt sind. Die Wohnung ist nur eine Schutzdecke vor den Unbilden der Witterung, ein Nachtlager, das bei der Enge, in der sich Menschen drängen, bei dem Mangel an Ruhe und Luft und Reinlichkeit, nie dem erschöpften Körper zur Ruhestätte werden kann. Diese Wohnungen bieten keine Behaglichkeit und keine Erquickung. Sie haben keinen Reiz für den von der Arbeit Abgemühten. Wer in sie hineingesunken ist oder in sie hineingeboren wurde, muß körperlich oder geistig verkümmern und verwelken oder verwildern.«[6]

Anders als in den Vorstädten, wo der Großteil der Produktion auf der handwerklich organisierten, jedoch bereits weitgehend kapitalistisch überformten Produktionsweise basierte, entstanden an der Peripherie der Stadt große geschlossene Arbeitersiedlungen, allen voran in Favoriten und Ottakring. Hier, im weitgehend unverbauten Umfeld der Stadt, errichteten Fabrikanten gegen Ende des vorigen Jahrhunderts zahlreiche, der zunehmenden Rationalisierung entsprechende, Fabriksanlagen. Relativ günstige Grundstückspreise, der Anschluß an die Eisenbahn sowie die weit geringeren Steuerleistungen waren dafür verantwortlich, daß gerade Fabriken vornehmlich außerhalb des Linienwalles errichtet wurden. Und was lag näher, als die Arbeiterwohnhäuser in unmittelbarer Nähe der Fabriksanlagen anzusiedeln. Was sich in der Trennung von Arbeitsplatz und Wohnmöglichkeit im handwerklichen Bereich deutlich abzeichnete, fand in den spätgründerzeitlichen Arbeitersiedlungen die konsequente Fortsetzung – Stadtviertel entstanden, in denen ausschließlich Arbeiter wohnten und arbeiteten. Die Baugründe zwischen den Fabriken waren billig, und aus der Erhaltung der Wohnhäuser erwuchsen den Hausherren kaum größere Verpflichtungen. 90 Prozent aller Wohnungen Favoritens etwa befanden sich in Bassenawohnhäusern vom Typ Zimmer-Küche- Wohnung, für die rund ein Viertel des Monatseinkommens aufgebracht werden mußte.[7] So erwiesen sich rasch und billig errichtete Arbeiterzinshäuser als äußerst profitable Einnahmequellen kapitalstarker Unternehmer. Die Entstehung geschlossener Arbeiterbezirke mit kaum ausgeprägter städtischer Infrastruktur und geringem Lebensstandard war die Folge.

DIE MASSENZUWANDERUNG NACH WIEN

Die Metropolenbildung gilt als ein wesentliches Kennzeichen des 19. Jahrhunderts. Europaweit war ein verstärktes Städtewachstum zu verzeichnen, wobei Wien keine Ausnahme bildete. Zwischen 1830 und 1880 stieg die Gesamtbevölkerung Wiens von 380.000 auf 1,150.000, also um mehr als das Dreifache. Im Jahr 1890 betrug die Bevölkerungszahl bereits 1,400.000, zehn Jahre später schließlich 2,060.000 Einwohner.[8]

Wien war während der Gründerzeit die bedeutendste Stadt für Zuwanderer aus allen

Teilen der Monarchie. Hier in der Reichshaupt- und Residenzstadt lockte der teils vermeintliche, teils jedoch auch reale Glanz der Metropole. Denn was man in den verschiedenen Teilen der Monarchie von Wien kannte, entsprach dem Bild der Konsum- und Luxusstadt, einer Stadt mit unvergleichlich höherem Lebensstandard, wie er in den zumeist agrarisch dominierten Gebieten der Monarchie nicht einmal ansatzweise gegeben war.

Doch blendete das idealisierte Bild des Luxuskonsums in Wien, wie immer in solchen Fällen, die Schattenseiten, also die realen Lebensbedingungen des größten Teils der Bevölkerung, aus. Für viele, besonders für junge und ungelernte Arbeiter, versprach die Abwanderung aus ihren Heimatdörfern nach Wien neben dem erhofften Arbeitsplatz einen möglichen sozialen Aufstieg. Alljährlich kamen Zehntausende Arbeitssuchende in die Stadt. Ohne Geld, ohne jede Absicherung hofften sie, hier als Arbeiter, Handwerker, Dienstboten oder Dienstmädchen unterzukommen. »Viele kannten die Stadt von Besuchen her oder aus Erzählungen anderer. Die Männer hatten sie meist während des Militärdienstes gesehen oder von anderen Soldaten davon gehört. Was sie aufgaben, wenn sie in die Stadt gingen, wußten sie: lange Arbeitszeit [sofern sie überhaupt Arbeit hatten, Anm. WS], schwere körperliche Arbeit, schlechte Bedingungen am Arbeitsplatz, ständig streitgeladene Arbeitsatmosphäre wegen der persönlichen Abhängigkeiten, geringe Produktivität der Arbeit, niedrigen Lebensstandard, also keineswegs jene Idylle, als die das Leben auf dem Lande in alten Liedern und Geschichten oft erscheint. Die meisten Zugereisten hatten zunächst nur ganz vage Vorstellungen von Fabrikarbeit und Großstadtleben. Viele wollten in der Stadt ihr Glück machen und ahnten nicht, was sie erwartete, hatten kapitalistische Ausbeutung, Arbeitshetze, Monotonie der Arbeit, Existenzunsicherheit, Mietwucher noch nicht kennengelernt.«[9]

Einen besonderen Stellenwert in der Frage der sozialen Bedingungen der Zuwanderung nach Wien hatten die Regelungen in bezug auf die Heimatberechtigung und die jeweiligen Zuständigkeiten. Das Heimatrecht regelte neben dem Aufenthaltsrecht und dem Verhältnis zur Heimatgemeinde der Zugewanderten vor allem den Versorgungsanspruch, den ein Fremder in einer Gemeinde in Notfällen beanspruchen konnte. Und genau dieser Versorgungsanspruch war ein für Zuwanderer besonders kritischer Punkt. Die Versorgung in Notlagen, so gering die materielle Hilfe bzw. Unterstützung im Konkreten auch war, oblag ausschließlich der jeweiligen Heimatgemeinde, nur Heimatberechtigte konnten mit Unterstützung aus öffentlichen Mitteln rechnen. Wer nun in Wien nicht heimatberechtigt war und in eine prekäre Situation geriet, mußte unweigerlich damit rechnen, in seine Heimatgemeinde abgeschoben zu werden. Welche Auswirkungen diese Regelung nun auf den gesamten Arbeitsmarkt hatte, bedarf wohl kaum weiterer Erläuterungen, denn der Verlust des Arbeitsplatzes, aus welchen Gründen auch immer, konnte den Verlust jeglicher Existenzgrundlage bedeuten. Wenn man weiters in Betracht zieht, daß im Jahr 1880 nur 35,2 Prozent der in Wien lebenden Menschen auch das Wiener Heimatrecht besaßen, also beinahe zwei Drittel der Bevölkerung fremdzuständig waren[10], läßt sich erahnen, unter welch enormem Anpassungsdruck die Zuwanderer, die in Wien Arbeit suchten, standen. Auch die allerschlimmsten Arbeitsbedingungen mußten akzeptiert werden, um der drohenden Abschiebung zu entgehen.

DIE WIENER TSCHECHEN

Die zahlenmäßig bedeutendste Zuwanderung nach Wien erfolgte im Laufe des 19. Jahrhunderts eindeutig aus den Kronländern Böhmen und Mähren. Etwa ein Viertel der Wiener Bevölkerung stammte aus Böhmen, etwa 14 Prozent aus Niederösterreich, 13 Prozent aus Mähren sowie 7 Prozent aus Ungarn.[11] Einigermaßen verläßliche Zahlen für die Zuwanderung nach Wien lassen sich erst ab 1880 angeben. Ab diesem Jahr erfolgte alle zehn Jahre eine amtliche Erhebung über die Bevölkerungsstruktur, doch sind auch diese Daten nur mit einigen Vorbehalten zur Kenntnis zu nehmen. Erstens stand in den Erhebungsbögen die Frage nach der Umgangssprache im Mittelpunkt, wodurch der wohl teils angestrebte, teils bereits vollzogene Aspekt der »Assimilation« weitgehend in den Hintergrund rückt. Weit bedenklicher in diesem Zusammenhang erscheint jedoch die Tatsache, daß die Umfragen jeweils zu Jahresende durchgeführt wurden, was zur Folge hatte, daß die Saisonarbeiter, in Wien vor allem Bauarbeiter, in der Statistik keine Berücksichtigung fanden. Und schließlich rückt hier neben der Frage der »Assimilation« der von Monika Glettler[12] als zentraler Punkt zur Erfassung der Wiener Tschechen erkannte Aspekt der »Fluktuation« in den Mittelpunkt der Fragestellung. Fluktuation und Assimilation gelten nach Glettler als zentrale Kennzeichen der Tschechen in Wien, und eben diesem Aspekt konnte die statistische Erfassung nur mangelhaft entsprechen, ja sie machen eine rein statistische Darstellung unmöglich, »es sei denn«, wie es Glettler vorsichtig formulierte, »unter Berücksichtigung der Ansprüche, denen sie Genüge leisten sollten.«[13]

Vor allem aus den rein landwirtschaftlichen Gebieten Südböhmens und -mährens kam gegen Ende des vorigen Jahrhunderts die überwiegende Mehrzahl der nach Wien auswandernden Tschechen. Etwa 90 Prozent der Tschechen, die ihre Heimatdörfer verließen, zogen nach Wien. Die Gründe dieser Auswanderungswelle waren vielschichtig; vor allem bedingte die anhaltende Agrarkrise der achtziger und neunziger Jahre sowie die sich immer mehr durchsetzende maschinelle Produktion in der Landwirtschaft für die überwiegende Mehrzahl der ansässigen Bevölkerung die Notwendigkeit, sich in der Fremde um Arbeit zu bemühen. Monika Glettler spricht in diesem Zusammenhang von einer Abwanderungswelle, die beinahe als Depopulation bezeichnet werden könnte[14]. Was nun Wien als mögliche Anlaufstelle besonders attraktiv erscheinen ließ, war die bereits erwähnte Vorstellung, hier im aufstrebenden Gewerbeleben oder in einem der Industriebetriebe reüssieren zu können. Kürzere Arbeitszeiten als in der Landwirtschaft, größere Bewegungsfreiheit in der Großstadt, kurz: die Lebensbedürfnisse schienen sich hier wesentlich leichter befriedigen zu lassen als in den Heimatdörfern. Auch die bedeutenden Verbesserungen im Transportwesen trugen wohl zur starken Abwanderung nach Wien bei. Die Franz-Josephs-Bahn ermöglichte eine relativ rasche und durchaus erschwingliche Verbindung zwischen den nördlichen Kronländern und der Reichshauptstadt.

Doch nun zur Frage der bereits angesprochenen Fluktuation der Wiener Tschechen. Nicht alle, die in Wien Arbeit suchten, kamen mit dem Vorsatz, für immer zu bleiben, manche wiederum schafften es nicht, hier Fuß zu fassen. Jedenfalls war die Rückwanderung aus Wien keinesfalls unbedeutend. Diese Fluktuationsbewegung versuchte Monika Glettler in ein Bild zu fassen, indem sie mein-

te, man könne »das Wiener Tschechentum während der drei Jahrzehnte seiner Blütezeit mit einem Hotel vergleichen, das zwar stets besetzt war, aber immer wieder von anderen Leuten. Einige waren gerade erst neu hinzugekommen, einige waren schon länger da, und nur eine gemeinsame Geschäftsleitung vereinte sie.«[15]
Vielfach wurde von den in Wien arbeitenden Tschechen dann eine Rückkehr in die Heimat in Erwägung gezogen, wenn die angestrebten ökonomischen Ziele erreicht waren, also genügend Geld erspart war, um entweder den eigenen Hof von Schulden zu entlasten oder in Böhmen einen eigenen Gewerbebetrieb zu eröffnen. Doch läßt sich hier kein einheitliches Bild rekonstruieren, zu unterschiedlich war die individuelle Lebenslage der einzelnen Tschechen, die sich in Wien ansiedelten. So bildeten die Wiener Tschechen auch keine geschlossene und nach außen hin homogene Gruppe. Ganz im Gegenteil, der Anpassungsdruck an die gegebenen Voraussetzungen in Wien war offensichtlich stärker als das Bedürfnis der Zuwanderer, sich in nationalistischer Weise zu organisieren. Viel mehr waren die tschechischen Zuwanderer von Beginn an gezwungen, sich der funktionellen Differenzierung der Stadtteile anzupassen.[16]
Der hohen Zahl an Arbeitern innerhalb der Wiener Tschechen entsprach die deutliche Konzentration der Tschechen in den Arbeiterbezirken Wiens. Der weitaus höchste Anteil lebte in Favoriten, um 1900 etwa 25 Prozent, gefolgt von Ottakring, ebenfalls einem beinahe ausschließlich von Arbeitern bewohnten Bezirk.[17] Die hohe Dichte an Tschechen in Favoriten läßt sich auch anders ausdrücken: Etwa jeder fünfte Einwohner Favoritens stammte aus Böhmen oder Mähren. Oft waren ganze Zinshäuser ausnahmslos von tschechischen Familien bewohnt.

FAVORITEN IM SPÄTEN 19. JAHRHUNDERT

Favoriten, der 10. Wiener Gemeindebezirk, gilt zu Recht als Produkt des Industriezeitalters. Im Unterschied zu allen anderen Wiener Bezirken weist Favoriten kein historisch gewachsenes Bezirkszentrum auf, sondern erfuhr das rasche Wachstum im Zuge der Industrialisierung während des 19. Jahrhunderts.
Die Spuren der Erschließung Favoritens durch die Industrie sind heute noch überall sichtbar, vor allem, was das Bebauungskonzept des Bezirks betrifft. Den Rationalisierungsbestrebungen der Industrialisierungsperiode entsprechend erfolgte die Anlage von Straßen und Gebäudekomplexen in einem rasterartigen Schema, wobei Fabrikanlagen und Wohnhäuser einander abwechselten. Der günstige Anschluß an die Eisenbahn sowie die verhältnismäßig niedrigen Bodenpreise trugen maßgeblich dazu bei, daß der 10. Bezirk im Laufe der zweiten Hälfte des vorigen Jahrhunderts durch die Ansiedlung neuer Betriebe und zahlreicher Arbeiterwohnhäuser zum bevölkerungsreichsten Bezirk der Stadt wurde.
Im Jahr 1874 war die Eingliederung der »Siedlung vor der Favoriten-Linie« in das Wiener Stadtgebiet erfolgt. Die vorher verwaltungsmäßig dem vierten Bezirk unterstellte Siedlung erhielt nunmehr als 10. Bezirk Wiens eine eigenständige Verwaltung und offiziell den Namen »Favoriten«.
Nach der Eingemeindung blieb der Bezirk von der Entrichtung der Linienverzehrungssteuer ausgenommen, was zur Folge hatte,

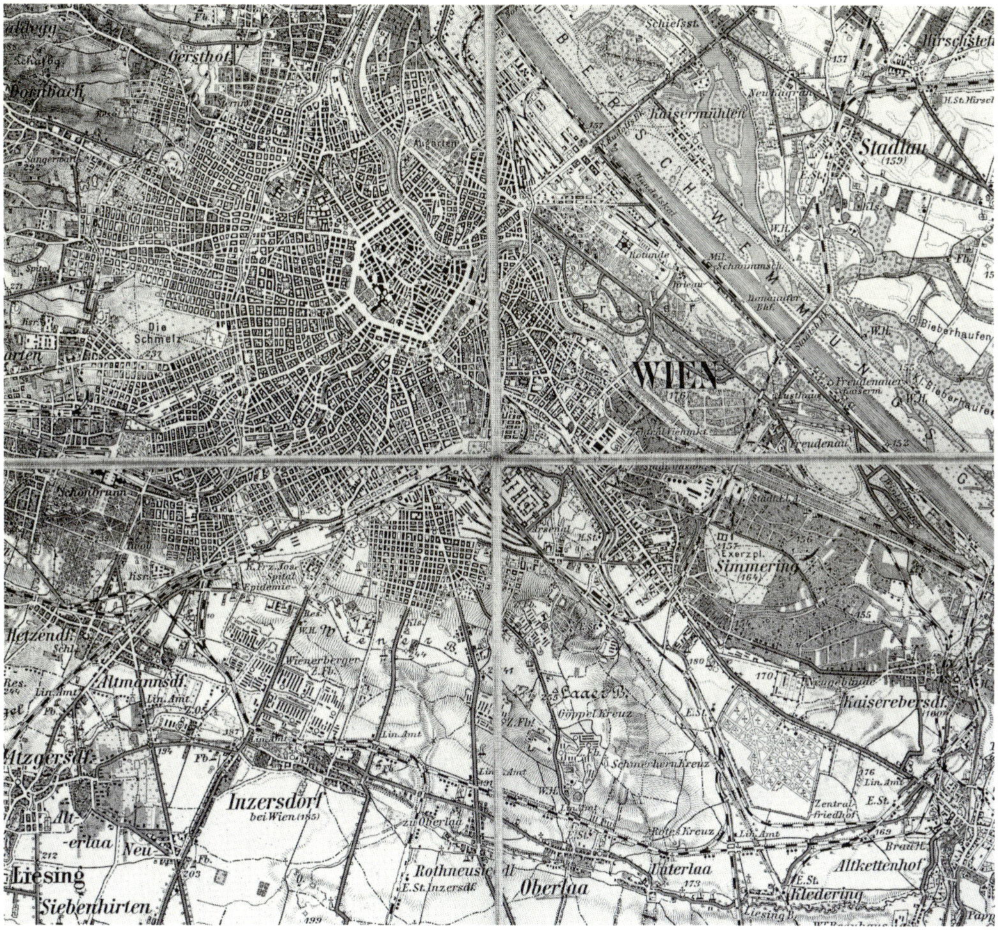

Umgebungskarte von Wien, um 1900.

daß die Preise für Lebensmittel niedriger als innerhalb der Linie waren, und auch die Mietpreise für Wohnungen lagen unter denen vergleichbarer Wohnungen in anderen Bezirken. So beschränkte sich die Nachfrage nach Wohnungen in Favoriten vor allem auf die Unterschichtsbevölkerung, wobei Arbeiter überwogen.[18] Die steigenden Mietkosten in anderen, dem Stadtzentrum nähergelegenen Bezirken Wiens zwangen viele Arbeiterfamilien, nach Favoriten zu ziehen, da hier die Mieten den niedrigen Einkommen der Arbeiterfamilien eher entsprachen. Und auch für zahlreiche Zuwanderer aus den Kronländern, die in Wien Arbeit suchten, war Favoriten die erste Anlaufstelle in der Reichshauptstadt, nicht zuletzt auch, da hier häufig bereits Verwandte oder Freunde wohnten. »Der X. Bezirk ist geradezu ein Zufluchtsort zahlreicher Familien geworden, welche, mit keinem anderen Reichtum als dem an Kindern versehen, in anderen Stadttheilen bei deren erheblich höheren Wohnungs- und Lebensmittelpreisen nicht zu existiren vermögen und im wohlfeileren X. Bezirke dicht gedrängt sich aufhalten.«[19] So kommentierte der Verfasser einer zeitgenössischen Studie im Jahre 1884 die Lage im dichtbesiedelten

Arbeiterbezirk Favoriten. Die zahlreichen neu errichteten Fabriken ließen es für private Investoren günstig erscheinen, die notwendigen Arbeiterunterkünfte in unmittelbarer Nähe der Fabriken zu errichten, wodurch stärker als in anderen Bezirken Wiens die Entstehung einer geschlossenen, beinahe ausschließlich von Arbeitern bewohnten Siedlung gefördert wurde. Dem hier bedeutend niedrigeren Lohnniveau entsprach auch die städtische Infrastruktur. Alle jene Luxuskonsumangebote, die nach wie vor das Bild des Wiener Fin de siècle prägten, blieben in Favoriten der Bevölkerung weitgehend vorenthalten, sowohl was die angebotenen Waren als auch die Möglichkeiten der Freizeitgestaltung betraf. Dem geringeren Einkommen entsprechend mußten auch die Kosten der Reproduktion der Arbeitskraft vergleichsweise niedrig gehalten werden, was sich vor allem im Angebot der Konsumtion niederschlug.

Wie in der Folge näher ausgeführt wird, stellten die zahlreichen Gasthäuser den bedeutendsten Ort für die Freizeit der Arbeiterfamilien dar, sowohl als Möglichkeit der Entspannung und der geselligen Unterhaltung als auch als Verteilerstelle für Informationen aller Art. Daneben sind die zahlreichen Initiativen von seiten der Wiener Tschechen zu nennen, in Form von Kultur-, Bildungs- und Geselligkeitsvereinen die Arbeiterfamilien in ihre Tätigkeiten einzubinden. Jede darüber hinausgehende Art von Vergnügen war jedoch für den überwiegenden Teil der Bevölkerung nur in Ausnahmefällen möglich und mit erheblichen finanziellen Aufwendungen verbunden.

Die Arbeitswelt bestimmte wie in allen Arbeiterbezirken auch das Alltagsleben der Bevölkerung Favoritens. Die Produktion gab den Takt des Lebens vor, und diesem hatten sich alle anderen Bedürfnisse unterzuordnen. Nicht nur aufgrund der in allen Produktionsbereichen vorherrschenden langen Arbeitszeiten – ein Arbeitstag von 12 bis 16 Stunden stellte keine Ausnahme dar – konnte die im späten 19. Jahrhundert expandierende bürgerliche Unterhaltungs- und Vergnügungsindustrie die Arbeiterbezirke nicht erreichen. So müssen auch die vielzitierten Sonntagsausflüge von Arbeiterfamilien in den Wurstelprater unter dem Aspekt gesehen werden, daß vielfach nur das Zusehen bei den Unterhaltungsgeschäften das Vergnügen darstellte. Von weit größerer Bedeutung blieben die im Bezirk veranstalteten billigen Unterhaltungen, allen voran die Tanzveranstaltungen, die sogenannten »Fünfkreuzer-Tänze«. Derartige Tanzabende fanden zumeist an Sonntagen in zahlreichen Gaststätten statt. Wie schon der Name der Tanzunterhaltungen besagt, mußte pro Tanz ein gewisser Geldbetrag, drei bis fünf Kreuzer, bezahlt werden.

Neben diesen Tanzabenden blieben es vor allem Spaziergänge und kleinere Ausflüge in die nähere Umgebung der Stadt, die für die Freizeit der Arbeiterfamilien von großer Bedeutung waren. Bereits nach wenigen Gehminuten konnte man den dichtbesiedelten und beengenden Bezirk verlassen, wobei Lagerwiesen und kleine Ausflugsgaststätten im Nahbereich der Stadt die beliebtesten Ziele darstellten. Vor allem am Rudolfshügel, am Wienerberg sowie am Laaerberg stellten kleine Gasthäuser mit angeschlossenen Gastgärten besonders in den Sommermonaten stark frequentierte Ausflugsziele dar.

NACH DER ARBEIT

Die beinahe lückenlose Durchsetzung der industriell-kapitalistischen Produktionsweise gegen Ende des 19. Jahrhunderts bewirkte maßgebliche Umstrukturierungen im Leben der werktätigen Bevölkerung. In dem Maß, in dem die Arbeit dem Takt der Maschinen beziehungsweise dem nicht weniger bedrohlichen Druck der Verleger unterworfen werden mußte, bestimmten die Kriterien der Ökonomie auch das Leben außerhalb der Arbeitsstätte. Mit der strikten Trennung von Arbeit und Freizeit wurde die Erholung zur frei disponiblen Privatsache, auch wenn die Ausgestaltung dieser Zeit nur sehr bedingt als beliebig bezeichnet werden kann. In erster Linie mußte sie Ruhezeit sein, um die verbrauchten Kräfte wieder einigermaßen herstellen zu können. Doch auch die Pflege und der Ausbau sozialer Kontakte, Unterhaltung und Vergnügen, nicht zuletzt das Familienleben und die Kindererziehung, all diese Aktivitäten waren eindeutig der Privatsphäre zugeordnet. Die Verdichtung und Intensivierung der Produktion trug so maßgeblich zu einer Polarisierung des Lebens in Arbeit und Freizeit bei.

Die Verankerung der industriellen Lebensweise im Alltagsleben zeigte sich in ihrer Deutlichkeit besonders in den Städten. Das gesamte Großstadtleben war von Beschleunigung aller Lebensbereiche gekennzeichnet. Nicht nur in der Lohnarbeit, auch im Konsum, im Verkehrswesen, in der Nachrichtenvermittlung: kaum ein Lebensbereich blieb von der Temposteigerung ausgespart. Und eben dieses rasche Großstadtleben prägte die Verwendung und Wertigkeit der Freizeit. Der Zahltag strukturierte die Lebensweise der Bevölkerung, man lebte im Wochentakt, von Zahltag zu Zahltag. Das Wochenende, in den allermeisten Fällen ausschließlich der Sonntag, galt als die einzige Zeit, in der man außerhalb des Produktionsprozesses leben konnte. Der allgemeinen Temposteigerung in der Stadt entsprachen im Freizeitbereich die schnellen, kurzen und wiederholbaren Genüsse und Unterhaltungen. Die Infrastruktur der Stadt zeichnete bereits die Beschleunigung im gesamten Leben vor: Zeitungen, Kino, Kaufhaus, Markthalle, öffentliches Verkehrssystem, Mietskaserne und Pfandleihanstalt, alles entsprach der unter den Leistungsmetaphern »schneller, höher, weiter« stehenden städtischen Öffentlichkeit.

Diese städtische Freizeit und im besonderen die Arbeiterfreizeit spielten sich in erster Linie in der Öffentlichkeit ab. Die triste Wohnsituation, die notdürftigen, beengten, überbelegten Wohnungen ließen nicht einmal in Ansätzen ein »trautes Heim« bürgerlicher Spielart zu. Moderne Massenunterhaltungsstätten waren daher bereit, sich der wenigen arbeitsfreien Stunden der Woche anzunehmen.

Otto Rühle beschrieb in eindrucksvoller Weise das alltägliche Leben von Arbeiterfamilien, wobei begreifbar wird, unter welchen Rahmenbedingungen die Arbeiterfreizeit möglich war:

»Im tiefsten Morgengrauen verläßt der Fabriksproletarier sein Bett und seine Behausung. Sein Arbeitstag beginnt meist sehr früh. ›Zwischen schlafenden Kindern beim Schein der Funzel hat er sich notdürftig angekleidet, dann rasch einen Schluck Kaffee hinuntergestürzt, und das vielleicht nicht einmal, nun eilt er dem riesigen Moloch, der Fabrik, in die Arme, deren schriller Pfiff um sechs Uhr verkündet, daß nun das Einzelleben der Insassen für viele Stunden aufhört, daß die Herrschaft des Kapitals über Leib und Seele für diesen Tag wieder begonnen hat.‹ Der ganze lange Arbeitstag hält ihn von den Seinen fern. Kaum daß er zu Mittag ein kurzes, flüchtiges Beisammensein mit ihnen ergeizen und erhetzen kann. In zahllosen Fällen bekommt er auch da Weib und Kinder nicht zu Gesicht. In der Kantine, im Maschinensaal, in der Baubude oder in einem Schuppen wird Mittag gemacht; oft genug muß er auf einer Promenadenbank, einem Haufen Späne oder der blanken Erde sein armseliges Mahl zu sich nehmen. Die dicke Suppe im Blechtopf, ein Stück Brot, einen Fetzen Wurst, einen Schluck Kaffee oder Bier. Dann ein Viertelstündchen Schlaf. Die Fabrikspfeife ruft. Nun wieder Arbeit, bis der Abend kommt. Endlich Feierabend! Müde schleppt sich der entkräftete Körper der Behausung zu. Die Kinder sind längst zu Bett; wie sie den Tag verbracht – wer sollte sich jetzt noch darüber den Kopf zerbrechen? Von seiner Arbeit haben sie nichts gesehen; er selbst hat alle Verrichtungen nur mechanisch, ohne innere Anteilnahme und Freude vollbracht. Wie er leer und kalt dabei blieb, konnte er keine belebende Wärme, keine erzieherischen Einflüsse auf sie überströmen lassen. Zudem hat die öde und schwere Körperarbeit auch die Gedanken träge gemacht. Ist das schmale Abendbrot verzehrt, bringt vielleicht ein Pfeifchen noch Genuß. [. . .] Ein paar kurze Stunden bleiernen Schlafes – im engen Raume und in schlechter Luft –, bis allzubald die harte Pflicht wieder ruft. Und so Tag für Tag, Woche für Woche, Jahr für Jahr . . .«[20]

Das von bürgerlichen Moralisten so scharf kritisierte proletarische »Familienleben« war aufgrund der ökonomischen Bedingungen ausschließlich auf Sonntage beschränkt. Und hier standen »Ausschlafen« und »Nicht hetzen müssen« an der obersten Stelle der Wünsche nach Sonntagsvergnügen.[21] Dies galt nicht zuletzt im besonderen für Frauen, zu deren Arbeitsbelastung neben der Lohnarbeit noch ein erheblicher Teil der Reproduktionsleistungen wie Haushaltsführung und Kindererziehung zählte. So muß vorweg alles über Arbeiterfreizeit Gesagte für Frauen, insbesondere verheiratete Frauen, mit äußersten Einschränkungen versehen werden, denn Freizeit gab es für verheiratete Arbeiterfrauen nur in den seltensten Fällen. Somit blieben die wenigen konsumierbaren Freizeit- und Unterhaltungsmöglichkeiten hauptsächlich Männern und unverheirateten Frauen vorbehalten.

Umfang und Art der Erholung und Freizeitgestaltung waren, wie gesagt, in jeder Hinsicht von der gesellschaftlichen Produktion abhängig, die wiederum ihrerseits durch die kapitalistische Organisation selbst den reproduktiven Bereich abzudecken trachtete. Wertorientierungen und Bedürfnisentwicklung standen also im direkten Verhältnis zur jeweiligen Arbeitswelt des einzelnen. Otto Rühle faßte den Zusammenhang zwischen der Arbeitswelt und der Freizeit, indem er feststellte, daß die »entnervende Wirkung der Arbeit [eine] ihr entsprechende Art der Vergnügung und Erholung diktiert.«[22]

Der für die Freizeit der arbeitenden Bevölkerung zweifellos bedeutendste Ort war das Wirtshaus. »Was die Industrie übrig läßt, darum kümmern sich Krämer und Gastwirte.«[23] – so läßt sich die Rolle der Arbeitergaststätte nachdrücklich charakterisieren. Sowohl an Sonntagen als auch unter der Woche nach der Arbeit war die Gaststätte der bedeutendste Platz des öffentlichen Lebens. In unmittelbarer Nähe der Arbeitsstätten befanden sich »zahlreiche Destillen, Ausschänke oder Stehbierlokale, so eingerichtet, daß bei unausgesetzt zu- und abflutendem Verkehr stehend an der Theke die Getränke eingenommen werden« konnten.[24] Hauptgeschäftstag war der Zahltag, wobei an diesem oft bereits ein nicht unbeträchtlicher Teil des Wochenlohnes verbraucht wurde. Weit verbreitet war auch das System des Anschreibens, das heißt, das Konsumieren auf Kredit des Gastwirts, was zur Folge hatte, daß zahlreiche Arbeiter permanent in einem Schuldverhältnis zu den Gastwirten lebten. Jedenfalls galt das Wirtshaus als zentraler Ort des öffentlichen Lebens der Arbeiterschaft. »Zu diesem Resultat kam es«, so der Kulturhistoriker Eduard Fuchs, »freilich nicht deshalb, weil, wie die billigste Traktätchenweisheit augenverdrehend vorlügt, die große Masse der Völker derart verroht sei, daß ihr aller Sinn für Familie und intimes Familienleben abgehe und sie sich nur im Qualm der Wirtsstube hinter Schnaps und Bierglas wohlfühle. Leider sind es andere, schwerer zu überwindende Ursachen, die die Massen in so starkem Maß an die Wirtsstuben fesseln. Um ein Familienleben führen zu können, muß man Zeit und eine menschenwürdige Wohnung haben. Weder über das eine noch über das andere verfügt aber heute die große Masse des Proletariats. Darum allein sind unzählige Massen unbarmherzig zur Strafe des täglichen Wirtshausbesuches verurteilt. [. . .] Das Wirtshaus ist für sie der einzige Ort, wo sie eine realtive Bewegungsmöglichkeit vorfinden, und außerdem das unentbehrliche zeitweilige Vergessen von der ›Idylle‹ ihres Familienglücks, die sich bei Millionen zusammensetzt aus Abgespanntheit, Armseligkeit, schlechter Luft, Poesielosigkeit, Krankheit und steter, nie abbrechender Sorge. Das Wirtshaus ist demgegenüber ihre Erholung, weil es ihre Ablenkung ist.«[25]

Bier und Schnaps waren die ersten und oft einzigen Genüsse, die sich Arbeiter neben den lebensnotwendigen Grundbedürfnissen als Luxus leisten konnten. Die Herstellung von billigen Alkoholika, die erst ab dem frühen 19. Jahrhundert möglich wurde, fand hier ein weites Feld der wirtschaftlichen Expansion. Gerade die industrielle Fabrikation von alkoholischen Getränken gilt als die erste Massenproduktion, die den Markt der gesteigerten Nachfrage der Arbeiterschaft abzudecken verstand. Doch schuf auch keine andere Ware vergleichbare soziale Probleme wie gerade der billig produzierte Alkohol, allen voran der Branntwein. Mit dem übermäßigen Alkoholkonsum wurden von seiten des Bürgertums alle Vorurteile der Arbeiterschaft gegenüber assoziiert und als gerechtfertigt betrachtet. »Tatsächlich hat die Bourgeoisie selbst [jedoch] alle Bedingungen geschaffen, die den von ihr bekämpften Alkohol zur sozialen Gefahr werden ließ. Ursprüngliche Akkumulation, Entstehung und Vertreibung der agrarischen Überbevölkerung, extensive Ausbeutung und Überfüllung der Städte erzeugten die soziale Haltlosigkeit arbeitender Menschen, die sie zum Alkohol trieb.«[26]

Die Rolle des Gasthauses ausschließlich auf den Alkoholkonsum zu reduzieren hieße jedoch, seinen vielfältigen Aufgaben nicht Rechnung zu tragen. Denn neben dem Angebot an Getränken und Speisen hatte das Gasthausleben eine Fülle weiterer Aufgaben zu erfüllen: So galten gerade die Gasthäuser als gut organisierte Informationsbörsen, wo sowohl Arbeitsplätze vermittelt werden konnten als auch Wohnungen bzw. Untermietmöglichkeiten angeboten wurden. Neben der geselligen Funktion stand also der Informationsaspekt im Mittelpunkt des Gasthauslebens. Vielfach waren die Arbeitergasthäuser die ersten Anlaufstellen von in die Stadt zugewanderten Arbeitssuchenden. Hier konnten in günstigen Fällen erste Informationen über Arbeitsmöglichkeiten und Schlafstellen eingeholt werden.

Neben diesem Aspekt ist die Rolle des Gasthauses in der entstehenden Arbeiterbewegung nicht zu unterschätzen. Die fast ausschließlich auf das Gasthaus beschränkte proletarische Öffentlichkeit bot die entscheidende Basis zur Kommunikation und schließlich auch zur Organisation von Arbeitervereinen. Gaststuben und Hinterzimmer der Gastwirtschaften dienten als Versammlungsräume der Arbeiterorganisationen, deren illegaler Status vielfach dadurch umgangen wurde, daß sie als Geselligkeitsvereine getarnt ihre Versammlungen abhielten. Die enge Verbindung der frühen Arbeiterbewegung mit Gaststätten läßt jedoch nicht darauf schließen, daß die überwiegende Mehrzahl der Gastwirte der Sozialdemokratie inhaltlich nahestanden. Vielfach stellte es für die Gastwirte eine ökonomische Notwendigkeit dar, ihre Räumlichkeiten für Versammlungen zur Verfügung zu stellen. Zudem war gerade zu derartigen Gelegenheiten ein nicht zu unterschätzendes Geschäft zu erwarten. Vereinzelt ist auch von Boykotts seitens der Arbeiterschaft die Rede, wodurch zögernde oder feindlich gesinnte Wirte gezwungen werden konnten, ihre Gaststätten für sozialdemokratische Versammlungen nicht zu schließen.[27]

Neben der zweifellos bedeutenden politischen Funktion des Gasthauses in der Entstehung und Organisation der Arbeiterbewegung blieb jedoch der Aspekt der Unterhaltung und der kleinen Vergnügungen im Vordergrund. Geschicktes Arrangement und findiger Geschäftsgeist ließen viele Gaststätten wie auch andere Vergnügungsstätten zu ergiebigen Profitquellen werden. Grelle und lärmende Vergnügungsangebote schufen die erwünschte und notwendige Abwechslung von der düsteren Monotonie des Alltags, wobei jeder, der Geld hatte, eingeladen, zugelassen, ja zur Teinahme beinahe verpflichtet war.

Volksbelustigungen verschiedenster Art, Rummelplätze und Vergnügungsetablissements, Varietés und Tanzhallen nach dem Vorbild der englischen Music-Halls standen im Bereich der städtischen Freizeitattraktionen an der vordersten Stelle. Jeder Bezirk, jeder Stadtteil hatte seinen eigenen Rummelplatz, seine eigenen Vergnügungszentren. Auf unbebauten Flächen zwischen Zinskasernen führten vielfach Schausteller kleine Vergnügungsgeschäfte, zumeist für relativ kurze Zeit, um anschließend wieder einen neuen Standplatz aufzusuchen. Heute sind die Spuren, die dieser weitgehend »inoffizielle« Teil der lokalen Geschichte aller europäischen Großstädte hinterließ, in den meisten Fällen entweder gänzlich verschwunden oder nur noch sehr diffus vorhanden.

Zwischen den einzelnen Freizeit- und Unterhaltungsunternehmen herrschte ein beträchtliches Konkurrenzverhältnis, und nicht zuletzt deswegen mußten die kommerziellen Anbieter von Vergnügungen und Unterhaltungen danach bestrebt sein, durch ein vielfältiges und abwechslungsreiches Angebot ihr Stammpublikum gewinnen bzw. halten zu können. Kegelbahnen und Biergärten, Karussels und Lotteriespiele, Schieß- und Schaubuden, überall bildete die Arbeiterschaft das Publikum. Exotische Völkerschauen und Menagerien eröffneten fremde und bislang zumeist nur aus Erzählungen bekannte Wirklichkeiten. Technische Neuerungen trugen zur Weiterentwicklung der Illusionskunst bei. Schließlich sind im Zusammenhang mit proletarischen Volksvergnügungen auch jene sportlichen Veranstaltungen zu nennen, die ab der Jahrhundertwende in den Städten größtes Interesse hervorriefen: Fußballspiele und Boxkämpfe, Ringerveranstaltungen und auch Pferderennen.

Wie bereits festgestellt, waren die kommerziellen Massenvergnügungen in der Hauptsache für ein junges Publikum konzipiert. Diesem Publikum entsprechend spielten die in zahlreichen Gaststätten veranstalteten Tanzabende eine wesentliche Rolle, die in den allermeisten Fällen Samstag abends oder Sonntag abends stattfanden. Doch fanden diese »Fünf-Kreuzer-Tanzveranstaltungen« in der Arbeiterklasse selbst ihre Kritiker. Aufklärerisch wirkende Arbeiter warnten eindringlich vor den Gefahren für Sittlichkeit und Bewußtsein, die das Tanzvergnügen mit sich bringen würde: »Auf den Tanzböden, in den Nächten vom Sonntag zum Montag verliert unsere Arbeiterjugend nicht nur ihren meist sauer verdienten Lohn, sondern auch ihre beste Kraft, ihre Ideale, ihre Tugend und ihre Keuschheit. Es ist ja auch kein Wunder, wenn es anders wäre. Man überlege nur einmal. Während der Woche, Tag um Tag in regelmäßiger Einförmigkeit in der häßlichen Fabrik, bei oft langweiliger Arbeit, in Schmutz und Schweiß; des Mittags ohne behagliche Ruhe; die Abende der Werktage auf der Straße vor der Tür oder im Hofe des Arbeiterhauses oder in der kleinen, engen, oft dürftigen Stube des Logiswirtes mit Kindergeschrei und Küchendunst; die Nächte in armseligen Schlafstätten; dabei ein leidlicher Verdienst, ohne Kontrolle, ohne Aufsicht, ohne elterliche Fürsorge und Liebe, kurz ohne den Einfluß eines Familienverbandes, Jugendkraft in den Gliedern, Jugendlust in Kopf und Herzen – und nun kommt der Sonntag mit seinem Ausschlafen, seinem Ausruhen, seiner Freiheit, die ihnen niemand kürzt, deren rechten Gebrauch sie keiner lehrt: da locken die Töne der Musik, da lachen junge Mädchengesichter, da strahlt lichter Glanz, da wölben sich die hohen, weiten Hallen des schön gemalten Saales; ja, hier ist der Ersatz für die hundert häßlichen Eindrücke der ganzen Woche! Ist es da wirklich noch verwunderlich, wenn sich die Ungebundenen da hineinstürzen in den herrlichen, entzückenden Strudel, ihre Seele an ihm berauschen, ihr Bestes in ihm verlieren?«[28]

Trotz derartiger kritischer Bemerkungen blieben Tanzvergnügungen und der Besuch eines Rummelplatzes die oft einzigen Lustbarkeiten, die sich Arbeiter leisten konnten. Allerdings muß auch der Besuch eines Tanzlokals oder eines Vergnügungsparks im realen Lebenszusammenhang von Arbeiterfamilien als Luxus bezeichnet werden, und dies galt im besonderen für kinderreiche Familien. Wenn von durchschnittlichen Arbeitslohn alle anfallenden Fixkosten weggerechnet wurden, standen nicht mehr als 10 bis 15 Prozent für »sonstige Ausgaben« zur Verfügung, was für Sparguthaben und Versicherungen, für Bildung, Körperpflege und Gesundheit, und schließlich für Geselligkeit und Freizeit reichen mußte.[29] Selbst für einen verhältnismäßig gut verdienenden Facharbeiter blieb kaum mehr als das Allernotwendigste zum Leben über, was aus der Aussage eines Arbeiters deutlich ersichtlich ist: »Samstag ist Zahltag, und da bekommen die Kinder und die Frau eine Wurst zum Brot. Zu Vergnügungen gehen wir fast gar nicht. Zu Versammlungen und ins Wirtshaus kann ich auch nur ganz selten gehen, da fehlt es hauptsächlich an Kleidung; habe kaum noch etwas für Sonntag anzuziehen. Hier muß man die Kinder mehr berücksichtigen, doch reicht's auch da bloß zum Allernotwendigsten . . .«[30]

Und doch bedeutete der Sonntag nach einer sechstägigen anstrengenden Arbeitswoche Freizeit, Freiheit von Zwängen der Arbeit und der Unterordnung. Sonntag, das war »ein Tag, der anders war als die anderen, der das Versprechen des Genusses in sich barg und dies mit vielen kleinen Ritualen dokumentierte. Am Sonntag wurde länger geschlafen, schabten die Männer ihre Bärte, wurden die

Sonntagskleider hervorgeholt. Die Bereitschaft zum Konsum, besseres Essen, kleine Vergnügungen und der Sonntagsspaziergang mit seinem obligaten Abschluß im Café oder Gartenlokal, der Genuß von Kuchen oder Bier unterstrichen die Besonderheit des Tages. Freizeit bedeutete Zeit für sich und für andere; Sonntag war der Tag der Geselligkeit und wohl auch der Liebe.«[31]

Zu den billigsten und deshalb wohl weitverbreiteten Vergnügungen gehörte der Sonntagsspaziergang. Ganz im Gegensatz zum eleganten, der Repräsentation dienenden Flanieren der Bürger stellte der Sonntagsspaziergang für Arbeiter die Erfüllung eines dringenden Bedürfnisses dar: Das Verlassen der Wohnungen während der arbeitsfreien Stunden war auch eine Reaktion auf die Enge der zumeist überbelegten Wohnungen. Besonders deutlich trat dieser Aspekt bei Untermietern und Bettgehern zu Tage, wie in den Lebenserinnerungen von Johann Böhm nachzulesen ist: »Da Bettgeher ja zu Hause nicht gern gesehen waren, [haben wir] Sonntagsspaziergänge unternommen, wobei ich die Stadt kennenlernte, oder aber wir sind – wenn wir müde waren – in Parks herumgesessen.«[32]

Spaziergänge führten gewöhnlich hinaus aus den dichtbesiedelten Wohn- und Arbeitsbezirken, zumeist an die Peripherie der Stadt, wo Lagerwiesen Erholung und Entspannung versprachen. In allen Arbeiterbezirken entstanden mehr oder weniger frequentierte Naherholungs- und Freizeitgebiete, vielfach an kleinen Teichen, Wasserläufen oder im Bereich von in unmittelbarer Nähe der Stadt gelegenen Waldgebieten. In Wien waren es vor allem die Ausläufer des Wienerwaldes im Westen der Stadt (Sophienalpe, Jubiläumswarte usw.) sowie die Wiesen und Felder im Umkreis der Stadt. Diese Ausflugsziele bildeten von Beginn an Standorte für kleine Imbißbuden, Bier- und Limonadeverkaufsstände, zumal eine hohe Besucherfrequenz durchaus einen kommerziellen Erfolg erwarten ließ.

DIE KLEINE FREIHEIT AM LAAERBERG

DIE ANFÄNGE DES BÖHMISCHEN PRATERS

Die Anlage der Schaustellerfamilie »Moro«. Im Vordergrund die überdachte Schaukelanlage, dahinter das noch heute bestehende Springpferdkarussell, um 1903.

Spätestens ab der zweiten Hälfte des 19. Jahrhunderts gehörte der Laaer Wald zu den häufigst besuchten Naherholungsgebieten im näheren Umfeld der dichtverbauten Stadt. Von der Vorstadt Wieden aus war die Anhöhe des Laaerberges nach einem etwa halbstündigen Fußmarsch zur erreichen, vom Zentrum des im Jahr 1874 in das Wiener Stadtgebiet eingegliederten Bezirks Favoriten in etwa 15 Minuten. Bereits in den achtziger Jahren des vorigen Jahrhunderts zeigte sich am Laaerberg die scharfe Trennung zwischen industriell und landwirtschaftlich genutztem Land im Süden Wiens besonders deutlich. An der Peripherie der Stadt wurden zahlreiche Industriebetriebe angesiedelt, und auch die Bautätigkeit im Bereich der Arbeiterwohnhäuser nahm größere Ausmaße an. Die Baugründe waren vergleichsweise billig, und das bislang nahezu unverbaute Gebiet setzte großflächigen Industrieanlagen keine Grenzen.

Verließ man die von Zinskasernen und Fabriken gesäumten Gassen von Favoriten in Richtung Laaerberg, so erreichte man nach wenigen Minuten die Stadtgrenze Wiens, die bis 1890 etwa entlang der heutigen Absberggasse verlief. Das dahinterliegende Land gehörte verwaltungsmäßig zur Gemeinde Oberlaa, Bezirkshauptmannschaft Bruck/Leitha. Unmittelbar an der Stadtgrenze befanden sich große Ziegelfabriken, die sich bis zur Anhöhe des Laaerbergs erstreckten, das Ziegelwerk Zacharias, das Ziegelwerk Krohn, vor allem jedoch das Ziegelwerk Laaerwald der Firma Wienerberger. Entlang der Laaer Straße errichteten die Ziegelfirmen riesige Produktionsstätten mit entsprechender Infrastruktur, allen voran Arbeiterwohnhäuser, massive Backsteingebäude mit Hunderten Wohnräumen und Schlafsälen für die hier beschäftigten Arbeiter. Das bedeutendste dieser Ziegelwerke, das Werk Laaerwald, befand sich bereits im Bereich des Laaer Waldes, eines kleinen Eichenwaldes, der sich gegen die Felder, Wiesen und Weingärten Richtung Oberlaa und Simmering öffnete.

Als bedeutende Straßenverbindung Richtung Oberlaa führte die Laaer Straße am Laaer Wald vorbei nach Süden, wobei ihr Verlauf im wesentlichen der heutigen Laaerbergstraße folgte. Sowohl Fuhrwerke, die landwirtschaftliche Produkte nach Wien brachten, als auch Ziegeltransportwagen befuhren diese Sandstraße sehr häufig. Entlang der Straße befanden sich neben Wohnhäusern auch

Die Ziegelfabrik »Am Laaerwalde«. Im Vordergrund sieht man die Seilbahn-Beladestation, um 1900.

mehrere Gaststätten, die als Einkehrgasthäuser und als Kantinen der Ziegelarbeiter dienten. Besonders im Nahbereich der Ziegelwerke konnten sich mehrere Kantinen etablieren, die schließlich auch an Wochenenden als Ausflugsgaststätten ihr Publikum fanden, nicht zuletzt durch die Nähe zum Laaer Wald.

DIE GASTSTÄTTEN

Einer der Kantinenwirte des Ziegelwerks Laaerwald, der Gastwirt, Lebensmittelhändler und Fuhrwerksbesitzer Franz Bauer, führte am Rand des Laaer Waldes eine kleine Werkskantine, die mehr und mehr zu einem beliebten Zielpunkt für Sonntagsausflügler aus dem nahe gelegenen Favoriten wurde. Das Geschäft an Wochenenden dürfte im Vergleich zum Geschäftsgang unter der Woche deutlich zugenommen haben, jedenfalls versuchte Franz Bauer, seinen Gästen neben dem Getränke- und Speisenangebot an Wochenenden zusätzliche Attraktionen und Unterhaltungen zu bieten. So suchte er im Frühjahr 1882 um die Konzession zur »Abhaltung von erlaubten Spielen« in seinem Gasthausbetrieb an.[33] Im Konkreten bezog sich das Ansuchen Bauers auf die Aufstellung eines Ringelspieles und einer Schaukel in seinem Gasthausgarten. Die für das Ansuchen zuständige Behörde, die Bezirkshauptmannschaft Bruck/Leitha, erteilte schließlich nach einigen Rechtsunsicherheiten im Mai 1882 die Konzession.[34]

Etwa zur gleichen Zeit beantragte der aus dem Wiener Prater stammende Gastwirt Anton Swoboda die Konzession zur Errichtung einer Gaststätte im Bereich des Laaer Waldes, das ausschließlich als Ausflugsgasthaus konzipiert sein sollte, worüber ein Sitzungsprotokoll des Oberlaaer Gemeinderates Auskunft gibt: »13. März 1882: Herr Anton Swoboda, Privat in Wien, beabsichtigt auf dem Laaerberge, auf einem freien Platze im ›Oberlaaer Waldl‹, welchen er von der Wienerberger Ziegelfabriks- und Baugesellschaft um einen jährlichen Pachtzins von 150 fl. gepachtet hat, in einem daselbst noch zu erbauenden Lokale die Schankgerechtigkeit auszuüben, über die Sommer-Saison nur an Sonn- und Feiertagen Wein aus seiner eigenen Kellerei auszuschenken. Das bei der k. k. Bezirkshauptmannschaft Bruck a. d. L. eingereichte Gesuch wurde von dieser dem Gemeindevorstand von Oberlaa zur Äußerung und Begutachtung übermittelt und es wurden die Herren PT Mitglieder der Gemeindevertretung ersucht, auf dieser Currende durch ihre Unterschrift zu bekräftigen, ob dessen Gesuch in für ihn günstigem Sinne oder ablehnend zu erledigen sei. Herr Anton Swoboda hat bereits für den Armenfonds deponiert und gedenkt, da er sehr vermögend ist, Weiteres für die Armen zu thun.«[35]

Diesem Ansuchen wurde anfangs von seiten des Oberlaaer Gemeinderates nicht stattgegeben, zwei Monate später jedoch erhielt Anton Swoboda nach mehreren Interventionen die »Conzession zur Verabreichung von Speisen, zum Ausschank geistiger Getränke mit Ausnahme von Brandwein.«[36] Offensichtlich stellte sein Versprechen, den Armenfonds und nicht zuletzt die Gemeinde Oberlaa finanziell zu unterstützen, ein gewichtiges Argument dar. Zudem war Swoboda in Sachen Unterhaltungsgewerbe in Wien kein Unbekannter. Eine der größten Gaststätten des Wurstelpraters, das Tanzlokal »Swoboda«, gehörte ebenso der Familie wie mehrere Tanz- und Unterhaltungsgaststätten in anderen Bezirken Wiens.

Die Beschränkung der Öffnungszeiten des Gasthauses auf Sonn- und Feiertage machte die Konzeption eines Ausflugs- und Vergnügungslokales für die in der näheren Umgebung lebenden Arbeiterfamilien deutlich, einer Gaststätte also, die den potentiellen Freizeitmarkt der arbeitenden Bevölkerung abzudecken vermochte, wie beschränkt die Freizeit der Arbeiter zu dieser Zeit auch war. Offensichtlich erkannte der im Bereich des Unterhaltungsgewerbes erfahrene Fachmann im Laaer Wald eine durchaus lukrative Geschäftsmöglichkeit. Bereits wenige Wochen nach dem Konzessionsansuchen konnte Anton Swoboda sein Gasthauslokal, ein Holzgebäude mit einer großen Veranda sowie einem angeschlossenen Gastgarten, eröffnen.

Der Betrieb der ersten beiden Gast- und Vergnügungsstätten im Laaer Wald dürfte ein bedeutender kommerzieller Erfolg gewesen sein, denn bereits im Winter 1882/83 langten eine Reihe weiterer Konzessionsansuchen von Gastwirten zur Führung von Gastwirtschaften im Laaer Wald bei der Bezirkshauptmannschaft Bruck ein.[37] Diesem großen Ansturm scheint die Behörde jedoch nicht gewachsen gewesen zu sein, denn die Ausstellung der vorgeschriebenen Genehmigungen, Baubewilligungen sowie Schankkonzessionen, verzögerte sich. So errichteten mehrere Gastwirte ohne behördliche Genehmigung ihre Gaststätten und begannen bereits im Frühjahr 1883 mit dem Ausschank. Die Folge dieser wilden Bautätigkeit war eine große Anzahl von Anzeigen wegen verschiedener Übertretungen polizeilicher und gewerberechtlicher Vorschriften.[38] Doch auch der Gendarmerieposten Oberlaa, der für die Überwachung der Einhaltung aller gesetzlichen Bestimmungen verantwortlich war, konnte diesen Aufgaben nur mehr beschränkt nachkommen. Schließlich sah der Bürgermeister von Oberlaa keine andere Möglichkeit mehr, als »Bestettigungen mit der Erlaubnis zur Ausübung des Gastgewerbes an einige Wirthe im Laaerwaldl« auszustellen, »welche wohl um die Konzession hierum eingeschritten, jedoch noch keine solche von der Bezirkshauptmannschaft erhalten hatten.«[39]

Wie schwierig sich für die Gemeinde Oberlaa die Kontrolle der Gastwirtschaften im Laaer Wald gestaltete, zeigen die oft resignativ wirkenden Anzeigenprotokolle. So ist beispielsweise von mehreren Einvernahmen des Gastwirtes Hypolit Pokorny die Rede, »welcher in einer hölzernen Bude am Laaerberg, ohne die Baubewilligung zu haben, daselbst Bier und Wein auschenkte, und der Aufforderung, den Betrieb einzustellen, sich widersetzte.«[40] Eine ähnliche Anzeige betraf auch »Anton Swoboda, Gastwirth im Laaerwaldl, welcher trotzdem daß ihm sein Gasthaus polizeilich gesperrt wurde, das geschlossene Schanklokal eröffnet hat und Gäste mit Speise und Trank bedient.«[41] Eine Auflistung derartiger Anzeigen aus den ersten Jahren des Bestehens des Böhmischen Praters ließe sich noch weiter fortsetzen, doch bereits die beiden genannten Beispiele zeigen nur allzu deutlich, daß die behördliche Registrierung und Überwachung nur mangelhaft vollzogen werden konnte.

Die zumindest anfangs lückenhafte Kontroll- und Überwachungsmöglichkeit stellte jedoch kein gewichtiges Argument dar, die Gewerbebetriebe nicht zuzulassen. Immerhin brachten die zahlreichen Gasthausbetriebe im Laaer Wald beträchtliche Steuereinnahmen für die Gemeinde Oberlaa. Bereits dem Ansuchen um die Erteilung der Gasthauskonzession mußte von jedem Gastwirt eine Spende von 100 fl. an den Armenfonds der Gemeinde beigelegt sein.[42] Des weiteren liegt die Vermutung nahe, daß, ähnlich wie im Falle des Anton Swoboda, Zusagen bezüglich weiterer finanzieller Zuwendungen an die Gemeinde Oberlaa gemacht werden mußten. Jedenfalls befanden sich im Jahr 1883, also ein Jahr nach der Errichtung der ersten beiden Ausflugsgaststätten, rund ein Dutzend Gasthausbetriebe im Laaer Wald, ein Jahr später waren es bereits 20.[43]

Den überwiegenden Teil der neu entstandenen Gaststätten stellten die Vorstadtgasthäuser, also Schanklokale, in denen vorwiegend Bier und Wein ausgeschenkt wurden. Daneben gab es jedoch auch ein Kaffeehaus sowie mehrere Branntweinbuden. Acht Gaststätten schließlich waren auch Tanzsäle angeschlossen.

Bis auf wenige Ausnahmen waren alle Gastwirte, die Betriebe im Böhmischen Prater eröffneten, bereits vorher im Gastgewerbe tätig gewesen, überwiegend in Favoriten. Daneben waren es jedoch auch Zinshausbesitzer und kapitalkräftige Handwerker, die um die Konzession des Gastgewerbes im Laaer Wald einschritten.

Soweit die Zuständigkeiten der Gastwirte eruiert werden konnten, handelte es sich bei allen Konzessionsinhabern um »Fremdzuständige«, vor allem um aus Böhmen und Mähren stammende Zuwanderer, die im Nahbereich des in hohem Maß ebenfalls von Tschechen besiedelten Arbeiterbezirks Favoriten ihre Gasthausbetriebe eröffneten. So lag der Name »Böhmischer Prater« für die hier entstandene Budenkolonie nahe, wie unter anderem auch einem Zeitungsartikel aus dem Jahr 1886 zu entnehmen ist. Unter dem Titel »Vom ›böhmischen‹ Prater« berichtet der Autor:

»Dieser höchst bemerkenswerthe charakteristische, auf dem Laaer Berge gelegene, außer den Simmeringern und den Favoritnern nur wenigen Wienern bekannte ›czechische Prater‹, welcher heuer in seinen fünften Jahrgang tritt, entwickelt bereits ein sehr reges Leben. Die Vergnügungs-Etablissementsbesitzer Bartonicek, Bezdek, Brocek, Budar, Dworacek, Klimes, Pokorny, Sklenarik, Swoboda, Wanya u.a. – man sieht, die Nationalität läßt sich unschwer erkennen – sie Alle haben ihre gastlichen Hallen geöffnet ihren – Landsleuten. Tausende und Abertausende pilgerten denn auch an beiden Ostertagen nach dieser eigenartigen Oertlichkeit; die lehmigen schmalen Fußstege, welche von Simmering und Favoriten hinaufführen, sie waren dichtbesäet mit einem Völklein ›ganz eigener Rass‹. Favoriten stellt unstreitig das größte Kontingent der Besucher und gleicht der schmale Fußweg, welcher von der Kulichgasse den Berg hinaufführt, an Sonntagen einer einzigen Menschensäule. Ekelerregende Schnapsverkäuferinnen, welche in czechischem Idiom ihre Waare anbieten; schmutzstarrende alte Weiber, die um Almosen stehen; Krüppel, welche ihre Gebrechen zur Schau stellen; verstimmte Leierkasten, die ihre ohrenbetäubenden Klänge zum Besten geben – markiren die Wege zu dieser merkwürdigen Kolonie. Nach einem heißen Kampfe mit der Sonne – denn kein Baum, kein Strauch gibt ein Atom eines Schattens – gelangt der Besucher, nachdem ihn eine große Tafel mit der Aufschrift ›Zugang zur Hauptstraße des Neuen Praters‹ orientirt, an sein Ziel. Die Wahl des Vergnügungslokals wird ihm nicht schwer; überall tönt ihm die Tanzmusik einladend entgegen.«[44]

In dem Maß, in dem die Gaststätten und Vergnügungsetablissements den Betrieb im Laaer Wald aufnahmen, wurden auch die in Wien tätigen Schausteller auf diese neu entstandene Produktionsmöglichkeit aufmerksam. Die an Sonntagen und Feiertagen zu

Improvisierte Holzbuden, verteilt im gesamten Laaerwald, das war das Bild des Böhmischen Praters in den frühen Jahren seines Bestehens, 1884.

verzeichnende hohe Besucherfrequenz ließ ein beträchtliches Geschäftsaufkommen erwarten. Besonders für jene Schausteller, die ihre Unterhaltungsgeschäfte ambulant betrieben, also an verschiedenen Standplätzen nur für eine beschränkte Zeit tätig waren, war jede neue Produktionsmöglichkeit von größtem Interesse, denn gerade im städtischen Unterhaltungsgewerbe herrschte ein nicht unbeträchtlicher Konkurrenzkampf zwischen den einzelnen Unternehmern um stark frequentierte und somit profitträchtige Standplätze.

Die ersten Schausteller des Böhmischen Praters waren in der Hauptsache aus Wien stammende Professionisten in Sachen Unterhaltungsgewerbe. Die Betreiber größerer Geschäfte[45] wie Ringelspiele, Haspeln (Gondelräder), Schaukeln usw. trugen als Berufsbezeichnung »Ringelspielbesitzer« oder »Automatenbesitzer«: bei ihnen handelte es sich also durchwegs um »Privatiers«, um Unternehmer, die vielfach mehrere Geschäfte besaßen, diese zum Teil selbst betrieben, zum Teil jedoch auch weiterverpachteten oder von Familienangehörigen betreiben ließen. Diese Schausteller konnten ihren Lebensunterhalt durchaus aus den Einnahmen ihrer Betriebe bestreiten. Im Unterschied zu dieser Gruppe der Schausteller gab es jedoch auch eine Reihe von Betreibern kleinerer Geschäfte, etwa kleine Schaukeln, Wurf- und Geschicklichkeitsspiele, also Unterhaltungsgeschäfte, die weder in der Anschaffung noch in der Erhaltung besonders kostenintensiv waren, die diese Unterhaltungen als eine Art Nebenbeschäftigung führten, neben ihrem Beruf als Arbeiter oder Handwerker. Das war dadurch möglich, da ja das Hauptgeschäft im Böhmischen Prater im wesentlichen auf Sonn- und Feiertage konzentriert war.

Von Beginn an spielten die Gastwirte im Bereich der Schaustellerei eine bedeutende Rolle, denn während der ersten Jahre des Böhmischen Praters war es durchaus üblich, daß jene Schausteller, die hier an einer Produktionsmöglichkeit interessiert waren, von den Gastwirten in deren Gasthausgärten Plätze mieteten, wo sie ihre Unterhaltungsgeschäfte aufbauen konnten. Die Gastwirte mußten ihre Plätze vom Besitzer des Laaer Waldes, der Wienerberger Ziegelfabriks- und Baugesellschaft, um einen jährlichen Zins von 150 fl. pachten.[46] Die Form der Untermiete eines Teiles des Gasthausgartens brachte nun sowohl für die Gastwirte als auch für die Schausteller Vorteile. Die Gastwirte konnten durch schaustellerische Attraktionen in ihren Gärten zu Recht mit der Zunahme des Geschäfts in ihren Betrieben rechnen, den Schaustellern wiederum blieb es erspart, den nicht unerheblichen Pachtzins für einen eigenen Pachtgrund im Laaer Wald aufbringen zu müssen. Diese Subpachtverträge lassen darauf schließen, daß von der Mehrzahl der Schausteller zumindest anfangs nicht daran gedacht war, hier einen fixen Betriebsstandort einzurichten. Offenbar stellte der Böhmische Prater nur eine von vielen möglichen Produktionsstätten für »pratermäßige Volksvergnügungen« in Wien und den Vororten dar.

Die Grundstücke, auf denen die verschiedenen Gasthäuser errichtet wurden, waren ausschließlich Pachtgründe der Firma Wienerberger. Diese gewährte ihren Pächtern keine allzu großen Freiheiten in bezug auf die Art der Verbauung der Grundstücke. So war es nicht gestattet, Gebäude in massiver Bauweise zu errichten. Als Baustoff durfte ausschließlich Holz verwendet werden, die Errichtung von Ziegelgebäuden war streng untersagt.[47] Offensichtlich wollte man von seiten der Grundeigentümer schon in den ersten Jahren des Praters verhindern, daß sich hier eine größere Häuserkolonie bilden konnte. Vielmehr war hier wohl an ein nur wenige Jahre bestehendes Provisorium gedacht, das so lange Bestand haben sollte, bis die Grundstücke einer anderen, kommerziell einträglicheren Nutzung hätten zugeführt werden können, wie etwa die Erweiterung des Ziegelwerkes Laaerwald oder dem Ausbau von Kies- und Schottergruben. Konsequenterweise war auch das permanente Wohnen in den Gebäuden im Laaer Wald verboten. Während der Saison im Sommer wurde es zwar geduldet, im Winter jedoch mußten die Gastwirte und Schausteller die Gebäude räumen.

Trotz all dieser Einschränkungen und der Tatsache, daß die Pachtverträge jederzeit kündbar waren und im Falle einer Kündigung die Pachtgründe auf Kosten der Pächter wieder in den ursprünglichen Zustand gebracht hätten werden müssen[48], ließ die Bau- und Investitionstätigkeit im Laaer Wald keineswegs nach. Die Bauten wurden durchwegs als Riegelwandgebäude errichtet, als Dachmaterial fand Teerpappe oder ebenfalls Holz Verwendung. Doch aus der ausschließlichen Bauweise mit Holz auf eine Art Provisorium zu schließen, wäre weit gefehlt. Die Größe und auch die Ausstattung der Gasthäuser ließen bereits erkennen, daß von seiten der Gastwirte kaum jemand daran dachte, nur für kurze Zeit hier einen Betrieb zu führen. Neben dem obligaten Schankraum sowie der Küche bestanden die Gasthäuser durchwegs aus mehreren Nebenräumen, vielfach waren Terrassen angebaut, auch Glassalons und Tanzhallen gehörten neben den überall vorhandenen großen Gastgärten zu den Gasthausbetrieben. In den meisten Fällen waren die Gebäude auch unterkellert. Klangvolle Namen zierten die verschiedenen Gasthäuser, so etwa »Zum lustigen Schützen« (Franz Fischer, später Rosa Knorr), »Zum Einsiedler« (Kaspar Mrquan, später »Heinrichshöhe« Josefa Hutter/Heinrich Staudacher),

Ein Wahrzeichen des »czechischen Praters« in den Anfangsjahren: Die »Pokorny-Burg«, 1884.

»Zum großen Böhm« (Franz Bocek, später Alois Bendekovics), »Zum Auge Gottes« (Franz Reindl) oder »Weißer Engel« (Johann Nowak). Das wohl markanteste Gasthaus im Laaer Wald war die »Pokorny-Burg«, ein in Form einer mittelalterlichen Burg errichtetes Holzgebäude, das mehrere Terrassen sowie zwei Aussichtstürme besaß, wo sich auch die Schankräume befanden.[49] Diese von der Konzeption her wohl einzigartige Gaststätte wurde von dem aus Pilgram stammenden Gastwirt Hyppolit Pokorny errichtet, der das Gebäude jedoch bereits wenige Jahre nach der Eröffnung aus finanziellen Gründen an die Brünner Brauerei abgeben mußte, bis es um die Jahrhundertwende vermutlich aufgrund fortgeschrittener Baufälligkeit abgerissen werden mußte.

Wenn man versucht, das Bild des Böhmischen Praters in den ersten Jahren seines Bestehens zu rekonstruieren, so ist vor allem die dichte Besiedlung des gesamten Laaer Waldes bemerkenswert. Die verschiedenen Geschäfte waren nicht, wie heute, ausschließlich an der Grenzgasse, der durch den Böhmischen Prater führenden Hauptstraße, angesiedelt, sondern über das gesamte Waldgebiet verteilt. Der Laaer Wald war frei durchquerbar, nur die Gasthäuser waren großteils mit Lattenzäunen umgeben. Erst zu Beginn unseres Jahrhunderts kam es zur heute deutlich sichtbaren Konzentration der Geschäfte entlang der Grenzgasse.

Wie rasch das Vergnügungs- und Ausflugsgebiet des Böhmischen Praters bei der Bevölkerung Anklang fand, zeigt die Tatsache, daß bereits im Jahr 1884 das auflagenstarke »Illustrierte Extrablatt« seine Titelseite einem Bericht über den Böhmischen Prater widmete:

»Der neue Prater am Laaerberge.

Der rasch aufstrebende jüngste Wiener Bezirk Favoriten, dessen Bevölkerung Alles daransetzt, um das Wien vor der Linie, oder das Wien der Zukunft, würdig zu repräsentiren, hat seit kurzer Zeit eine neue Zierde erhalten. Die Favoritner haben nämlich auch ihren Prater, der ihnen umso eher zu gönnen ist, als die Stiefkinder Vindobonas bisher einen solchen Erholungsort entbehrten.

Der Favoritner Prater befindet sich auf der Höhe des Laaerberges, den man von der Laaerstraße erreicht und auf den ein breiter Feldweg, die Sandgruben des Ziegelwerkes entlang, führt. Früher ein mit ziemlich hohem Erdreich bewachsenes Jagdgebiet, zeigt sich der Laaerberg heute als schmuck hergerichteter Ausflugsort, in dem es Restaurationen, Ringelspiel, Schaukel und Haspel, Kraftmesser und Panoramen in Hülle und Fülle gibt. Daß das Wahrzeichen des Praters, der Wurstel, nicht fehlt, ist selbstverständlich. Sehr hübsche Wege durchziehen das Gehölz, in dem es der lauschig-stillen Plätzchen zur Genüge gibt. An Sonntagen geht es im Prater am Laaerberg, von welchem aus man eine herrliche Aussicht auf die Residenz genießt, so lustig zu, wie in der Donauau in der Leopoldstadt, welche Kaiser Joseph den Wienern geöffnet hat.«[50]

Stellte sich die hohe Besucherfrequenz an Sonn- und Feiertagen für alle Gewerbetreibenden im Laaer Wald als äußerst positiv dar, so formierte sich doch recht rasch eine dem Prater ablehnend gegenüberstehende Front, vor allem von seiten der Bauern und Gutsbesitzer, deren Felder, Weideflächen und Weingärten an den Laaer Wald grenzten. Sie beklagten nicht zu Unrecht, daß die Praterbesucher sich nicht nur im Bereich des Laaer Waldes aufhielten, sondern auch in den Weingärten und auf den Feldern im näheren Umfeld des Waldes spazierengingen und hier ihre Lagerplätze aufschlugen. Deutlich formuliert wurde dieses Problem in einer

Anzeige der Gutsverwaltung Rothneusiedl an das Polizeikommissariat Favoriten aus dem Jahr 1884, wo es heißt, daß durch »das den Laaerwaldl besuchende Publikum auf den Getreidefeldern derselben [der Gutsverwaltung, Anm. WS] durch beliebiges Herumgehen auf denselben bedeutender Schaden verursacht wird.«[51] Dem Ersuchen »um mögliche Abhilfe dieses Übelstandes« konnte von seiten der Exekutive jedoch nicht Rechnung getragen werden.[52] Im gleichen Sinn ist auch eine Anzeige der Gemeinde Simmering zu lesen, die am Gemeindeamt von Oberlaa eingebracht wurde und beklagt, »daß die Gastwirthe Bauer, Vanya und Reindl ihre Hühner auf die Äcker schicken, wodurch ein bedeutender Schaden den Gutsbesitzern Simm[erin]gs verursacht wird.«[53]

Ein weiteres Problem, das sich aus der hohen Besucherzahl des Böhmischen Praters ergab, war das der Absicherung des Werkgeländes der Ziegelfabrik Laaerwald. Die Sicherheit der Praterbesucher war nicht in jenem Maß gewährleistet, wie es den Behörden notwendig erschien. Was besonders für die Nachtstunden galt, wenn Hunderte Besucher der Tanzlokale ihren Heimweg nach Favoriten oder Simmering antraten, auf unbeleuchteten Wegen direkt durch das Werksgelände. So sah sich die Gemeindevertretung von Oberlaa veranlaßt, den im Laaer Wald ansässigen Betrieb aufzufordern, Sicherheitsvorkehrungen zu treffen, wie etwa die »sofortige Veranlassung der Einfriedung der der Wiener Baugesellschaft und der Wienerberger Ziegelf. u. BG. gehörigen Sandgstetten auf dem nach Wien führenden einen Fußweg im sogenannten neuen Prater im Laaerwaldl, welche mit keinem Geländer versehen und daher bei Dunkelheit für Passanten gefährlich sind.«[54] In diesem Zusammenhang wurde im Oberlaaer Gemeinderat auch die »Aufstellung von Warnungstafeln sowie Orts- und Orientierungstafeln« bewilligt.[55] Neben der Einplankung der Werksanlagen veranlaßte die Firma Wienerberger schließlich auch die »Verlegung des alten öffentlichen Fuhrweges, welcher durch das Ziegelwerk nach Simmering führt.«[56]

Gegen Ende der achtziger Jahre des 19. Jahrhunderts waren die Gaststätten des Böhmischen Praters bereits weit über die Grenzen Favoritens hinaus bekannt, so bekannt jedenfalls, daß sich auch finanzkräftige Investoren um Gastwirtschaften im Laaer Wald bemühten. Einige Gaststätten wurden von Brauerei-

Gegen Simmering und Oberlaa erstreckten sich weite Felder und Wiesen, 1884.

Gegen den großen Durst: Das »Riesenfaß«, 1884.

en übernommen, wie etwa die Pokorny-Burg durch die Brünner Brauerei[57] oder das Gasthaus von Franz Dworschak durch die Neudorfer Bierbrauerei.[58] Und auch kapitalstarke Unternehmen wie etwa die Baukanzlei Kruger und Theimann aus dem Ersten Bezirk waren an Betrieben beteiligt.[59] Offensichtlich gab es um die Zukunft des Böhmischen Praters zahlreiche Spekulationen, wie aus einem Zeitungsbericht aus dem Jahr 1886 hervorgeht:

»Zum Schluß sei noch erwähnt, daß die verbreitetsten Gerüchte, ein Ronacher und Sacher hätten die Idee gefaßt, sich heuer in dem ›czechischen Prater‹ zu etabliren, und daß ein unternehmungslustiger Financier eine Zahnradbahn von Favoriten aus sowie elektrische Beleuchtung, welche das Petroleum verdrängen sollte, zu kreiren beschlossen hätte, völlig aus der Luft gegriffen sind. Gegen derartige Neuerungen würde von kompetenter Seite gewiß ein entschiedenes Veto eingelegt werden mit der Motivirung, daß hiedurch der eigenartige Charakter dieses Volkspraters eine Beeinträchtigung erleiden würde.«[60]

»HARBE TANZ'« AM LAAERBERG

Von größter Bedeutung für den raschen Aufstieg der zahlreichen Gasthausbetriebe des Böhmischen Praters waren die regelmäßig veranstalteten Tanzmusikabende. Tanzveranstaltungen garantierten den Gastwirten volle Lokale und beträchtliche Umsatzsteigerungen. Neun Gaststätten waren Tanzsalons beziehungsweise Tanzhallen angeschlossen. Vor allem die um die Jahrhundertwende äußerst beliebten Fünfkreuzerbeziehungsweise Dreikreuzerveranstaltungen erwiesen sich auch im Laaer Wald als äußerst publikumswirksam. Dabei handelte es sich, wie schon angeführt, um Tanzabende, bei denen die Besucher entweder Eintritt bezahlen oder für jeden Tanz einen geringen Geldbetrag erlegen mußten. Dafür wurde dem Publikum eine mehrere Stunden lang spielende Tanzmusikkapelle geboten. Vielfach waren derartige Tanzmusikveranstaltungen auch mit Tombolas oder ähnlichen Verlosungen verbunden.

Einen enormen Aufschwung erlebten die Tanzmusikabende im Böhmischen Prater ab dem Jahr 1886, als in Wien ein polizeiliches Verbot öffentlicher Tanzunterhaltungen erlassen wurde:

»Es wurde die Wahrnehmung gemacht, daß bei den Tanzunterhaltungen, welche in Localitäten unteren Ranges gewöhnlich an Samstagen, Sonntagen und Montagen abgehalten und von den untersten Volksclassen besucht

werden, nicht nur Ausschreitungen vorkommen, welche die Sitte und den Anstand gröblich verletzen, sondern auch Excesse und blutige Schlägereien stattfinden, wodurch die nächtliche Ruhe der Nachbarschaft gestört wird.

Aus diesen Gründen haben sich bereits mehrere Gemeinde-Vertretungen im Wiener Polizei-Rayon veranlaßt gefunden, die Einstellung der sogenannten 5 Kreuzer-Tanzunterhaltungen, bei welchen die erwähnten Ausschreitungen besonders vorkommen, in Anregung zu bringen.

Nachdem sich nicht verkennen läßt, daß abgesehen von den Ausschreitungen durch die häufige Abhaltung von Tanzunterhaltungen für die unteren Classen der Arbeiter und Dienstleute von ihrer Beschäftigung abgezogen werden und dem Müssiggange und der Lüderlichkeit Vorschub geleistet wird, tritt die Pflicht an die Behörde heran, diesen Uebelständen wirksam abzuhelfen.

Zu diesem Zwecke wird das Commissariat aufgefordert, außer der Faschingszeit Licenzen zu öffentlichen Tanzunterhaltungen, ohne Rücksicht, ob dieselben gegen Eintrittsgeld, Tanzgebühr oder Absammeln stattfinden, für Localitäten unteren Ranges, von nun an nicht mehr zu ertheilen.«[61]

So hart dieses polizeiliche Verbot die Gastwirte in den Wiener Arbeiterbezirken traf, so positiv wirkte es sich für die Gastwirte des Böhmischen Praters aus, denn das Gebiet des Laaer Waldes, das zur Bezirkshauptmannschaft Bruck/Leitha gehörte, war davon nicht betroffen. Nun hatten die Gastwirte des Böhmischen Praters eine Art Monopolstellung zur Abhaltung von Tanzunterhaltungen im Süden Wiens inne, wie auch aus einem Kommentar der »Vorstadt-Zeitung« ersichtlich wird:

»Die Mißstimmung, welche anfänglich in den tanzlustigen Kreisen ob des Verbotes der ›Fünfkreuzer-Tanz‹ herrschte – namentlich Simmering und Favoriten trifft dieses Verbot sehr hart – hat einer freudigen Erregung Platz gemacht, nachdem der Besucher die Ueberzeugung gewonnen, daß der Prater außer dem Geltungsgebiete dieser polizeilichen Verordnung liegt (der Laaer Berg gehört bekanntlich zu der Gemeinde Oberlaa) und daß daselbst die ›Fünfkreuzer-Tanz‹ nach wie vor kultivirt werden dürfen. Ein derartiges Verbot würde die Existenz des ganzen ›böhmischen Praters‹ in Frage stellen. Welche Tochter Libussa's möchte das Opfer einer Partie auf den Laaer Berg bringen, wenn ihrer die süßeste der Freuden, das Tanzvergnügen, nicht harrte!

Sämmtliche Tanzlokale, von welchen sich einige durch besondere Eleganz und Größe auszeichnen, waren sonach überfüllt. Die ›böhmischen Musikanten‹ hatten vollauf zu thun. Ein besonders spekulativer Unternehmer acquirirte eine aus sieben Knaben bestehende Kinderkapelle, welche auf ihren Blas- und Streichinstrumenten einen Höllenspektakel verursachte; ein Anderer engagirte zwei imitirte ›neapolitanische Dudelsackpfeifer‹, welche durch ihr ›virtuoses‹ Spiel Hunderte von Gästen herbeilockten und welche sich durch Abschließung eines Vertrages zu öfterem Auftreten verpflichten mußten . . .«[62]

Vor allem an Sonn- und Feiertagen fanden Tanzabende statt, wobei der jeweils veranstaltende Wirt verpflichtet war, die Tanzveranstaltung vorher polizeilich anzumelden und auch für die Kosten der polizeilichen Überwachung aufzukommen. Um den bürokratischen Aufwand in Grenzen zu halten, war für die Gastwirte auch die Möglichkeit vorgesehen, eine Tanzmusiklizenz um 30 fl. zu lösen, die während der gesamten Saison Gültigkeit hatte. Eine große Anzahl von Anzeigen wegen nicht angemeldeter Tanzmusiken zeigt jedoch, daß es manche Wirte mit den polizeilichen Bestimmungen nicht besonders ernst nahmen, doch waren die Strafen für derartige Übertretungen weit höher als die Anmeldekosten, was die Mehrzahl der Gastwirte schließlich dazu bewog, Lizenzen für Tanzmusikveranstaltungen zu lösen.

Waren es anfangs nur Sonn- und Feiertage, an denen Tanzabende stattfinden durften, so zeigt die große Zahl an Anzeigen nicht genehmigter Tanzmusiken an Werktagen, daß auch unter der Woche ein beträchtliches Geschäftsaufkommen zu verzeichnen war. Schließlich wurden Lizenzen auch für Montage ausgestellt.

Von großer Bedeutung für die Gastwirte waren die feuerpolizeilichen und sicherheitstechnischen Auflagen, die die Veranstalter zu erfüllen hatten, wobei der Brandschutz sowie die Frage nach Notausgängen besonders wichtig waren. Die zahlreichen und strengen Auflagen erklären sich aus dem Schock nach dem Ringtheaterbrand 1881, bei dem nicht zuletzt aufgrund mangelnder Sicherheitsvorkehrungen Hunderte Menschen ums Leben kamen. So durften nur Petroleumbehälter aus Metall verwendet werden, ebenso waren leicht brennbare Stoffe oder gefährliche Gegenstände im Tanzsaal verboten.[63] Feuerhaken, Sandkübel sowie mit Wasser gefüllte Bottiche mußten stets in Bereitschaft stehen.

Da die ausschließlich aus Holz erbauten Hütten des Laaer Waldes eher feuergefährdet waren als Ziegelgebäude, war auch der Grundeigentümer verpflichtet, eine Werksspritze sowie einen Wasserwagen in Bereitschaft zu halten.[64] Wenn jedoch ein Brand ausbrach, beschränkten sich die Rettungsmaßnahmen in der Regel auf die Absicherung der benachbarten Gebäude. Über einen derartigen Vorfall berichtete die »Presse« im November 1884:

»Feuer. Heute früh kam im Gasthause des Paul Wania in Oberlaa ein Feuer zum Ausbruch, welches das Gebäude nach Verlauf einer Stunde einäscherte. Die angrenzenden Wirthschaftsgebäude konnten gerettet werden. Die Entstehungsursache des Brandes ist unbekannt. Der verursachte Schaden beträgt mehrere tausend Gulden.«[65]

Fanden jedes Wochenende in mehreren Gasthäusern des Böhmischen Praters Tanzmusikveranstaltungen statt, so waren auch die fallweise veranstalteten Feste sehr gut besucht. Auf Initiative eines oder mehrerer Gastwirte wurden vor allem die dem traditionellen Jahresablauf entsprechenden Festtage für große Veranstaltungen am Laaerberg herangezogen, wobei die Gasthäuser den geeigneten Festrahmen abgaben. Ostern, Pfingsten und Fronleichnam stellten Fixpunkte für große Praterfeste dar. Auch anläßlich mancher Namenstage konnten Feste veranstaltet werden, etwa anläßlich des Annentages (26. Juli) oder des Alexiustages (17. Juli). Von großer Bedeutung dürfte auch der Geburtstag des Kaisers gewesen sein, jedenfalls bot sich alljährlich am 18. August ebenfalls eine Gelegenheit, große Feste mit Feuerwerken abzuhalten. Und wenn sich keine direkten Anlässe für Festveranstaltungen boten, so taten es auch verschiedene Lampenfeste, Volksfeste, Frühlingsfeste oder Weinlesefeste.

Nicht nur die Gastwirte organisierten Veranstaltungen zur Belebung des Geschäftsganges im Laaer Wald, auch für private Vereine standen die Wirtshäuser als Veranstaltungsorte zur Verfügung. Besonders der tschechische Schulverein Komensky war in diesem Bereich sehr aktiv. Häufig fanden gemeinsame Ausflüge von Schülern, Lehrern und Eltern statt, die vor allem in den Böhmischen Prater führten. Im Böhmischen Prater konnten die Vereinsmitglieder sicher sein, nicht jenen deutsch-nationalen Anfeindungen aus-

Der große Mann der österreichischen Arbeiterbewegung bei »seinen« Arbeitern: Victor Adler bei einem Fest am Laaerberg, um 1900.

gesetzt zu sein, die ihnen üblicherweise an anderen Zielorten von Ausflügen entgegengebracht wurden. Daneben gab es eine Reihe an tschechischen Bruderfesten.[66]

Allen diesen Festen gemeinsam war die erhöhte Aufmerksamkeit der für die Staatssicherheit zuständigen Stellen in Wien. Besonders bei Veranstaltungen, bei denen tschechisch-nationale oder sozialdemokratische Agitation befürchtet wurde, waren k. k. Sicherheitsagenten anwesend, die ihre Berichte über den Verlauf der Veranstaltungen der Staatspolizei übermittelten.[67]

Schließlich soll noch auf jenes Fest eingegangen werden, das besonders für die hier lebenden Arbeiter von größter Bedeutung war, nämlich das Fest zum Ersten Mai, wobei der Böhmische Prater einen äußerst beliebten Treffpunkt der Arbeiter im Anschluß an die organisierten Veranstaltungen der verschiedenen Arbeiterorganisationen darstellte. Ein Bericht der »Arbeiter-Zeitung« aus dem Jahr 1897 bringt eine ausführliche Schilderung über den Ersten Mai am Laaerberg:

»Die Maifeier der Ziegelarbeiter.

Am Laaerberg, im sogenannten böhmischen Prater, wo die Ziegelarbeiter des Wienerberges und der benachbarten Werke zusammenkamen, ging's Nachmittags lustig zu. Feierten doch die Ziegelarbeiter nicht nur das Weltfest des Proletariats, sondern auch den Sieg, den sie ohne Streik, nur durch die Macht ihrer Organisation, errungen hatten. Fast alle Gesellschaften haben schon nachgegeben, nur einige kleinere Unternehmer versuchen es noch, einzelnes von dem, was die anderen bewilligt, abzuzwacken. Aber auch sie werden bald ihren Widerstand aufgeben müssen. Grund genug also für die Ziegelarbeiter, sich ihres Sieges zu freuen. Bedeutet doch für sie dieser Sieg nicht nur eine Besserung ihrer Lebenshaltung, eine Verkürzung ihrer Arbeitszeit und eine Erhöhung ihres Lohnes, sondern auch eine Anerkennung ihrer Organisation durch die Unternehmer. Damit haben sie, die noch vor wenigen Jahren nicht im Stande waren, an einen Widerstand gegen ihre Unternehmer auch nur zu denken, die in Schmutz und Elend verthierten und verkamen, dem übrigen Proletariat ein leuchtendes Beispiel gegeben, wie der Kampf gegen ein rücksichtsloses und mächtiges Unternehmerthum auch von den tiefststehenden Proletariat erfolgreich geführt werden kann.

Noch haben die Ziegelarbeiter nicht alles erreicht, was sie fordern, noch dürfen sie die Hände nicht in den Schoß legen; aber die Ziegelarbeiter haben gezeigt, daß sie kämpfen können, sie haben auch gezeigt, daß sie Sozialdemokraten sind, daß es keine Macht gibt, die im Stande wäre, sie der Sozialdemokratie, die sie kämpfen gelehrt hat, die sie zum Siege führte, abwendig zu machen. Auf allen Ziegelwerken in Wien und Umgebung herrschte völlige Arbeitsruhe.

Schon vor 2 Uhr kamen die ersten Züge von den kleineren Werken auf dem Laaerberg an, und bald hatte der Laaerberg ein festliches Aussehen. Gruppenweise begaben sich die

Genossen in die einzelnen Gasthäuser, wo sie sich bald einer gemüthlichen Unterhaltung hingaben. Die Hauptmasse der Feiernden begab sich aber in Bartonicek's Gasthaus, wo der große, mehrere tausend Personen fassende Saal bald gefüllt war. Die Musik spielte Arbeiterweisen, die stürmisch akklamiert wurden und immer wieder gespielt werden mußten. Die Jungen ergaben sich dem Tanzvergnügen; andere wieder nahmen ihren Platz auf dem grünen Rasen, noch andere unterhielten sich wieder beim Ringelspiel und in den Schießbuden. Diese Leute, die in schwerer Arbeit ihr Leben verbringen müssen und nur selten Gelegenheit und – Geld haben, um sich dem Vergnügen hinzugeben, vergaßen in dem lustigen Treiben nie des Ernstes und der Bedeutung der Maifeier. Mitten im tollsten und übermüthigsten Tanze ertönten plötzlich Hochrufe auf die Sozialdemokratie, und gar oft, wenn die Musik irgendein Tanzstück beendet hatte, mußte sie sofort wieder das Lied der Arbeit spielen, daß von den Anwesenden begeistert mitgesungen wurde.
Um 4 Uhr kam mit Musik ein Zug von etwa 2500 Inzersdorfer Ziegelarbeitern angerückt. Rasch ging ihnen der anwesende Polizeikommissär entgegen und verbot das Spielen, welchem Verbot nach anfänglichen Protesten schließlich Folge gegeben wurde. Auch das Hochrufen wollte der Kommissär verbieten, ließ es aber endlich doch zu. Die Inzersdorfer waren um 2 Uhr von Inzersdorf aus marschiert, rechts und links von Gendarmerie begleitet. Die Musikkapelle, die sie mitgenommen hatten, durfte in Folge Anordnung des Kommissärs nicht spielen, wahrscheinlich weil der vorsichtige Kommissär fürchtete, daß sonst ein ähnliches Unglück passiren könnte wie seinerzeit mit den Mauern von Jericho. An der Grenze von Wien wurde die Gendarmerie von Polizei abgelöst, die auch das Tragen einer Standarte verbot und dieselbe schließlich in der Simmeringerstraße mit Beschlag belegte. Erst in der Nähe des Laaerberges bei den Ziegelwerken konnte die Musik zu spielen beginnen, allerdings auch da bald vom Kommissär unterbrochen. Diese Genossen begaben sich fast alle in Bartonicek's Gasthaus, wo im Garten und im Saal für sie Platz gemacht wurde.
Die Feier am Laaerberg dauerte bis gegen 8 Uhr Abends, um welche Zeit sich die meisten in Gruppen entfernten. Alle gelobten sich, auch fernerhin fest zusammenzuhalten und den 1. Mai des nächsten Jahres wieder durch allgemeine Arbeitsruhe zu feiern.«[68]

HUTSCHEN & DREHORGELN

Wie bereits eingangs erwähnt, bestand zu Beginn des Böhmischen Praters eine enge Zusammenarbeit zwischen Gastwirten und Schaustellern. Bereits im Jahr 1883 stand im Laaer Wald dem Publikum ein durchaus beachtliches weitgefächertes Unterhaltungsangebot zur Verfügung. Und mit der steigenden Zahl an Gaststätten erhöhte sich auch das Interesse vieler Schausteller, hier ihre Geschäfte zu betreiben.
Bei den ersten Unterhaltungsgeschäften, die in den Gasthausgärten aufgestellt waren, handelte es sich um Ringelspiele und Schaukeln. Nachdem der Gastwirt Franz Bauer die behördliche Genehmigung zur »Haltung erlaubter Spiele« erhalten hatte, begann der aus Favoriten stammende Kaufmann und Ringelspielbesitzer Wenzel Münzer mit dem Be-

Die hölzerne Haspelschaukel, ein typisches billiges Unterhaltungsgeschäft am Laaerberg, 1897.

trieb eines Karussells und einer Schaukel in Bauers Gasthaus. Vorerst ohne eigene Konzession, da ja Bauer ohnehin eine behördliche Bewilligung vorweisen konnte. Nach mehreren Anzeigen gegen Münzer, der, wie aus den Protokollen der Gemeinde Oberlaa zu entnehmen ist, »ohne die Konzession hiezu zu besitzen, schon seit längerer Zeit ein Ringelspiel aufgestellt hat«[69], und einer nicht näher erläuterten »Amtshandlung« sah sich der Karussellbetreiber veranlaßt, selbst um die behördliche Genehmigung einzuschreiten.[70] Ähnlich war die Lage im Betrieb von Anton Swoboda, der kurz nach der Ausstellung der Genehmigung für sein Gasthauslokal sowie zur Haltung erlaubter Spiele einem Schausteller die Möglichkeit bot, im großen Garten der Gaststätte ein Ringelspiel zu betreiben. Dabei handelte es sich um den aus Währing stammenden Ringelspielbesitzer Gabriel Beyer, der vor und nach seiner Tätigkeit im Böhmischen Prater an verschiedenen Standplätzen in Wien seine Unterhaltungsgeschäfte präsentierte.[71] Wie Wenzel Münzer mußte auch Beyer nach mehreren Anzeigen um eine eigene Konzession ansuchen.[72]
Den beiden bereits im Sommer 1882 im Laaer Wald tätigen Schaustellern folgten im Jahr 1883 weitere, die jeweils von einem Gastwirt aufgenommen wurden. Jedes Wirtshaus hatte »seinen« Schaustellerbetrieb. Festzuhalten bleibt, daß besonders in den ersten zehn Jahren des Böhmischen Praters eine vergleichsweise sehr hohe Fluktuation der Unterhaltungsbetriebe zu verzeichnen war. Kaum ein Schausteller blieb länger als zwei bis drei Saisonen hier tätig, was nicht zuletzt auch im Interesse der Gastwirte gelegen sein dürfte, die bestrebt sein mußten, ihrem Publikum Abwechslung bieten zu können.
Von Beginn an stellten die verschiedenen Ringelspiele die Hauptattraktionen dar, sowohl für Kinder als auch für Erwachsene. Zumeist waren es etwa fünf Karussells, die

im Laaer Wald aufgestellt waren. In erster Linie handelte es sich bei den Ringelspielen um »Scheibenkarussells«, deren Sitzplätze auf einer drehbaren Scheibe angebracht waren. Daneben gab es jedoch auch »Fliegerkarussells«, bei denen die Sitze mit Ketten an einer an der oberen Auslegerscheibe befestigten Vorrichtung montiert waren, wobei die Fahrt bei höheren Geschwindigkeiten einer Flugbewegung gleichkam. Diese Karussells sind heute unter der Bezeichnung Kettenflieger bekannt. Beide Karusselltypen waren überlicherweise überdacht. Bei den Fliegerkarussells konnte die Auslegerscheibe als Dach dienen, während die Scheibenkarussells vielfach in eigenen Karussellgebäuden untergebracht waren. Besonders die Scheibenkarussells erforderten zahlreiche bauliche Adaptierungsmaßnahmen, da ja das Problem des Antriebs gelöst werden mußte. Angetrieben wurden die Ringelspiele durchwegs händisch. Die in großen Vergnügungsparks bereits gängigen Antriebsvorrichtungen, wie etwa Dampfmotoren, dürften in den kleinen Vergnügungsanlagen, zu denen auch der Böhmische Prater zählte, kaum rentabel gewesen sein. So waren es üblicherweise Familienmitglieder der jeweiligen Schaustellerfamilie, aber auch tageweise beschäftigte Helfer, die die Aufgabe des Antriebs der Karussells übernahmen. Zwar wurde für diese Arbeit nur sehr wenig bezahlt, dennoch boten derartige Beschäftigungen für viele Menschen die Möglichkeit, ein wenig Geld dazuzuverdienen.

Um Scheibenkarussells antreiben zu können, mußte unterhalb des Karussellgebäudes eine Art Keller gegraben werden, der als Antriebsraum diente. Hier wurde der zentrale Antriebsmast befestigt, der mit Hilfe von Querbalken bewegt werden konnte, wodurch die über dem Keller gelegene Scheibe mit den Besatzfiguren in Drehung versetzt werden konnte. Ähnlich war der Antrieb der Kettenkarussells, im Unterschied zu den Scheibenkarussells befand sich jedoch die Antriebsvorrichtung auf der oberen Auslegerscheibe, wobei die Antreiber auf dem Dach des Karussells im Kreis liefen und den zentralen Antriebsmast ebenfalls durch Querbalken in Bewegung setzten. Interessant erscheint in diesem Zusammenhang die Funktion der Drehorgeln, die bei jedem Ringelspiel die Fahrt begleiteten. Die Musik der Karussellorgeln diente nicht nur dazu, das Publikum auf das jeweilige Pratergeschäft aufmerksam zu machen, sondern auch als Signal für die unterhalb der Scheibe arbeitenden Antreiber. Wenn das Orgelspiel aufhörte, bedeutete dies, die Fahrt zu beenden.

Neben den Ringelspielantreibern fanden im Bereich der Karussells auch andere Personen Gelegenheit, etwas Geld zu verdienen, nämlich die sogenannten Ringelspielaufpasser oder -wärter.[73] Ihre Aufgabe war es, die Anlagen der Schausteller zu jener Zeit zu bewachen, zu der die Geschäfte nicht in Betrieb waren, also vor allem in den Nachtstunden. In einer kleinen Hütte neben dem Ringelspiel hatten sie ihren Unterstand, wobei sie darauf achten mußten, daß die Ringelspiele nicht als Unterschlupf für Obdachlose benutzt beziehungweise von Randalierern mutwillig zerstört wurden.

Besonders die großen Gaststätten des Böhmischen Praters bildeten sich im Laufe der Zeit als Zentren der Unterhaltungsgeschäfte heraus. So etwa die Pokorny-Burg, in deren Gasthausgarten mehrere Schausteller Plätze gepachtet hatten. Einer der ersten war der aus Penzing stammende Ringelspielbesitzer Peter Schneider, der hier ab dem Jahr 1883 ein Ringelspiel und eine Hutsche betrieb.[74] Daneben besaß er noch eine Haspel, eine aus Holz gefertigte Radkonstruktion, eine Art kleines Riesenrad also, an dem mehrere Sitz-

körbe angebracht waren. Zwei Jahre lang blieb Schneider mit seinen Unterhaltungen am Laaerberg, um im Jahr 1885 »sammt Haspel und Schaukelspiel nach Baumgarten« zu übersiedeln.[75]
Ebenfalls bei Pokorny errichtete der Büchsenschäfter Franz Potisch aus Margareten eine Bolzschießstätte.[76] Dabei handelte es sich um eine Schießbude, bei der mit Bolzengewehren auf Zielscheiben und mechanische Zielfiguren geschossen werden konnte. Für erfolgreiche Schüsse erhielten die Schützen in der Regel kleine Sachpreise. Neben dieser Schießstätte führte auch der aus Favoriten stammende Schlosser Franz Blabalil bei Pokorny einen Schießstand.[77]
Kleine Geschicklichkeitsunterhaltungen sowie einen Kraftmesser, ein »Handschlagmeßgerät«, hatte der aus der Leopoldstadt stammende Kellner und Privatier Leopold Klein bei Hyppolit Pokorny als Attraktion aufgestellt. Daneben führte er auch eine »Abwage«[78], ein mechanisches Meßgerät, an dem die Benützer gegen Bezahlung ihr Körpergewicht erfahren konnten. Leopold Klein war eine der bekanntesten Persönlichkeiten im Bereich des Unterhaltungsgewerbes in Wien. Unter anderem trat er als Veranstalter verschiedener Wäschermädelbälle, Jodlerfeste, Bauernfeste usw. in Erscheinung. Auch im Wurstelprater führte er mehrere Geschäfte. So übernahm Klein im Jahr 1885 die Geschäftsleitung der ehemaligen Kratky-Baschik-Hütte, die er als Varietébühne adaptieren ließ.[79] Sein Geschäft im Böhmischen Prater gab er im Jahr 1886 wieder auf, um sich ausschließlich auf sein weit größeres Geschäft im Wiener Prater zu konzentrieren.[90]
Zweifellos zu den Hauptattraktionen gehörte der ab dem Jahr 1884 bei Pokorny aufgestellte »Dampfmensch« des Automatenbesitzers Josef Reitmayer.[81] Dabei handelte es sich um eine Menschenfigur, die mit Hilfe eines Dampfmotors mechanisch bewegt werden konnte. Derartige Automaten waren in allen europäischen Vergnügungsparks um die Jahrhundertwende große Publikumsattraktionen. Josef Reitmayer war mit seinem Automaten auch in Vergnügungsparks anderer Städte tätig. So soll er im Anschluß an sein Gastspiel im Böhmischen Prater mit seiner Produktion nach Brüssel gereist sein.[82]
Zu den bedeutenden Jahrmarkts- und Rummelplatzunterhaltungen zählten, wie etwa der »Dampfmensch«, jene Attraktionen, bei denen technische Neuerungen in unterhaltsamer Form dargeboten wurden. Dies galt wohl auch für die von Josef Hossinger präsentierte »elektrische Schreibmaschine«.[83] Vermutlich konnte an diesem »elektrischen Apparat«, wie die lakonische amtliche Umschreibung lautete, vom zahlenden Publikum ein kurzer Text selbst geschrieben werden beziehungsweise konnte man jemandem beim Schreiben zusehen. Diese elektrische Schreibmaschine stellte wohl für einen Großteil der Besucher des Praters einen der ersten Kontakte zum damals in keiner Weise alltäglichen Phänomen der Elektrizität dar.
Ebenso im Zusammenhang mit Elektrizität stand eine Praterunterhaltung, bei der das Publikum die Wirkung des elektrischen Stromes am eigenen Körper zu spüren bekommen konnte. Im Gasthausgarten des Adolf Kliemesch führte der Schausteller Franz Heidenreich aus Simmering eine derartige »Elektrisirmaschine«.[84] Diese Maschine erzeugte auf der Basis der elektrostatischen Aufladung Reibungsenergie, die bei gleichzeitiger Berührung zweier Eisenstangen als leichte Vibration am Körper spürbar war, was offensichtlich als belustigend empfunden wurde.
Neben den großen und zum Teil recht spektakulären Unterhaltungen gab es rund um die Pokorny-Burg auch eine Reihe an kleineren,

aber nichtsdestoweniger frequentierten Praterbelustigungen. Dazu gehörten etwa die Ringwurfspiele, Plattwurfspiele sowie die als Maulwurfspiele bezeichneten Wurfgeschicklichkeitsunterhaltungen. Bei all diesen Geschäften bestand das Ziel darin, mit Wurfgegenständen verschiedene Ziele zu treffen. Beim Ringwurf etwa wurde mit Ringen aus Metall auf Holzstäbe gezielt, wobei der Ring über den Holzstab geworfen werden sollte. Beim Plattenwerfen wiederum waren auf einem Tisch mehrere markierte Flächen als Zielflächen bezeichnet, die der Werfer mit Metallplättchen treffen mußte. Das Maulwurfspiel schließlich war eine Art Zielwerfen, wobei auf einer Holzplatte ein Gesicht aufgemalt war, bei dem sich im Bereich des Mundes eine Öffnung befand. Aufgabe war es nun, mit Stoffbällen in diese Öffnung zu treffen. Wie bei den Schießgeschäften gab es auch hier für erfolgreiche Wurfversuche kleine Sachpreise zu gewinnen. Aufgrund des relativ geringen Aufwandes zur Herstellung derartiger Wurfspiele konnten diese auch von Personen betrieben werden, deren Investitionskapital an das der Professionisten nicht heranreichte. So waren es vor allem die Ring-, Platten- und Maulwurfspiele, die von Schaustellern geführt werden konnten, für die das Unterhaltungsgewerbe eine Art Nebenbeschäftigung an Sonntagen darstellte. Zumeist waren es Arbeiter und Handwerker, die solche Kleingeschäfte besaßen.

Das Zentrum der schaustellerischen Attraktionen stellte die Pokorny-Burg dar, doch auch in den meisten anderen Gasthausgärten befanden sich zahlreiche Unterhaltungen. So etwa beim Gasthaus Mrquan (Merkwan), wo die Ringelspielbesitzerin Magdalena Hainz aus Penzing ein Ringelspiel, eine Schaukel, eine Hutsche sowie eine mechanische Kapselschießstätte betrieb.[85] Als »mechanische« Schießstätte bezeichnete man Schießbuden, bei denen die Zielfiguren mechanisch bewegt werden konnten. An Wellen befestigt, konnten sie sowohl vertikal als auch horizontal ihre Position ändern, wodurch für die Schützen im Gegensatz zum Scheibenschießen die Bewegung als zusätzlicher Anreiz hinzukam.

Ein Teil der Anlage von Mathias Kloff: Das Luftschiffkarussell, um das ein Draisinenkarussell führt, 1884.

Beim Gasthaus Gregor wiederum befanden sich in der Hauptsache kleinere Schaustellungen. So etwa die »amerikanische Selbsthutsche« des Julius Purz, eine Schiffschaukel, die mehreren Personen Platz bot.[86] Ebenfalls bei Gregor betrieb der Fabriksarbeiter Ferdinand Wiesinger ein Ringwurf- und Plattwurfspiel sowie eine »Stoßbudel«, einen mechanischen Kraftmesser.[87]

Neben einer Reihe von weiteren Ringelspielen, Schieß- und Wurfgeschäften sowie Geschicklichkeitsunterhaltungen und Kinderschaukeln, über die keine näheren Angaben vorliegen, sind vor allem die zahlreichen Kegelbahnen zu nennen, die sich in fast allen Gasthausgärten befanden. Dabei handelte es sich um Lehmbahnen, auf denen mit Holzkugeln geschoben wurde. Einer amtlichen Überprüfung aus dem Jahr 1884 ist zu entnehmen, daß sich in den Gaststätten im Laaer

Wald mindestens 16 Kegelbahnen befanden.[88]

Betrieben die meisten Schausteller des Böhmischen Praters in den ersten beiden Jahrzehnten des Praters ihre Unterhaltungsgeschäfte zumeist als Untermieter der Gastwirte, so gab es bereits zu Beginn einige Schausteller, die eigene Grundstücke pachteten und hier größere Praterunternehmen errichteten. Diese Familien sollten in der Folge auch jenen Kern der Schausteller bilden, der über Jahrzehnte und zum Teil bis heute das Praterleben im Böhmischen Prater bestimmt. Einer der ersten Schausteller mit eigenem Pachtgrund war der Kohlen- und Holzhändler Mathias Kloff aus Wieden, der im Frühjahr 1884 mit der »Aufstellung eines Luftschiffes und einer Hutschen im Laaerwald auf dem von ihm gepachteten Platze« mit dem Schaustellergewerbe begann.[89] Das Luftschiff war eine Art Kettenkarussell, das mit vier Auslegern versehen war, an deren Enden jeweils ein Schiff hing, das vier Personen Platz bot. Kurze Zeit später kam eine Eisenbahn, die »Rundbahn« hinzu.[90] Diese auch als »Draisinenkarussell« bezeichnete Bahn bestand aus einer kreisförmigen Schienenanlage um das Luftschiffkarussell, auf der ein vierrädriger Wagen durch Handkraft vorwärts bewegt werden konnte. Neben die-

Die »Amerikanische Schiffschaukel« der Familie Leitgeb: Die Schaukelburschen in ihrer Arbeitskleidung als Matrosen, dahinter die mächtige Karussellorgel, um 1910.

Das Zeppelin-Karussell der Familie Rusniak, um 1910.

sen Unterhaltungen führte Kloff auch mehrere kleinere Wurf- und Geschicklichkeitsspiele. Die Anlage von Mathias Kloff bestand bis etwa 1910 und wurde zum Teil von Maria Geißler übernommen.

Ebenfalls auf einem selbst gepachteten Standplatz begann im Jahr 1884 der aus Mariahilf stammende Schuhmacher Johann Leitgeb seine Schaustellertätigkeit im Laaer Wald.[91] Mehrere Jahre lang führte er hier eine mechanische Schießstätte. Im Laufe der Jahre kam eine Reihe weiterer Unterhaltungsgeschäfte dazu. Als die Pratergeschäfte Leitgebs größere Ausmaße annahmen, verlegte er seine Schusterwerkstätte in den 10. Bezirk, wohl um beide Einnahmsquellen besser koordinieren zu können.

Eine ebenfalls verhältnismäßig große Prateranlage besaß der aus Simmering stammende Leopold Kesselborn. Er betrieb auf seinem Pachtplatz ab 1884 ein Pferdekarussell.[92] Dieses bestand aus einer runden Schienenbahn, auf der fünf Wagen von je einem Pferd gezogen wurden. Kesselborn führte sein Karussell aber nur wenige Jahre am Laaerberg, vermutlich zog er damit anschließend in den Wiener Prater.

Eine andere, weit weniger aufwendige Antriebsform für sein Karussell wählte der aus der Inneren Stadt stammende Privatier Franz Schiller. Er führte ein »Velociped-Caroussel«[93], desssen Konstruktion im wesentlichen darin bestand, daß an den Enden mehrerer zentral befestigter Ausleger Fahrräder montiert waren, die von den Fahrgästen selbst mit Hilfe ihrer eigenen Kraft angetrieben werden konnten. Speziell für Kinder stellte diese »Velociped-Circus-Fahrt« eine besondere Attraktion dar, da die wenigsten Arbeiterkinder selbst Fahrräder besaßen, und zudem die Fahrt mit diesem Karussell die Gefahr eines Sturzes ausschloß.

Wie Johann Leitgeb begann auch der Spiegeltischler Friedrich Segenschmied das Schaustellergewerbe im Böhmischen Prater mit der Aufstellung einer mechanischen Schießstätte.[94] In den ersten Jahren führte er diese beim Gasthaus Swoboda, in der Folge auf einem eigenen Pachtgrund. Segenschmied hatte drei Töchter, die allesamt nach ihrer Heirat im Unterhaltungsgeschäft des Böhmischen Praters Fuß fassen konnten. Maria heiratete den Gastwirt Mrquan (Merkwan), Anna den Schausteller Rusniak und Katharina den Schausteller Geißler. Die Familien Rusniak und Geißler sollten in den folgenden Jahrzehnten neben der Familie Leitgeb zu den führenden Schaustellerfamilien des Böhmischen Praters werden.

Vermutlich ab dem Jahr 1898 bestand im Laaer Wald der Schaustellerbetrieb der Rosa Wendl, die ihre Geschäfte unter dem Künstlernamen Moro präsentierte. Bis 1897 betrieb Wendl ihr Pferderingelspiel auf einem kleinen Standplatz in der Raaber-Bahn-Gasse in Favoriten.[95] Anschließend bezog sie ihren Pachtplatz im Böhmischen Prater, den sie bis zum Zweiten Weltkrieg führte. Das Springpferdkarussell der Rosa Wendl stellt

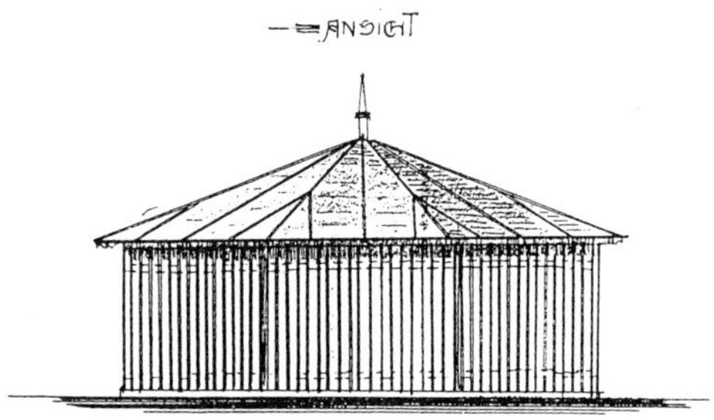

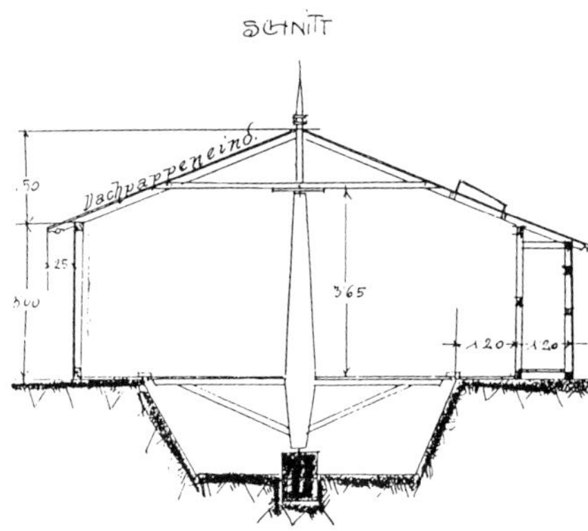

Bauplan der Karussellhütte der Schaustellerin Rosa Bonella, 1912.

das mit Abstand älteste bis heute erhaltene Unterhaltungsgeschäft des Böhmischen Praters dar und steht seit 1985 unter Denkmalschutz.

Um die Jahrhundertwende kam schließlich auch Rosa Bonella, eine aus einer Zirkus- und Schaustellerfamilie des Wiener Praters stammende Schaustellerin, in den Böhmischen Prater, wo sie als Hauptgeschäft ebenfalls ein Pferdekarussell betrieb.

Wenn vorhin festgestellt wurde, daß es zwischen Schaustellern und Gastwirten eine strikte Trennung der Arbeitsgebiete gab, so muß doch ergänzt werden, daß es in manchen Fällen auch zu Überschneidungen der Tätigkeitsbereiche kam. Josef Simon etwa, Büchsenmacher und Privatier aus Margareten, begann das Schaustellergewerbe im Jahr 1884 mit der Aufstellung einer mechanischen Schießstätte.[96] Im März des folgenden Jahres suchte er um die Konzession für das Gastgewerbe im Laaer Wald an.[97] Seine Gastwirtschaft erhielt, dem dort bereits bestehenden Schießstand entsprechend, den Hausnamen »Zum lustigen Schützen«. Neben dem Schießstand besaß er auch eine Reihe von kleineren Unterhaltungen wie etwa einen Kraftmesser sowie ein sogenanntes »Sportspiel«. Über dieses ist im einzelnen nur aus einem Briefwechsel der Behörden zu schließen, daß es sich dabei um ein unerlaubtes Spiel, möglicherweise um ein Hasardspiel, handelte. Nur wenige Wochen nach der Eröffnung dieses Sportspieles kam von seiten der Bezirkshauptmannschaft Bruck/Leitha an den Gendarmerieposten Oberlaa eine Anfrage mit der Bitte »um Erhebung und Berichterstattung, was für Einsätze bei Josef Simon seinem Sportspiel gemacht werden und (um) Überwachung dieses Spieles.«[98] Resignativ fiel die Antwort aus, in der festgestellt wurde, »daß dieses Spiel sehr schwer zu überwachen ist.« Wenige Tage später wurde Simon, der zur gleichen Zeit als Civiler Polizei-Commissär, also als Überwacher der Unterhaltungsgeschäfte im Laaer Wald fungierte, die Aufforderung zugestellt, das Sportspiel sofort einzustellen. Es ist nicht bekannt, ob die behördliche Schließung dieses Sportspieles dafür verantwortlich war, daß sich Josef Simon kurze Zeit später sowohl als Schausteller als auch als Gastwirt zurückzog. Sein Gasthaus gab er an Franz Fischer ab, die Schießstätte und die kleinen Unterhaltungsgeschäfte verkaufte er an Mathias Kloff.

Neben den zahlreichen Fahr-, Wurf-, Schieß- und Geschicklichkeitsgeschäften fanden sich im schaustellerischen Angebot des Böhmischen Praters wie auf allen Rummelplätzen auch eine Reihe an »Schaugeschäften«, also Unterhaltungen, bei denen dem Publikum unterschiedliche Attraktionen präsentiert wurden. Eine sehr beliebte Form der Schaugeschäfte stellten europaweit bis ins späte 19. Jahrhundert die Panoramen dar,[99] die ab der Jahrhundertwende zunehmend von der Kinematographie abgelöst wurden. Unter Panoramen verstand man Rundgemälde, die entweder die Ansicht einer Stadt oder einer bestimmten historischen Situation zeigten. Besonders beliebt waren in diesem Zusammenhang die monumentalen Szenen aus bedeutenden kriegerischen Auseinandersetzungen. Große Panoramen waren in den europäischen Großstädten in eigens dafür errichteten Gebäuden ausgestellt. Die wesentlich kleineren Jahrmarktspanoramen hingegen unterschieden sich von den großen sowohl in der Thematik der Bilder als auch in der Form der Präsentation. Jahrmarktspanoramen wurden in Zelten oder Holzbuden aufgestellt, waren also leicht transportierbar. Zudem zeigten sie in der Regel nicht ein einzelnes Bild, sondern mehrere kleine Ansichten zu verschiedensten Themen. Im Böhmischen Prater eröffnete der Gastwirt Anton Bezdek im Jahr 1883 ein solches Jahrmarktspanorama. Dabei handelte es sich um die »Ausstellung von Bildern panoramaartig in einem geschlossenen Zelte auf dem Laaerberg«[100], wie aus dem Konzessionsansuchen hervorgeht. Auf die Anfrage, welche Bilder ausgestellt werden, lautete die Antwort: »Volkstrachten, Bilder aus dem Thier- und Pflanzenreiche, Ansichten von Gegenden.«[101]

Neben Anton Bezdek betrieb auch der Schausteller Johann Petzold ein Jahrmarktspanorama, das mehrere Jahre hindurch mit der Ausstellung des Schauergemäldes »Die Mordthaten Hugo Schenk's und Genossen« wohl große Anziehungskraft auf die Praterbesucher ausübte.[102]

Zu den Schaugeschäften gehörten in der Hauptsache jedoch verschiedene theatralische und artistische Darbietungen, die ein

Das hölzerne Riesenrad der Familie Geißler. Der Antrieb des Rades erfolgte bis in die dreißiger Jahre händisch, um 1910.

wesentliches Element der pratermäßigen Volksvergnügungen darstellten. Sowohl in Gasthäusern als auch in eigens dafür adaptierten Holzbuden fanden zahlreiche derartige Veranstaltungen statt. Für Kinder waren es vor allem die regelmäßig abgehaltenen Kasperltheatervorführungen, die sich größter Beliebtheit erfreuten. Ab dem Jahr 1884 veranstaltete der Gastwirt Tomas Nowak in seinem Gasthausgarten Aufführungen des »Policinellspieles«, das Ferdinand Bauer betrieb.[103] Ebenfalls bei Nowak fand auch der Marionettenspieler Rudolf Storch eine Auftrittsmöglichkeit seines »kleinen Marionettentheaters«.[104] Ein ambulantes Kasperltheater führte schließlich der Nußdorfer Kutscher Ferdinand Bach, der an Sonn- und Feiertagen sein »Wurstltheater Polizinelle« im Laaer Wald aufbaute.[105]

Nicht nur für Kinder wurden theatralische

Veranstaltungen abgehalten, auch für Erwachsene war ein reichhaltiges Programm bereitgestellt. Über Einzelheiten ist jedoch heute nur noch sehr wenig bekannt. Vermutlich waren die Engagements von Künstlern nur auf kurze Zeit beschränkt, und auch die Auftrittsbedingungen dürften nur formlos geregelt gewesen sein. Nach zeitgenössischen Schilderungen jedoch muß es hier, wie in allen Vergnügungsparks, eine Reihe derartiger Darbietungen gegeben haben. Die wenigen konkreten Belege beziehen sich unter anderem darauf, daß die »Wunderdame Rolla« hier zu sehen war.[106] Auch die Kunstproduktionsgesellschaft des Georg Hadschy Dimitrio erhielt eine Spielerlaubnis am Laaerberg.[107] Eine weitere Konzession bezieht sich auf die »Produktion mit abgerichteten Vögeln«, die der Magazinsdiener Josef Harousch im Laaer Wald darbot.[108]

Schließlich sei noch erwähnt, daß bereits in den achtziger Jahren wie auf allen frequentierten Freizeitplätzen auch im Böhmischen Prater mehrere Fotografen tätig waren[109], die gegen einen verhältnismäßig geringen Betrag Erinnerungsfotos anfertigten, die innerhalb weniger Minuten entwickelt werden konnten. Besonders beliebt waren verschiedene Kulissen, vor denen sich die Praterbesucher ablichten lassen konnten.

CANDITEN & GEFRORENES

Tausende von Besuchern in dem vergleichsweise kleinen, begrenzten Gebiet des Laaer Waldes machten den Böhmischen Prater nicht nur für Schausteller und Gastwirte zu einem durchaus profitträchtigen Arbeitsgebiet, sondern auch für zahlreiche Gewerbetreibende und Händler, die versuchten, im frequentierten Pratergebiet ihre Waren zu verkaufen. Bäcker, Obst- und Gemüsehändler, Wurst-, Käse- und Salamiverkäufer suchten um die Gewerbeberechtigung zum »Kleinverschleiße ihrer Waren im Laaerwald« an.[110] Kleine, improvisierte Verkaufsstände konnten zwischen Gastwirtschaften und Schaustellergeschäften aufgestellt werden, wobei vor allem Imbisse angeboten wurden. Zum Teil waren es auch ambulante Händler, die mit Handwagen, mit Körben oder Bauchläden ihre Waren anpriesen.

Einer der ersten Kleinverschleißer im Laaer Wald war der Favoritner Fleischhauer Josef Kriz, der um die »Konzession zum Verkaufe von Käse, Salami und Würsteln« ansuchte.[111] Kurz darauf folgte ihm der Bäcker Franz Duffek, der ebenso wie Kriz in Favoriten einen Gewerbebetrieb besaß.[112] An Sonntagen bot er in einer kleinen Holzbude im Laaer Wald seine Backwaren an.

Ebenso wie die meisten Schausteller waren auch die Imbißverkäufer darauf angewiesen, bei einem der Gastwirte einen Platz für den Verkauf ihrer Waren zu mieten. Kriz etwa war im Gasthaus Wanya tätig, Duffek bei Swoboda. Doch auch die Gastwirte selbst waren bestrebt, den Verkauf von Imbissen und kleinen Speisen zu übernehmen. Um die dazu notwendige Konzession zu erlangen, meldeten viele Gastwirte neben der Gasthauskonzession auch die für die Greißlerei notwendige an, wodurch der Verkauf von Obst, Süßigkeiten, Wurst und Käse möglich wurde. Dazu stellten sie an Sonntagen eigene Verkäufer an, wie etwa Wenzel Peschek, der im Garten des Gasthauses Bauer »einen Stand aufstellte und daselbst Kirschen, Zuckerwerk und Mandalettibäckerei« an-

bot.[113] »Käse, Würstl, Salami, Obst und Zuckerl für Kinder« verkaufte Josef Misek in seiner Verkaufshütte am Platz von Johann Bartonicek.[114]
Mehrere Zuckerbäcker, Lebzelter, Wurst- und Käsehändler führten für eine oder mehrere Saisonen Stände im Böhmischen Prater, vielfach ohne behördliche Genehmigung, wie aus den zahlreichen Anzeigen wegen unangemeldetem Kleinverschleiß ersichtlich ist. Trotz eindeutiger gewerberechtlicher Bestimmungen herrschte bei vielen Kleingewerbetreibenden ein hohes Maß an Rechtsunsicherheit vor, welche Art des Warenverkaufs nun gestattet war und welche nicht. Ein Bäcker etwa ließ anfragen, ob ihm »das Recht zusteht, sein Gebäck eigener Erzeugung im Laaerwaldl durch von ihm bestellte Leute im Sinne des § 60 der GO herumtragend in Körben feilzubieten.«[115] Die Gewerbebehörde erteilte daraufhin die Auskunft, »daß es nicht im Sinne § 60 der GO liegt, daß Gewerbsleute, welche unentbehrliche Lebensmittel anfertigen, ihre Waren auch an öffentlichen Vergnügungsorten im Hausieren feilbieten. Doch bleibt es den hierortigen Bäckern unbenommen, ihre Waren auf einem Stande I: Bäcker :I im Laaerwäldchen feilzubieten, in welchem Falle jedoch die Anzeige dortorts zu erstatten ist.«[116]
Neben Bäckern, Wurst- und Käseverkäufern versuchten auch mehrere Bauern aus Oberlaa, im Laaer Wald vom Pratergeschäft zu profitieren. Einerseits boten sie, zumeist ohne Konzession, Zwetschken, Äpfel und Birnen zum Verkauf an, andererseits aber auch

Die Anlage der Schaustellerfamilie Geißler: Im Vordergrund die Zuckerlhütte, dahinter die Schaukel und das Riesenrad, um 1900.

Die Schaustellerfamilie Geißler vor ihrer Verkaufshütte, um 1900.

Wein aus ihrer eigenen Erzeugung. Besonders für die Weinhauer aus Oberlaa eröffnete der neue Prater einen bedeutenden Absatzmarkt. Mehreren Weinhauern wurde die Erlaubnis zum Ausschank von Wein im Laaer Wald erteilt, jedoch nur unter der Voraussetzung, daß ausschließlich eigene Produkte zum Verkauf kamen. Ein Oberlaaer Weinhauer erhielt sogar die Konzession zum Ausschank von eigenen Weinen in einer kleinen Bretterbude, die er als »Buschenschenke« bezeichnen durfte.[117]

Auch die für Rummelplätze so typischen kleinen Süßigkeiten gehörten von Beginn an zum obligaten Angebot des Böhmischen Praters. Der Canditenerzeuger Jordan Jeve Bankoff etwa, sonst hauptsächlich im Wurstelprater tätig, errichtete auch im Laaer Wald einen Verkaufstand, wo er Canditen, Zuckerl und Speiseeis anbot.[118] Wenig später folgte ihm der Canditenerzeuger Bartolomi De Bartoli, der im Gasthausgarten der Pokorny-Burg »Gefrorenes und Canditen« verkaufte.[119]

Wie auf allen öffentlichen Plätzen waren schließlich auch im Laaer Wald zahlreiche Hausierer anzutreffen, die »Waren aller Art« zu veräußern suchten. Im wesentlichen jedoch konzentrierte sich das Warenangebot der Hausierer ebenso vor allem auf Obst, Süßigkeiten usw. Ein ohne Bewilligung tätiger Hausierer etwa mußte einen Korb mit Feigen, Canditen sowie einen Sack mit Lotterienummern der Polizei übergeben[120], genauso wie ein Blumenmädchen, dem ein Korb mit Blumen beschlagnahmt wurde.[121]

Die beträchtliche Menschenansammlung im Bereich des Laaer Waldes, die vor allem an Sonntagen, aber auch unter der Woche zu verzeichnen war, ließ es für die Exekutive ratsam erscheinen, den Böhmischen Prater besonders genau zu kontrollieren. Denn hier zeichnete sich eine Konstellation ab, die für die innere Sicherheit bedrohlich erscheinen mußte. Zum einen befand sich der Böhmische Prater in unmittelbarer Nähe des fast ausschließlich von Arbeitern bewohnten Bezirks Favoriten, zum anderen wurden gerade die Versammlungsorte der Wiener Tschechen intensiver observiert als andere öffentliche Plätze der Stadt. Einige Anfragen der k. k. Sicherheitspolizei an die Ortsgendarmerie von Oberlaa bezeugen das rege Interesse der Staatspolizei an Geschehnissen am Laaerberg.[122] Grotesk erscheint in diesem Zusammenhang eine Anfrage des Bezirkskommissariats Favoriten an den Gendarmerieposten Oberlaa aus dem Jahr 1884, in der um Auskunft darüber gebeten wurde, wieso »seit heute morgens anscheinend Studentengruppen und Arbeiter mit Musikinstrumenten sich gegen den Laaerberg bemerkbar machen«. Die Antwort besagt lediglich, »daß Studenten sich bloß behufs Abmessung hierorts für längere Zeit eingefunden haben.«[123]
Allein aus diesem eher banalen Briefwechsel ist ersichtlich, wie und in welcher Intensität alle noch so geringen Anlässe besonders in Arbeiterbezirken der polizeilichen Kontrolle unterstellt wurden.

Für die Überwachung des gesamten Pratergebietes am Laaerberg war ausschließlich die Ortsgendarmerie von Oberlaa zuständig, sowohl was die Einhaltung gewerberechtlicher Bestimmungen als auch die Aufrechterhaltung von Ruhe, Ordnung und Sicherheit betraf. Eine Aufgabe, die die Kapazität des Gendarmeriepostens Oberlaas bei weitem überforderte. Bereits dem Ansuchen des Anton Swoboda zur Errichtung einer Gaststätte im Laaer Wald aus dem Jahr 1882 lag die Anfrage der Bezirkshauptmannschaft Bruck/Leitha bei, ob und in welcher Form eine polizeiliche Überwachung der Gaststätten möglich sei.[124] Bei einigen wenigen Gaststätten wäre wohl die Überwachung kein großes Problem gewesen, bei den mehr als zwei Dutzend Gaststätten jedoch erwies sich diese als beinahe unmöglich. Zwar wurden bei Festveranstaltungen zusätzliche Assistenzleistungen von seiten der Bezirkshauptmannschaft zugesagt, im normalen Praterbetrieb jedoch war der Gendarmerieposten Oberlaa auf sich selbst gestellt. Ein Ansuchen an das Polizeikommissariat Favoriten wurde folgendermaßen abschlägig beantwortet: »Bzks Poliz Coat X theilt mit, daß es unzulässig sei, eine polizeiliche Überwachung von Seiten der Polizei der am Laaerwaldl befindlichen Gastwirtschaften von Seiten der Wiener Polizei zu erhalten.«[125]
So mußte sich die Ortsgendarmerie mit fallweisen Streifungen des Laaer Waldes begnügen. Um eine verstärkte polizeiliche Kontrolle der Vergnügungsstätten an Sonn- und Feiertagen zu ermöglichen, entschloß sich die Gemeinde Oberlaa schließlich, von allen Gastwirten des Laaer Waldes an jedem Sonn- und Feiertag einen Gulden für die durch den zusätzlichen Dienst anfallenden Kosten einzuheben.[126]

Im Laufe der Jahre dürfte sich die gespannte Lage in bezug auf die Überwachung des Laaerbergs für die Exekutive etwas gebessert haben, was aus einem Zeitungsartikel aus dem Jahr 1886 ersichtlich wird:
»Auf dem Laaerberge, der wegen seiner dort bisher geherrschten Unsicherheit eine trau-

Mit festem Griff: Arretierung eines Betrunkenen am Laaerberg, 1898.

rige Berühmtheit erlangt hatte, ist nun – dies muß lobend anerkannt werden – in ausreichendem Maße für die Sicherheit der Besucher gesorgt: Gendarmen, eine Anzahl Wiener Sicherheitswachmänner sowie mehrere Detektives, welche jeden Schlupfwinkel der Gauner sowie letztere genau kennen und schon manches Nest derselben ausgehoben haben, sorgen für Aufrechterhaltung der Ordnung, so daß jeder Wiener, den die Lust überkommt, diese eigenthümliche Niederlassung kennen zu lernen, und der kein verwöhnter Gourmand ist, ohne Sorge um Gut und Leben den Ausflug dorthin unternehmen kann.«[127]

Bereits im Jahr 1883 richtete das Bürgermeisteramt Oberlaa an die Firma Wienerberger die dringende Bitte »um wenn möglich unentgeltliche Beistellung eines Arrestlokals auf dem Ziegelwerke 164 in Ermangelung eines solchen im Falle von Arretierungen im Laaerwäldchen.«[128] Diesem Ansuchen wurde von seiten der Werksleitung jedoch erst im Jahr 1885 Rechnung getragen. Kurze Zeit später ergab sich für die Polizei eine weit günstigere Möglichkeit, da ein Haus direkt in der Praterkolonie als Wachstube und Arrestlokal adaptiert werden konnte. Der Gastwirt Johann Bartonicek erklärte sich bereit, ein als Wachstube geeignetes Gebäude um einen Pachtzins von 100 Gulden pro Jahr zur Verfügung zu stellen.[129] Dieses Gebäude befand sich direkt in seinem Gasthauslokal. Im Jahr 1889 schließlich konnte die Polizei ein eigenes Wachegebäude errichten, das bis 1938 in Betrieb war.

Ab 1890 oblag die Exekutivgewalt im Bereich des Böhmischen Praters ausschließlich der Gemeinde Oberlaa. Erst 1891, nach der Eingemeindung des Laaerbergs, wurde diese vom Polizeikommissariat Favoriten übernommen, wie aus einer schroff formulierten Stellungnahme zu entnehmen ist, die besagte, »daß die Funktionäre der Gemeinde auf dem Territorium Laaerberg nichts mehr zu schaffen haben.«[130]

Beschränkte sich in der Anfangszeit des Böhmischen Praters die polizeiliche Überwachungstätigkeit auf Observierungen des Laaer Waldes sowie der nahegelegenen Ziegelwerke, so konzentrierte sich mit dem beträchtlichen Zuwachs an Gaststätten, Tanzhallen und Schaustellergeschäften die Tätigkeit der Exekutive zunehmend auf die Kontrolle des Praterbetriebes. Vor allem die Frage der Einhaltung von Sitte und Anstand scheint ein besonders wichtiges Feld der Observierungstätigkeit gewesen zu sein. Geht man von den Anzeigen der Gendarmerie aus, so dürfte die Prostitution bereits in den ersten Jahren des Böhmischen Praters eine bedeutende Rolle gespielt haben. Mehrere Anzeigen betrafen »bei Ausübung ihres Schandgewerbes betretene Lustdirnen«[131], die, wenn sie aufgegriffen wurden, zumindest mit einer 48stündigen Haft rechnen mußten. Auch

Gastwirte des Böhmischen Praters waren im Zusammenhang mit der Prostitution im Laaer Wald nicht unbeteiligt. So wurde etwa Kaspar Mrquan mehrmals zum Gendarmerieposten vorgeladen, da er »in seiner Bude Schanddirnen Unterschleif und Gelegenheit gibt.«[132] Jedenfalls erging an die Ortsgendarmerie Oberlaa mit Nachdruck der Auftrag, »den Gasthäusern im Laaerwaldl die vollste Aufmerksamkeit auch an Wochentagen zuzuwenden und Übertretungen gegen die Sittlichkeit sofort bekannt zu geben und überhaupt den Stand der Sicherheitswache zu vermehren.«[133]

Die große Zahl an Gewerbebetrieben im Laaer Wald versprach der Bezirkshauptmannschaft Bruck/Leitha nicht unbeträchtliche Einnahmen aus den von Gastwirten, Schaustellern und Kleinverschleißern abzuführenden Steuerleistungen. Aufgabe der Exekutive war es deshalb auch, die Gewerbebetriebe zu überprüfen und alle rechtlichen Grundlagen genau zu kontrollieren. Wie schwierig sich diese Aufgabe darstellte, zeigen einerseits die zahlreichen Anzeigen gegen Gastwirte wegen illegalem beziehungsweise unangemeldetem Ausschank von Getränken, andererseits auch die scheinbar recht mühsamen Einkommensteuerverhandlungen. So wurde etwa für die Verhandlung im September 1888, die in Schwechat stattfand, gefordert, daß »zwei unbefangene Vertrauensmänner zu entsenden sind, welche mit den Geschäftsverhältnissen am Laaerberg vertraut sind.«[134] Dennoch kam es immer wieder zu Anzeigen wie etwa gegen Johann Strobl, »welcher in der Sandgestettn Nr. 164 am Laaerberge in einer Hütte unbefugt Bier und Brdwein [Branntwein] ausschenkt, ausserdem Brod u. Wurstzeug an die Arbeiter verkauft, ohne hiezu berechtigt zu sein.«[135]

Um sicherzugehen, daß im Bereich des Ausschanks von Getränken alles mit rechten Dingen zuging, suchte die Gemeinde Oberlaa bereits im Frühjahr 1884 um die »Aussersendung des k. k. Aichmeisters bezüglich der bereits bestehenden 20 Gastwirtschaften im Laaerwaldl« an, »wodurch sich dringend eine Revision der Trinkgeschirre und einnotierten Masse herausstellt.«[136] Wenige Tage später wurde der Gemeindevertretung mitgeteilt, daß »bei der am 28. Mai d. J. bei den Gastwirten im Laaerwaldl vorgenommenen Revision der Maße in Beisein des wohldortigen k. k. Aichmeisters alles in Ordnung befunden wurde.«[137]

Da die Aufgaben der Exekutive im Zuge des Wachstums des Böhmischen Praters ständig zunahmen, die Bitten der Ortsgendarmerie von Oberlaa an die Bezirkshauptmannschaft Bruck/Leitha um zusätzliche Dienstposten jedoch bis auf wenige Ausnahmen abschlägig beantwortet wurden und Assistenzleistungen nur in den dringendsten Fällen in Anspruch genommen werden durften[138], sah der Bürgermeister von Oberlaa keine andere Möglichkeit als die Installierung einer Art Hilfspolizei. In geheimer Wahl wurde einer der Gastwirte des Böhmischen Praters zum »Civilen Polizei Commissär speziell für das Laaerwaldl« gewählt, der jeweils für ein Jahr mit Exekutivkompetenzen ausgestattet die Überwachung des ordnungsgemäßen Betriebes der Gast- und Vergnügungsstätten durchzuführen hatte.[139] Als äußeres Zeichen seiner Würde bekam dieser einen Dienstmantel aus Leder sowie eine Ansteckplakette mit einem Adler verliehen.[140] Zweifellos bedeutete diese Form der Hilfspolizei eine geschickt arrangierte Möglichkeit, etwaige Solidarität unter den Gastwirten gegen die Behörde aufzubrechen. Es ist nur allzu verständlich, daß eine derartige Konstruktion zu massiven Spannungen unter den Gastwirten führen mußte. Zahlreiche Anzeigen der jeweiligen Civilen Polizeicommissäre gegen andere

Gastwirte waren die Folge, wobei sich diese Anzeigen in erster Linie auf Übertretungen der Sperrstunde oder unerlaubte Tanzmusikveranstaltungen bezogen. So lautete eine Anzeige aus dem Jahr 1888: »Polizei Comisär Simon zeigt an, daß der Wirth Anton Zelinka Nr. 219, Franz Reindl Nr. 225, Paul Wanya Nr. 215, jeder ein Weinlesefest mit unerlaubter Tanzmusik abgehalten hat.«[141] Solchen Anzeigen folgten welche, wie die gegen einen Kellner, der sich »exzessiv gegen die Wache benommen hat«[142], die gegen einen Gastwirt, der wegen »seines gemeinen Benehmens gegen Organe der Gendarmerie zu 10 fl. Geldstrafe verurtheilt wird«[143] oder die gegen mehrere Gastwirte wegen »Wachebeleidigung«[144]. Einen Höhepunkt dürfte die Auseinandersetzung zwischen dem Civilen Polizeicommissär und den Gastwirten erreicht haben, als vier Gastwirte wegen unerlaubten Waffenbesitzes angezeigt wurden. In der offiziellen Begründung dazu hieß es, »daß Nebengenannte mit den Schießgewehren Unfug trieben.«[145]

Dieses System der internen Überwachung durch einen aus den Reihen der Gastwirte gewählten Polizeicommissär blieb am Laaerberg bis 1890 bestehen und wurde erst durch die Übernahme der Exekutivkompetenzen durch die Wiener Polizei abgeschafft.

1897 – EIN BERICHT

Ein der zeitgenössischen bürgerlichen Sichtweise entsprechendes Bild des Praterlebens im Böhmischen Prater um die Jahrhundertwende vermag wohl am besten ein Zeitungsbericht aus dem Jahr 1897 zu bieten, der in den »Wiener Bildern« erschienen ist:

»Am Laaerberg.

Ein Sonntag im zehnten Bezirk.

Im Südosten der riesigen Wienerstadt, wo die letzten Häuser des mächtig aufblühenden zehnten Wiener Bezirkes Favoriten an die Hänge des Wienerberges und Laaerberges reichen, liegt ein den Meisten unbekanntes Stück der Kaiserstadt, das eine ganz fremde, in sich abgeschlossene Welt umfaßt. Wenn man zehn Minuten vom Ring entfernt, durch die stillen, vornehmen Gassen der Wieden mit ihren prächtigen Palästen und Gärten wandert, dann das lebendige Getriebe des Staats- und Südbahnhofes hinter sich hat, ist man in dem gewerbfleißigen Favoriten, das seit zwei Jahrzehnten aus einer öden, hügeligen Haide zu einem prächtigen Stadttheil geworden ist. Zahlreiche Fabriken beschäftigen Tausende und Tausende fleißiger Arbeiter, und aus den zwei Hauptverkehrslinien, der Laxenburger- und Himbergerstraße, sind zwei mächtige Straßenzüge entstanden, die von dem Eisenbahnviaducte bis hinaus an die Hänge der Hügel führen. Weit weg vom Centrum der Stadt hat sich dieses Stadtgebiet aus sich und für sich selbst entwickelt und hat sich auf dem Laaerberge seinen eigenen Vergnügungsplatz, den ›böhmischen Prater‹, geschaffen, der diesen Namen den zumeist czechischen Bewohnern der Umgebung verdankt. Dahin wandern jeden Sonntag die Schaaren aus Favoriten, von Erlaa, Simmering, aus den benachbarten Ziegelwerks-Colonien, und nur selten kommt ein Gast aus den anderen Bezirken Wiens in jene ›Gefilde der Seligen‹. Die Mannschaft des Arsenals und andere strebsame Militärs, meistens echte Söhne der Länder der Wenzelskrone, bilden die äußere Staffage der bewegten Bilder, die sich dort an jedem Sonn-

Die »Gaw'liere vom Laaerberg« mit ihren Mädchen auf dem Fußweg zum Böhmischen Prater, 1897.

tage entwickeln, und den Wienern dürfte eine Schilderung dieses unbekannten Stückes von Wien recht erwünscht sein.

Wenn man die schier unendliche Himbergerstraße entlang wandert, grüßen fast an dem äußersten Ende derselben von den Höhen zur rechten Seite der Straße die auf bescheidenen Anhöhen liegenden Wirtshäuser ›Zur schönen Aussicht‹ und ›Zur Fortuna‹, von denen an sich gegen Simmering zu die kleinen Anhöhen des Laaerberges und des Laaerwaldls erstrecken. Ueber die Langen Aecker und durch die Enge Lucken führen die Wege von der Hauptstraße zum Drasche-Schlößl, das seinen Namen von dem Begründer der in der Umgebung betriebenen Drasche'schen Ziegelwerke hat. Zwischen diesem Schlößl und der Eisenbahnlinie Simmering der Staatsbahn dehnt sich das Laaerwaldl aus, das den Mittelpunkt des ›böhmischen Praters‹ bildet, und das als Haupt-Etablissement ein Wirthshaus besitzt, welches den stolzen Namen Pokorny-Burg führt. Vom Giebel des Hauses wehen die Fahnen wie von einer veritablen Ritterburg, und in den gastlichen Räumen des Hauses wird jeder Gast geehrt, sofern er etwas verzehrt und der freundlichen Einladung folgt, welche deutlich besagt: ›Es wird ersucht, gleich zu bezahlen‹.

Große Lehmgruben, die das Material für die benachbarten Ziegelwerke liefern, bilden riesige Lücken in dem sich weithin dehnenden Ackerboden, der sich nach allen Seiten in Hügelland verläuft. Zahlreiche mächtige Schornsteine ragen überall empor und zeigen an, daß die Gegend ein Heim vieler Industrien ist, deren Arbeiter am Sonntag die Belustigungsstätten des Laaerberges bevölkern.

Am Sonntag erwacht schon Mittags das fröhliche Leben und Treiben. Auf allen Feldwegen, die von Favoriten zum Laaerberg führen, wandern ganze Schaaren Mädchen und Weiber, Männer und Burschen in dichten

Massen dahin, und unser Bild zeigt den Marsch der Menge um zwei Uhr Nachmittags. Die ›Damen‹, die mit geringen Ausnahmen der Hüte gern entbehren, gehen einzeln oder zu Zweit nett frisirt und in bescheidenem Sonntagsstaat dahin, und am Wege stehen die ›Bonvivants‹ der entersten Gründe und die jeunesse dorée vom zehnten Bezirk wie die Elegants des Ringstraßen-Corsos Posten, um sich mit treffsicherem Blick eine ›Herzenskönigin‹ für den Sonntag oder für länger zu erwählen. Förmlichkeiten gibt's da nicht viele; der ›Herr‹ winkt dem ihm gefallenden Mädchen, sie lächelt geschmeichelt zurück; ein kurzes: ›Magst mit mir ausgeh'n?‹ und dazu ein Klimpern im Hosensack, das ihr beweisen soll, daß er auf ihr Geldtaschl nicht reflectirt, genügt, um die ›Bekanntschaft‹ anzuknüpfen, und das Pärchen wandelt nun Arm in Arm dem Tanzboden zu, auf dem sie bei einem gemeinsamen Glase ›Fensterschwitz‹ sich ewige Liebe und Treue schwören, die zumeist bis Montag Früh anhält. Eine sehr begehrte Anbeterschaar liefern die schmucken Artilleristen, die ihrer Donna wohl namhafte Mobilisierungskosten auferlegen, aber dafür mehr ›repräsentiren‹ als die reducirten ›Gaw' liere‹ vom Laaerberg und dem Mädchen auch mehr Schutz bei den kriegerischen Ereignissen des Sonntags gewähren.

Unser Bild zeigt den Gasthof ›Zum Engel‹, dem gerade eine neue Fuhr Bierfässer zugestellt wird, während die hochgelegte Terrasse des Gasthauses ihrer Gäste wartet.

Aus dem ›Tanzsalon‹ klingt uns die Musik eines Orchesters entgegen, das den großen Smetana seinen Landsmann nennt, aber sonst wenig Beziehungen zur musikalischen Welt hat. Nur das Mtata, mtata bildet das ewige Leitmotiv aller seiner Tänze, zu denen die Tänzer dahinrasen, und die Zwischenpausen sind dem ›Flirt‹ gewidmet, der ebenso wenig aus den ›Ballgesprächen‹ der Witzblätter als aus dem Werke ›Der gute Ton‹ aufweist. Da kreist das Bierkrügel in der Runde, und das Sprüchlein Wein, Weib und Gesang ist hier in Abzugbier, Marianka und Blechmusik variirt ...

Besonders eine Stelle erinnerte stark an den echten Prater, das war die eigenartig construirte, windschiefe Haspel-Schaukel, die aber in diesem Jahre abgetragen wurde.

Da wurden die meisten Liebesbande geknüpft, der ›Verehrer‹ brauchte nur die Seligkeiten des ›Ringelspiels‹ zu bezahlen und mit seiner Erwählten die abenteuerliche Fahrt zu machen, und sie war sein. Das Kreischen der Mädchen und das Juchezen der ›Herren‹ bildete nebst einem ewig verstimmten, knarrenden Werkel die anmuthige Begleitmusik zu diesem Stück irdischer Wonnen.

Wenn es Abend wird und die Sonne immer tiefer und tiefer sinkt, gewinnt der Laaerberg ein anderes Aussehen.

Die schon heiser gewordene Musik bläst immer unreiner und lärmender, die erschöpften Tänzer und Tänzerinnen fliegen nicht mehr

Gasthof »Zum Engel«, 1897.

so temperamentvoll durch den Saal, und die Köpfe hängen immer tiefer und tiefer auf die Bierkrügel herab.
Auch ist die Börse der diversen Galans schon bedenklich gelichtet – Tanz und Bier kosten hier viel Geld – und die Finanzkraft der ›schöneren Hälften‹ tritt in Wirksamkeit. Liebesschwüre werden hier in schales Abzugbier umgesetzt, und innig umschlungen treten die Pärchen den Heimweg an, der durch die idyllischen Wege des Laaerwaldes führt. Die Nacht hat inzwischen bereits ihre tiefen Schatten auf die Gegend gesenkt, und das ist gut, denn man ›begehre nimmer zu schauen, was die Götter bedecket mit Nacht und Grauen‹.
Da torkelt ein einsamer Betrunkener dahin, dort wandert ein liebesseliges Paar, das sich bald im Dunkel des Weges verliert – und hoch über den Bäumen steht der bleiche Mond, der leise lächelt über das Leben und Treiben dieses Stückes Großstadt!
So endet ein Sonntag auf dem Laaerberg friedlich und selig, wenn nicht hie und da im Dunkel der Nacht ein Streit entsteht, bei dem rasch die Messer aus den Taschen blitzen und blutige Wunden den fröhlichen Tag beschließen.«[146]

DER ERSTE WELTKRIEG

Die unmittelbaren Auswirkungen des Ersten Weltkrieges markierten eine wesentliche Zäsur im Alltag der arbeitenden Bevölkerung. Bereits im Jahr 1915 herrscht in Wien extreme Lebensmittelknappheit vor. Die Folge davon war die Rationierung von Grundnahrungsmitteln, anfangs für Brot und Mehl, ein Jahr später auch für Zucker, Milch, Fett und Kartoffeln, wobei die Verteilung der Nahrungsmittel über Lebensmittelmarken geregelt wurde. Requirierungsmaßnahmen von Rohstoffen wie auch von Motoren gehörten zur Tagesordnung. Zu einer wesentlichen Verschärfung der allgemeinen Notsituation trug die Rationierung und schließlich der völlige Zusammenbruch der Versorgung der Bevölkerung mit Heizmaterial bei. Wie die meisten Lebensmittel waren auch Holz und Kohlen nur gegen teures Geld oder im Tausch gegen Wertgegenstände am Schwarzmarkt erhältlich. Vor allem während der Wintermonate marschierten Zehntausende Wiener in die im Nahbereich der Stadt befindlichen Wälder, um hier illegal Holz zu sammeln, um zumindest ein wenig Heizmaterial zu bekommen. Nicht nur im Wienerwald und in den Donauauen, auch in den kleineren Waldgebieten wie etwa im Laaer Wald waren Holzsammler unterwegs.
Durch die Knappheit an Lebensmitteln und zahlreichen Rohstoffen kam es zu enormen Preissteigerungen, die wiederum die ohnehin in bitterer Armut lebende Arbeiterbevölkerung betraf. Die weitgehend unzureichende Versorgungslage der Stadt wurde noch dadurch verschärft, daß kurz nach Kriegsbeginn ein enormer Flüchtlingsstrom nach Wien einsetzte. Bereits im Jahr 1915 betrug die Einwohnerzahl der Stadt 2,240.000. Wohnungsknappheit und steigende Mietpreise waren die unmittelbaren Auswirkungen dieses Bevölkerungszuwachses, wodurch die Wohnungsspekulation ein bislang nicht gekanntes Ausmaß annahm. Viele Familien konnten die Wohnungsmieten nicht mehr bezahlen, Delogierungen waren die Folge. In Baracken, Notquartieren oder Armenasylen fanden Zehntausende Familien

Die Bewohner eines typischen Zinshauses in Favoriten, 1914.

unzureichende Unterkünfte. Doch auch die Zahl der Obdachlosen stieg enorm an. Gefördert wurde diese Entwicklung durch die zunehmende Entrechtung der Arbeiterschaft, der ab dem Jahr 1915 alle hart erkämpften Sozialrechte wie Arbeitszeitregelungen, Mieterschutz, Krankenfürsorge und dergleichen ersatzlos entzogen wurden.

Besonders für Kinder, die wohl am stärksten unter den herrschenden Lebensbedingungen zu leiden hatten, wurde eine Reihe von privaten Hilfsinitiativen ins Leben gerufen. Mehr als 80 Prozent der Kinder in Wien waren schwer unterernährt, vor allem die auf Nahrungsmittelmangel zurückzuführenden Krankheiten wie etwa Rachitis waren in den Arbeiterbezirken weit verbreitet. Als eine der ersten Hilfsinitiativen richtete im Juli 1915 das »Schwarz-gelbe Kreuz« allein in Favoriten sieben öffentliche Ausspeisungshallen ein, in denen unentgeltlich warmes Essen ausgegeben wurde.[147] In diesem Zusammenhang ist auch die Errichtung der städtischen Kindertagesheimstätte am Laaerberg zu nennen, wo ab dem Jahr 1916 täglich 11.000 Portionen eines warmen Frühstücks an Schulkinder verteilt wurden.[148] Tausende Wiener Kinder wurde im Zuge der Aktion »Wiener Kinder aufs Land« vor allem nach Ungarn verschickt, wo die Versorgungslage mit Lebensmitteln noch um einiges besser war als in Wien.

Als eine unmittelbare Auswirkung der extremen Nahrungsmittelknappheit in Wien ist die Errichtung zahlreicher, noch heute für das Gebiet der Peripherie der Stadt so typischen Schrebergartensiedlungen zu nennen. Eine Reihe brachliegender Gründe am Stadtrand wurde der Bevölkerung zur Verfügung gestellt, um hier Gemüseanbau in Eigeninitiative zu ermöglichen. Die Selbstversorgung wurde offensichtlich als eine der letzten Lösungsmodelle betrachtet, dem Lebensmittelmangel einigermaßen entgegenzutreten. Doch nicht nur die »offiziellen« Baugründe wurden als Schrebergartenanlagen adaptiert, auch zahlreiche illegal errichtete Gartensiedlungen am Stadtrand boten die Möglichkeit zur zumindest teilweisen Selbstversorgung der Bevölkerung mit Nahrungsmitteln.

Im Frühjahr 1915 beschloß die Gemeinde Wien, die städtische Müllablagerungsstätte am Laaerberg, die ehemalige Kothbauer Sandstätte, aus hygienischen Gründen zuzuschütten, da man hier die Gefahr des Auftretens epidemischer Krankheiten befürchtete. Um die Fliegenlarven zu beseitigen, überschüttete man die gesamte Grube mit Kalk. Eine über die Kalkschicht gelagerte Humusauflage schuf schließlich die Möglichkeit, hier Schrebergärten zu errichten. Diese Siedlung stellte im Jahr 1916 den Anfang einer Reihe von Schrebergartensiedlungen am Laaerberg dar, die von nun an das Bild der Umgebung des Böhmischen Praters prägen sollten. Zwei große Schrebergartensiedlungen entstanden während des Ersten Weltkrieges im unmittelbaren Bereich des Laaer Waldes, die in der Zwischenkriegszeit als Anlagen von Schrebergartenvereinen institutionalisiert wurden. Diese waren der Arbeiter-Schrebergartenverein Favoriten (zwischen Quellenstraße, Ostbahn-Übersetzung und Laaer Wald) sowie der Schrebergartenverein Favoriten (zwischen Oberem Geiereck, Ankerbrotfabrik und Laaer Wald) mit insgesamt 536 Kleingärten auf einer Fläche von 167.400 m^2.[149]

Neben dem Anbau von Obst und Gemüse boten die Schrebergärten auch die Möglichkeit zur Kleintierhaltung. Hühner, Kaninchen, zum Teil auch Ziegen und Schweine wurden in den kleinen Gärten gehalten.

Das Ende des Ersten Weltkrieges und damit auch das Ende der Monarchie im Jahr 1918 bedeutete jedoch keineswegs das Ende der Entbehrungen, denen die Wiener Bevölkerung ausgesetzt war. Der Krieg hinterließ tiefe Spuren im Alltagsleben. Vor allem die Versorgung der Bevölkerung mit Nahrungsmitteln blieb weiterhin ein vordringliches Problem. Noch im Jahr 1920 oblag die Ernährung von Kindern und Jugendlichen zu einem erheblichen Teil amerikanischen Ausspeisungsküchen, die allein in Favoriten 12.000 Kinder mit warmen Mahlzeiten versorgten.[150]

»VERKAUFT'S MEI G'WAND . . .«

DIE BLÜTEZEIT DES BÖHMISCHEN PRATERS

Das Frühlingsfest im Laaerwald, alljährlich der Beginn der Pratersaison, um 1925.

Wenn man die wirtschaftliche und soziale Lage der Wiener Bevölkerung während des Ersten Weltkriegs betrachtet, scheint es fast müßig darauf hinzuweisen, daß aufgrund der herrschenden Verhältnisse nur entfernt an Unterhaltung und Vergnügen zu denken war. Das bloße Überleben stand im Vordergrund. Natürlich waren alle Formen des städtischen Vergnügungsgewerbes davon betroffen, so auch die Unterhaltungsbetriebe des Böhmischen Praters. Die überwiegende Mehrzahl der Unternehmer stellte bereits im Jahr 1915 den Betrieb im Laaer Wald ein, die restlichen folgten wenig später. Gerade das Stammpublikum des Böhmischen Praters, Arbeiterfamilien aus Favoriten und Simmering, konnten sich den Luxus eines Praterbesuches nicht mehr leisten, zudem gab es in den Gasthäusern aufgrund der herrschenden Lebensmittelknappheit kaum noch ein Angebot an Speisen und Getränken.

Mehrere am Laaerberg ansässige Familien sahen hier keine Möglichkeit der Aufrechterhaltung ihrer Betriebe, gaben ihre Geschäfte endgültig auf und verließen den Laaerberg. Es waren vor allem ältere Schausteller ohne Nachfolger, die in anderen Bereichen ihre Existenz einigermaßen zu sichern versuchten. Ein Teil der Familien blieb jedoch im Laaer Wald. Hier hatten sie zumindest ein kleines Häuschen als Unterkunft, zudem ermöglichten die Pachtgründe sowie die Schrebergärten eine notdürftige Selbstversorgung durch den Anbau von Gemüse und die Kleintierhaltung. Hühner und Kaninchen »bevölkerten« die Plätze, an denen noch wenige Jahre zuvor Ringelspiele und Schießbuden das Publikum unterhielten.

Viele Schausteller waren gezwungen, zumindest einen Teil ihrer Unterhaltungsgeschäfte noch während des Krieges zu verkaufen oder gegen Nahrungsmittel einzutauschen, um überleben zu können. Besonders die mechanischen Teile der Karussells und Schaukeln waren am Schwarzmarkt sehr gefragt. Manchen Schaustellern gelang es jedoch, ihre Geschäfte zu behalten, in der Hoffnung, hier das Schaustellergewerbe später wieder ausführen zu können.

Nach Kriegsende hatte der Böhmische Prater eher den Charakter einer Schrebergarten-

Musizieren als Broterwerb: Viele Menschen fanden am Laaerberg bescheidene Produktionsmöglichkeiten, 1929.

kolonie als den eines Vergnügungsparks. Doch bereits in den frühen zwanziger Jahren, als sich die wirtschaftliche Lage einigermaßen zu normalisieren begann, fand der Praterbetrieb im Laaer Wald einen zaghaften Neubeginn.

Jene Familien, die während des Krieges hier ihre Pachtgründe aufrechterhalten hatten, begannen nun mit ihren beschränkten Mitteln, ihre Geschäfte am Laaerberg zu reaktivieren. Die Gasthäuser wurden wieder hergerichtet, die Unterhaltungsgeschäfte, soweit sie noch vorhanden waren, wieder aufgebaut. Besonders in den ersten zwei bis drei Jahren herrschte hier vor allem die Improvisation vor.

Doch hatte sich das Bild des Böhmischen Praters nach dem Ersten Weltkrieg wesentlich gewandelt. Zum einen fehlte eine nach zeitgenössischen Schilderungen zur Zeit der Monarchie bedeutsame Gruppe, nämlich die Soldaten. Diese hatten einen nicht unbeträchtlichen Teil der Besucher des Böhmischen Praters gestellt, nicht zuletzt, weil sich in der näheren Umgebung des Laaerbergs große Kasernen befanden, etwa das Arsenal oder die Erzherzog-Johann-Kaserne in der Troststraße. Besonders für die aus allen Teilen der Monarchie stammenden Soldaten stellte der Böhmische Prater einen wichtigen Ort der geselligen Freizeitgestaltung dar. Außerdem befand sich während der Monarchie am Laaerberg ein Truppenübungsplatz, dessen unmittelbare Nähe zum Böhmischen Prater es nahelegte, im Anschluß an Militärübungen hier einzukehren.

Daneben war jedoch auch ein zahlenmäßiger Rückgang der Wiener Tschechen zu verzeichnen. Nach dem Ende der Monarchie standen viele in Wien lebende Tschechen vor der Entscheidung, in Österreich zu bleiben oder in die neugegründete Tschechoslowakische Republik auszuwandern. Viele zogen es vor, in ihre alte Heimat zurückzukehren. Diese Rückwanderungswelle ist quantitativ schwer faßbar, dürfte jedoch etwa 100 000 Menschen betroffen haben. Für jene, die in Wien blieben, brachte dies eine völlig neue Situation: Von nun an waren sie zwar Staatsbürger der Republik Deutsch-Österreich, innerhalb dieser jedoch aufgrund ihrer Sprache eine Minderheit im Sinne des Friedensvertrages von St. Germain. Die nach 1918 festzustellenden vermehrten Bestrebungen der Wiener Tschechen im Sinne verstärkter Assimilierung sprechen in diesem Zusammenhang eine deutliche Sprache.

Für den Böhmischen Prater bedeutete die Abwanderung vieler Wiener Tschechen nicht, daß nun nicht mehr tschechisch gesprochen worden wäre. Tschechisch blieb nach wie vor weitverbreitet. Was jedoch festzustellen war, war der Verlust der dominierenden Stellung der Tschechen am Laaerberg. Spätestens ab dem Jahr 1918 beherrschte die Zweisprachigkeit das Geschäftsleben des Böhmischen Praters. Dazu kam noch, daß durch die Errichtung zahlreicher Wohnhausanlagen im Nahbereich des Böhmischen Praters, etwa in der Quellenstraße, der Gudrunstraße, der Grillgasse usw., ein neues und nicht zu unterschätzendes Besucherpotential in die Nachbarschaft gezogen war. Schließlich sei noch darauf verwiesen, daß der Böhmische Prater durch den Ausbau des öffentlichen Verkehrsnetzes auch für Besucher aus weiter entfernten Stadtteilen nunmehr leichter erreichbar wurde.

Im wesentlichen bestanden nach dem Krieg jene Geschäfte weiter, die sich bereits vor dem Krieg hier befunden hatten. Die Unterhaltungsgeschäfte jener Schausteller, die während des Krieges den Laaerberg verlassen hatten, wurden zu einem großen Teil von den hier verbliebenen Schaustellern erworben. Es kam also zu einer Konzentration mit Ausweitung der Betriebsgrößen. Die Zahl der Schaustellerfamilien wurde zwar geringer, jede einzelne Familie führte aber größere Plätze mit mehreren Unterhaltungsgeschäften.

Deutlich entwickelte sich in der Zwischenkriegszeit die Anordnung der Geschäfte entlang der Grenzgasse, die die Bezirksgrenze zwischen Favoriten und Simmering darstellte. Zu beiden Seiten der Gasse befanden sich die Pachtplätze der Gastwirte und Schausteller, eine Anordnung, die im wesentlichen bis heute besteht. Der Laaer Wald selbst blieb weiterhin als Gebiet für Spaziergänge um den eigentlichen Prater geöffnet.

Und noch in einem zweiten Punkt änderte sich die Struktur des Böhmischen Praters im Laufe dieser Jahre deutlich: In bezug auf die Besitzstruktur. Traten zu Beginn des Praters vor allem Gastwirte als Pächter der Grundstücke auf, die in der Folge Schausteller unter Vertrag nahmen, so machten sich die Schaustellerfamilien nach und nach von den Gastwirten unabhängig, indem sie eigene Grundstücke für ihre Schaustellerunterhaltungen pachteten. Ein eigener Pachtgrund im Laaer Wald bedeutete die Möglichkeit, einen festen Wohnsitz im Böhmischen Prater einzurichten. Voraussetzung zur Pachtung eines Grundstückes war die Führung eines Schaustellerbetriebes oder einer Gastwirtschaft. Zwar war das permanente Wohnen im Böhmischen Prater nach wie vor ausdrücklich untersagt, doch blieb es den hier ansässigen Familien unbenommen, sich während der Saison am Laaerberg wohnlich einzurichten. Schließlich gab es auf allen Grundstücken kleine Hütten, die anfangs als Werkstätten oder Depots Verwendung fanden. Aus diesen Holzhütten erwuchsen bald improvisierte Wohnhütten. Die Errichtung fester Wohnhäuser im Laaer Wald war nur die logische Folge dieser Entwicklung, zumal keine Behörde dagegen Einwände vorbrachte. So war die Grundlage jenes Gewohnheitsrechts gegeben, das zum Teil noch bis heute gültig ist. Einen behördlichen Hindernisgrund zur Legalisierung des Wohnens im Laaer Wald stellte das aus dem Jahr 1905 stammende Konzept des Wald- und Wiesengürtels, eines großangelegten Naturschutzgebiets um die Stadt, dar. Strenge Auflagen in bezug auf die Verbauung beziehungsweise Besiedelung kennzeichneten die Planungen dieses Grüngürtels. So konnte offiziell keine Genehmigung zur Errichtung von Wohngebäuden im Bereich des Laaer Waldes erteilt werden, da er sich im Kernbereich des Schutzgebietes befand. Gebaut wurde trotzdem, wobei vieles darauf hindeutet, daß der Behörde das illegale Wohnen am Laaerberg durchaus bekannt war, es angesichts der herrschenden Wohnungsknappheit jedoch als nicht bedeutend genug angesehen wurde, um eine behördliche Räumung der Wohngebäude zu rechtfertigen. So kann das Wohnen im Böhmischen Prater als stillschweigend legalisiert

Die Wohnhütte »Villa Waldesruh« der Familie Leitgeb: Ein deutlich komfortableres Leben als im Wohnwagen, 1929.

Der beliebte Sonntagsausflug der Favoritner und Simmeringer: Hinauf auf den Laaerberg, 1929.

bezeichnet werden, jedoch nur dann, wenn ein Pratergeschäft bestand. Genau aus diesem Grund betrieben einige Familien ein kleines Unterhaltungsgeschäft, etwa eine Kinderschaukel oder einen Verkaufsstand, um die Wohnmöglichkeit am Laaerberg nicht aufgeben zu müssen.

Neben den bereits erwähnten kleinen Holzhäusern im Stil der Schrebergartenhütten dienten zum Teil bis zum Zweiten Weltkrieg auch alte Wohnwagen als Unterkünfte. Diese wurden entweder von Schaustellern, die sie nicht mehr brauchten, billig erworben, oder sie stammten noch aus der Zeit, in der die nun hier ansässigen Familien selbst als ambulante Schausteller unterwegs gewesen waren. Entweder auf Holzböcken oder auf Betonpfeilern befestigt, boten auch die Wohnwagen eine durchaus geeignete Wohnmöglichkeit.

Die Saison des Böhmischen Praters dauerte in der Regel etwa von April bis Anfang November. Bei besonders guter Wetterlage konnten die Schaustellergeschäfte bereits im März geöffnet sein, sofern kein Schnee mehr lag. Im Winter jedenfalls war der Betrieb der Schausteller eingestellt, mit Ausnahme jener Geschäfte, die in einem geschlossenen Raum untergebracht waren, der zudem heizbar war. So etwa die Automatenhallen, die offengehalten wurden, solange der Betrieb halbwegs frequentiert war, und das war üblicherweise das ganze Jahr hindurch der Fall. Der große Praterbetrieb jedoch herrschte vom Frühjahr bis in den Herbst. Nach wie vor galten Sonn- und Feiertage als wichtigste Geschäftstage, während unter der Woche verhältnismäßig wenig Betrieb herrschte. Trotzdem hielten auch unter der Woche die meisten Geschäfte offen. Mütter mit ihren kleinen Kindern besuchten vielfach den Böhmischen Prater auch wochentags, daneben waren es auch viele Arbeitslose, die in den zwanziger und dreißiger Jahren ihre Zeit mit Spaziergängen am Laaerberg verbrachten. *»Viele sind rauf [auf den Laaerberg] und haben oft nur zugeschaut, für die Kinder das Geld für eine Schaukel – da war nichts, man hat ja jeden Groschen gebraucht für das Essen, jeden Groschen hat man umgedreht«*, so schilderte ein Zeitzeuge die Situation vieler Arbeitsloser, *»das Zuschauen war oft das einzige Vergnügen . . .«*[151]

Befanden sich in den achtziger und neunziger Jahren des vorigen Jahrhunderts mehr als zwei Dutzend mehr oder weniger großer Gaststätten im Böhmischen Prater, so reduzierte sich diese Zahl um die Jahrhundertwende drastisch. Offensichtlich war der Markt für eine derartige Konzentration im Laaer Wald nicht groß genug, um für alle Gastwirte einen befriedigenden Geschäftsgang zu garantieren. Einige Gastwirte, wie etwa Hyppolit Pokorny, gaben ihre Gaststätten auf, um mit dem hier verdienten Geld in ihren Heimatgemeinden in Böhmen wiederum Geschäfte zu gründen, andere, wie beispielsweise Ferdinand Hoberstorfer oder Helene Wanya, eröffneten in Favoriten an Plätzen, die mehr Geschäft erwarten ließen, Gasthausbetriebe, und gaben ihre Betriebe im Laaer Wald auf. Jedenfalls verringerte sich die Anzahl der Gaststätten im Böhmischen Prater innerhalb weniger Jahre auf sieben, nach dem Krieg schließlich auf fünf Betriebe. Vier Gasthäuser befanden sich entlang der Grenzgasse, eines, das Gasthaus der Marie Seibert, stand einige hundert Meter abseits im Oberwald. Die Gaststätten an der Grenzgasse waren: »Zum Grünen Baum« (Inhaberin Maria Hutter), »Zum Lustigen Schützen« (Inhaber Wilhelm Knorr), »Zum Einsiedler« (Inhaber Leopold Merkwan) sowie »Zum Großen Böhm« (Inhaberin Ottilie Bocek).

Das Gasthaus »Zum Grünen Baum« erfuhr Anfang der zwanziger Jahre einen deutlichen

Das »Buffet Staudacher«, eine kleine Verkaufshütte neben dem Gasthaus »Heinrichshöhe«, um 1925.

Die Belegschaft der »Heinrichshöhe«: Im Vordergrund Josefa Hutter, Heinrich Staudacher und Helene Dworak, 1924.

Aufschwung. Durch erhebliche Investitionen wurde es zu einem Praterrestaurant umgestaltet. Die Besitzerin, Maria Hutter, heiratete im Jahr 1920 den aus der Gottschee stammenden Polizeibeamten Heinrich Staudacher, der ein ansehnliches Vermögen in die Ehe mitbrachte, das in der Folge in die Gastwirtschaft investiert wurde. Neben dem Gasthaus »Bocek« wurde der »Staudacher« bald zu einem Begriff, der weit über den Laaerberg hinaus bekannt war. Heinrich Staudacher brachte zahlreiche Neuerungen in den Betrieb ein, so erregte er etwa großes Aufsehen, als er als erster Praterwirt anstelle der damals üblichen Musikkapellen bei Tanzabenden Grammophonmusik präsentierte. Ebenso versuchte er, durch ein großes Speisen- und Getränkeangebot neben dem Stammpublikum des Böhmischen Praters auch das sogenannte »bessere« Publikum anzusprechen. Zahlreiche Erweiterungen des Gasthausgebäudes sowie die Errichtung einer großen Tanzhalle deuten darauf hin, daß Staudachers Konzept kommerziell erfolgreich war. Neben dem erwähnten Gasthaus, das im Jahr 1923 den neuen Namen »Zur Heinrichshöhe« erhielt, ließ er im Oberwald ein zweites Gasthaus errichten, das seine Frau führte und in Anlehnung an ihren Vornamen »Marienhöhe« nannte.

Im Laufe der dreißiger Jahre fand Heinrich Staudacher mehrmals die Möglichkeit, seinen Betrieb weiter auszubauen. Er erwarb zusätzliche Pachtgründe, auf denen er weitere Verkaufsgeschäfte errichtete, so etwa einen Verkaufsstand für verschiedene kleine Speisen sowie mehrere kleine Kioske. Den Höhepunkt erreichte die Geschäftstätigkeit Staudachers Mitte der dreißiger Jahre, als er das Gasthaus »Bocek« übernahm. Mit der Geschäftsübernahme dieses zweiten großen Pratergasthauses schuf sich Staudacher eine

Eine böhmische Blasmusikkapelle vor der »Marienhöhe«, 1924.

uneingeschränkte Vormachtstellung im Bereich des Gastgewerbes im Böhmischen Prater.

Franz Bocek, der seinen Gasthausbetrieb im Jahr 1884 im Laaer Wald gegründet hatte, starb während des Ersten Weltkrieges. Nach seinem Tod führte Ottilie Bocek das Geschäft weiter, das sie jedoch nach dem Krieg dem Schwiegersohn Anton Litosch übergab. Litosch erweiterte den Betrieb nach und nach, vor allem durch eine große Tanzhalle. Diese errichtete er etwa zweihundert Meter vom Standort des ersten Gasthauses auf einem Grundstück im Oberwald, wo bereits vor dem Krieg eine Tanzhalle gestanden hatte, die jedoch bedeutend kleiner gewesen war. Die neue Tanzhalle wies eine Größe von 60 × 30 m auf, wobei die Hälfte des Lokals als Tanzfläche und der Rest, deutlich abgetrennt vom Tanzsaal, als Schankraum diente. Die Ausstattung der Tanzhalle war ausgesprochen luxuriös. Parkettböden waren im Tanzsaal verlegt, Blumen und Girlanden schmückten das gesamte Gebäude. Nach Anton Litosch übernahm sein Schwiegersohn Alois Bendekovics die Gaststätten, die jedoch, wie erwähnt, Mitte der dreißiger Jahre von Heinrich Staudacher erworben wurden, der sie bis zum Zweiten Weltkrieg weiterführte.

Neben dem »Bocek« und dem »Staudacher« befanden sich noch zwei weitere Gasthausbetriebe im Böhmischen Prater, die jedoch eine eher untergeordnete Rolle spielten. Im Jahr 1908 übernahm Wilhelm Knorr das Gasthaus »Zum Lustigen Schützen« von Franz Fischer. Knorr besaß in Favoriten eine Branntweinstube, die er jedoch nicht aufgab, sondern als eine Art Nebengeschäft weiterführte. Nach 1918 erfuhr auch das Gasthaus Knorr eine Erweiterung der Räumlichkeiten. Als besonderer Vorteil für Knorr erwies sich die Tatsache, daß er als einziger Praterwirt am Laaerberg die Konzession zur Führung eines Tabaktrafikladens erhielt.

Schließlich ist noch das Gasthaus »Zum Einsiedler« zu nennen, das bis zum Jahr 1920 von Leopold Merkwan betrieben wurde. Ihm folgten Josef Albert sowie Karl Listovad als Pächter, bis das Gasthaus im Jahr 1927 von Viktor Pintarich übernommen wurde. Pintarich war davor Besitzer einer Greißlerei in der Quellenstraße gewesen, die er jedoch bei der Übernahme der Gaststätte aufgab. Das alte Gasthaus ließ Pintarich schleifen und errichtete ein neues, weit größeres Gebäude, das auch einen neuen Namen erhielt: »Restauration Zum Weißen Rössel«, der auch die »1. Burgenländische Weinpropagandastelle« angeschlossen war.

Etwas abseits vom eigentlichen Pratergebiet befanden sich zwei weitere Gasthäuser, die auch vom Praterbetrieb profitieren konnten. Auf der Wiese zwischen der Laaer-Berg-Straße und den Ziegelteichen lag das Gasthaus der Marie Seibert. Seibert war im Unterschied zu den anderen Gastwirten im Böhmischen Prater nicht ausschließlich im Gastgewerbe tätig, sondern betrieb in der Hauptsache eine verhältnismäßig große Landwirtschaft mit etwa 40 Kühen, Schweinen, Ziegen usw. Die Wiesen, die nicht zu den Produktionsstätten der angrenzenden Ziegelwerke gehörten, konnte Seibert als Weideflächen nutzen. Ihr dem Bauernhof angeschlossenes Gasthaus hatte sie am Wochenende geöffnet. Ab den späten zwanziger Jahren jedoch, als der Betrieb im Böhmischen Prater erheblich zunahm, baute Seibert das Gasthaus nach und nach aus, so daß es sich bald zur Haupteinnahmequelle der Familie entwickelte.

Das »Weiße Rössel« am Tag der Eröffnung, 1927.

Der Wirt als Respektsperson: Mathias Pintarich, um 1930.

Nur etwa 100 m vom eigentlichen Pratergebiet entfernt befand sich die Gaststätte der Familie Wildenauer. Diese nahm jedoch im Bereich des Böhmischen Praters eine gewisse Sonderstellung ein, da es sich dabei um das Schutzhaus des Schrebergartenvereins Favoriten handelte und es somit, vom Prater etwas abgeschirmt, vor allem für Schrebergärtner von Bedeutung war. Nichtsdestoweniger konnte jedoch auch Anton Wildenauer von den Sonntagsausflüglern profitieren.

Allen genannten Lokalen waren große Gasthausgärten angeschlossen, die jeweils mehreren Hundert Personen Platz boten. Ihre schattige Lage machte sie besonders in den Sommermonaten zu wesentlichen Attraktionen des Böhmischen Praters. Mit Ausnahme des Schutzhauses Wildenauer befanden sich in allen Gasthausgärten Tanzböden, entweder aus Holz gezimmert oder aufbetoniert, wobei besonders an Sonntagen, jedoch fallweise auch unter der Woche Tanzmusikveranstaltungen abgehalten wurden. Ein Gast von damals erinnerte sich:

»Das war der Treffpunkt, nicht nur für die Tschechen, für die Arbeiter überhaupt. Hauptsächlich aber Fremde, Tschechen, Ungarn, Italiener . . . Wenn eine Wienerin, sagen wir, eine ›bessere‹, raufgegangen ist, hat's geheißen, ›die geht auf den Laaerberg, das ist ja nicht möglich . . .‹ (. . .) Der Prater war ein Begriff, der Wurstelprater, aber ›rauf in den Böhmischen Prater, nein, da ist ein Gesindel da oben‹, hat es geheißen, ›da gehen wir nicht hin‹. Das war natürlich Blödsinn, aber viele Leute haben so geredet. (. . .) Da war immer die böhmische Musik, die Gäste waren ja vielschichtig, Italiener,

Der weitläufige Gasthausgarten von Josef Albert, um 1920.

Kroaten, Böhmen, Wiener . . . immer die böhmische Musik. Das waren Bläserkapellen, viele Musiker, sehr laut, sehr temperamentvoll. Es ist immer um das Tanzen gegangen, Walzer, Polka, Marsch. Besonders beliebt war der Polsterltanz, weil da hat man sich praktisch ja kennengelernt. Da hat man sich aufgestellt, und die Damen haben ein Polsterl gekriegt. Dann hat die Musik eingesetzt, und die Damen sind in der Runde gegangen. Dann haben sie dir das Polsterl hingeschmissen, dann hast du dich niederknien müssen, den Polster aufgehoben, und jetzt ist getanzt worden. Wenn der Tanz aus war, sind die Männer in der Runde gegangen mit dem Polsterl, wieder in der Runde herum, und hat ihnen eine gefallen, haben sie das Polsterl hingeworfen. Das hat sich so wiederholt, da haben wieder die Damen das Polsterl gehabt. ›Und wenn du willst ein Busserl kriegen, dann mußt du vor mir niederknien‹, haben sie gesagt, wenn sie das Polsterl hingeworfen haben. Ja, das war sehr beliebt.«[152]

Derartige Tanzveranstaltungen fanden zum Teil Samstag abends, in der Hauptsache jedoch sonntags statt. Auffällig ist, daß von allen Gewährspersonen, die über den Böhmischen Prater während der Zwischenkriegszeit erzählten, mit Tanzveranstaltungen sofort auch Raufereien erwähnt wurden. In der Tat dürften mehr oder weniger große Raufhändel nicht selten gewesen sein, wobei vor allem der Autorität der Gastwirte wie auch der im Laaer Wald stationierten Polizeiwache die Aufgabe zukam, derartige Streitigkeiten im Keim zu ersticken.

»Da war eine große Tanzhalle, da hat es so viele Leute gegeben, das kann man sich heute gar nicht mehr vorstellen. Und gerauft ist geworden . . . Früher war ja die ganze Kreta [ein verrufenes Viertel in Favoriten, Anm. WS] heroben. Heute ist es ja zahm, heut' hört man gar nichts mehr. Aber früher hab' ich mich nicht einmal von der Schule heimgehen getraut, weil gerauft und abg'stochen ist am Laaerberg viel worden . . .«[153]

»Die meisten haben sich eh vertragen, aber es hat Raufereien auch gegeben da heroben. Überhaupt am Tanzboden, wie sie getanzt haben. (. . .) Das Bier ist ja nur literweise getrunken worden, oft ganze Doppelliter. Dann war die Berittene heroben, die berittene Polizei. Mit den Rössern sind sie da gestanden, und wenn es angefangen hat, sind sie raus . . . Da waren sie schon bereit, und mit langen Gummiknüppeln ist hingeschlagen worden. Ich hab' mich da immer gedrückt, wo es nur gegangen ist . . .«[154]

Derartige Erfahrungen mit der Exekutive wurden häufig geschildert:

»Wenn gerauft worden ist, wenn was gewesen ist, sind die gleich ausgerückt, fünf, sechs Wachleute, und haben gleich dreingehaut mit ihre Gummiknüppel.«[155]

»Da ist es rundgegangen, die Musik hat gespielt bis in der Früh, die ganze Kreta war da heroben versammelt . . .«[156]

Tanzveranstaltungen gehörten zu den beliebtesten Freizeitangeboten der Zwischenkriegszeit, wobei alle Gaststätten des Böhmischen Praters einen vorzüglichen Rahmen dazu bildeten. Daneben boten die Gastwirte jedoch auch eine Vielzahl von weiteren Unterhaltungen an, allen voran Kegelbahnen. Alle Gaststätten, mit Ausnahme des Schutzhauses Wildenauer, führten eine oder mehrere Kegelbahnen, zum Teil im Freien, zum Teil in Holzverschlägen. Bei den Bahnen handelte es sich durchwegs um Lehmbahnen, die Kugeln waren aus Hickoryholz. Zwar befanden sich die Bahnen in den Gasthausgärten, geführt wurden sie jedoch von Kegelmeistern, die die Bahnen von den Gastwirten pachteten und auch für die aufwendige Pflege verantwortlich waren. Die Kegelmeister wiederum verpflichteten Kegelbuben, deren Aufgabe es war, nach jedem Schub die Kegel wieder aufzustellen.

»In der Früh haben sie angefangen zum Kegeln, und das ist dann gegangen bis zwölf in der Nacht. Der Besitzer hat dann das Geld gehabt durch die Auflagen. Und die, die gekegelt haben, sind alle stier [pleite] gewesen, weil die Auflagen haben uns ja einen gewissen Betrag gekostet, 50 Groschen oder so hat man für die Auflage bezahlt. Dann haben sie um Bier geschoben. Da hat es verschiedene Spiele gegeben, auf den ersten spielen, auf alle, und so. Da sind aber auch viele Tricks gemacht worden, daß zum Beispiel der Kegelmeister die Bahn für sich hergerichtet hat, und wenn die Bahn nur ein wenig Gefälle gehabt hat, hat man sehr schwer den ersten getroffen, weil ja die Kugel nicht gerade gelaufen ist. Der Kegelmeister hat das gewußt, und auch der Bub, der die Kegel aufgestellt hat, hat mitgeschoben. Den Wenzel haben wir gehabt als Kegelmeister, den haben wir als Rausschmeißer auch gleich gehabt, weil manchmal ist auch eine Rauferei gewesen. Wenn da Geldleute gekommen sind vom Markt, die sind dann gleich gekommen mit ein paar hundert Schilling. Die armen Schlucker, die sonst geschoben haben, die haben ja nur aus Vergnügen geschoben, aber die Geldleute, die gekommen sind . . . Jetzt hat der Wenzel, ein guter Scheiber war er ja, wenn er bei dem Geschäft ist, jetzt hat er angefangen zum Setzen, auf die Erd' hat er einen Fünfer runtergehaut, dann hat ein anderer einen Zwanziger dazugehaut, bis der Fünfer wieder voll war. Wie sie angefangen haben zum Scheiben, hat natürlich er getroffen. Die anderen haben nachgesetzt, so ist das gegangen . . . (. . .) Wenn was war, hat der Wenzel den anderen bei der Hose genommen und beim Krawattl, er war ein Marktfierant, den ganzen Tag Kisten getragen und so . . .«[157]

Der »Baron Karl«: Der weit über die Bezirksgrenzen Favoritens bekannte »Aussteiger« war häufig »Gast« am Laaerberg, 1946.

Ab den frühen zwanziger Jahren konnte im Böhmischen Prater, wie bereits erwähnt, der geregelte Praterbetrieb wieder aufgenommen werden. Nach wie vor waren es vor allem die kleinen, eher improvisierten Praterunterhaltungen, die das schaustellerische Angebot des Böhmischen Praters bestimmten, ganz im Gegensatz zum Wurstelprater wie auch zu den großen Vergnügungsparks in anderen Großstädten, wo vor allem die großen, spektakulären und weitgehend »amerikanisierten« Schaustellungen dominierten. Große Geschäfte wie etwa Loopingbahnen, Hochschaubahnen, Riesenräder und andere spektakuläre Fahrgeschäfte, die zu den Hauptattraktionen der europäischen Rummelplätze und Lunaparks zählten, konnten am Laaerberg nicht betrieben werden. Zum einen fehlte es im Böhmischen Prater an den zur Anschaffung derartiger Geschäfte notwendigen finanziellen Voraussetzungen, zum anderen schien auch die Amortisation großer Geschäfte hier kaum möglich, da der Betrieb der Schausteller im wesentlichen auf einen Tag pro Woche konzentriert war, während etwa der Wurstelprater auch unter der Woche einen beträchtlichen Geschäftsgang verzeichnen konnte. Diesem eingeschränkten Markt entsprechend waren es vorwiegend entweder selbstgefertigte oder übertragen gekaufte Pratergeschäfte, die die Schausteller des Böhmischen Praters führten. Die Anfertigung kleinerer Geschäfte stellte in der Regel für die Schausteller kaum Probleme dar, da es sich durchwegs um handwerklich äußerst versierte Fachleute in Sachen Unterhaltungsgewerbe handelte. Bei den übertragen gekauften Geschäften war es vor allem der Wiener Prater, wo immer wieder relativ kostengünstig eingekauft werden konnte, da dortige Schausteller in weit höherem Maß auf Neuheiten angewiesen waren als jene des Böhmischen Praters.

In der Zwischenkriegszeit führten etwa 15 Schaustellerfamilien ihre Unterhaltungsgeschäfte im Böhmischen Prater. Zu den größeren Betrieben gehörten die Geschäfte der Familien Leitgeb, Geißler, Wendl (Moro), Wilfert und Rusniak. Daneben betrieben mehrere Schausteller bedeutend kleinere Unterhaltungen; alle waren ausschließlich Familienbetriebe. Im Gegensatz zur Zeit vor dem Ersten Weltkrieg hatten nun alle Schausteller eigene Pachtplätze zur Verfügung, wo sie unabhängig von den Gaststätten Produktionsmöglichkeiten einrichten konnten. Die Plätze wurden innerhalb der Familie weitergegeben, und fand sich innerhalb der engeren Familie kein daran interessierter Nachfolger, war es mit Sicherheit jemand aus der weiteren Verwandtschaft, der den Platz übernahm. Die Form der Familienbetriebe setzte natürlich voraus, daß alle verfügbaren Familienmitglieder zur Führung der Geschäfte herangezogen werden konnten. Besonders an Hauptgeschäftstagen wurden alle dringend gebraucht. Wichtig war, daß die Arbeitskraft nur wenig kosten durfte. Zudem stellten die Schaustellerplätze auch den Hauptwohnsitz der meisten Familien dar. Buben und Mädchen lernten von kleinster Kindheit an die Handwerkstechniken des Schaustellergewerbes, was für die Schaustellerfamilien von größtem Nutzen war, denn jede Arbeitskraft wurde benötigt, und kleine Handgriffe in der Betätigung so mancher Geschäfte konnten Kinder bereits im Schulalter verrichten. Eine Schaustellerin erinnerte sich an ihre Kindheit:

»Wissen S', das ist so, wenn Sie bei so etwas aufwachsen, von klein auf ist das schon so, da kriegen Sie einen Hammer und eine Zange

Rechts: Bauplan des Karussells von Franziska Neusiedler, 1929.

in die Hand, und mit dem spielen Sie dann, das ist das Lieblingsspielzeug gewesen, und so war es bei meinem Sohn dann auch. Der ist mit dem Großvater in die Werkstatt gegangen, wo ihm der Großvater ein Sackerl mit Nägeln und einen Hammer gegeben hat. Bald kann man im Geschäft überhaupt mitarbeiten, mithelfen, auch mechanische Sachen reparieren. Ich mach' das zum großen Teil auch noch heute alles selber, das lernt man schon vom Beginn . . .«[158]

Die kaum vorhandene Trennung von Geschäft und Privatleben bedeutete eine völlige Unterordnung des Familienlebens unter die Erfordernisse des Geschäfts. Der gesamte Tageslauf während der Saison war für alle Familienmitglieder fast ausschließlich durch die Betriebsführung bestimmt.

Der Arbeitstag der Schausteller begann zumeist zeitig in der Früh. Zwischen sieben und acht Uhr fanden bereits die Vorbereitungen zur Eröffnung der Geschäfte statt. Zuerst mußten die verschiedenen Preise, Trophäen usw. hergerichtet, möglichst auffällig drapiert werden. Bei Fahrgeschäften wurden zusätzlich täglich Routinekontrollen an den Sicherheitsvorrichtungen vorgenommen.

»Es ist aufgemacht worden jeden Tag um 7 oder 8 Uhr, das war einmal klar. Das hat meine Mutter gemacht im Prater und auch am Laaerberg, weil da bekommt man Stammkunden. Die Arbeitszeit hat dann gedauert von 8 Uhr in der Früh bis 12 Uhr am Abend. Auch unter der Woche. Na ja, früher, die Männer sind arbeiten gegangen, die Frauen waren zu Haus', und Frauen mit Kindern sind auch auf den Laaerberg gegangen. Ein Viertel Wein hat 20 Groschen gekostet . . . Die meisten Leute waren am Sonntag, aber Leut' waren am Laaerberg immer viele, auch unter der Woche. Der Wald war immer voll, Schulschwänzer und so . . . Jeden Tag ist bei den Geschäften nachgeschaut worden, da ist

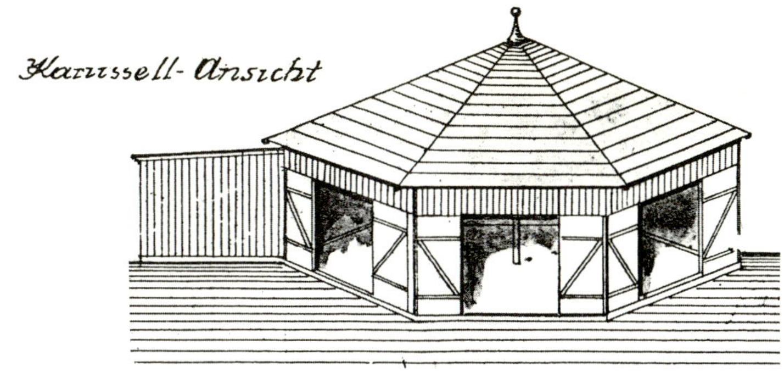

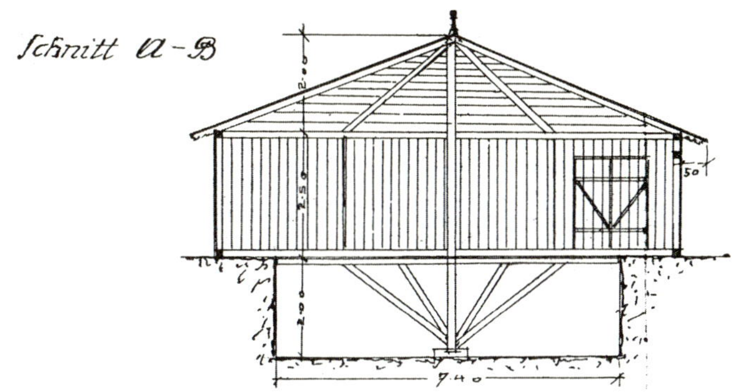

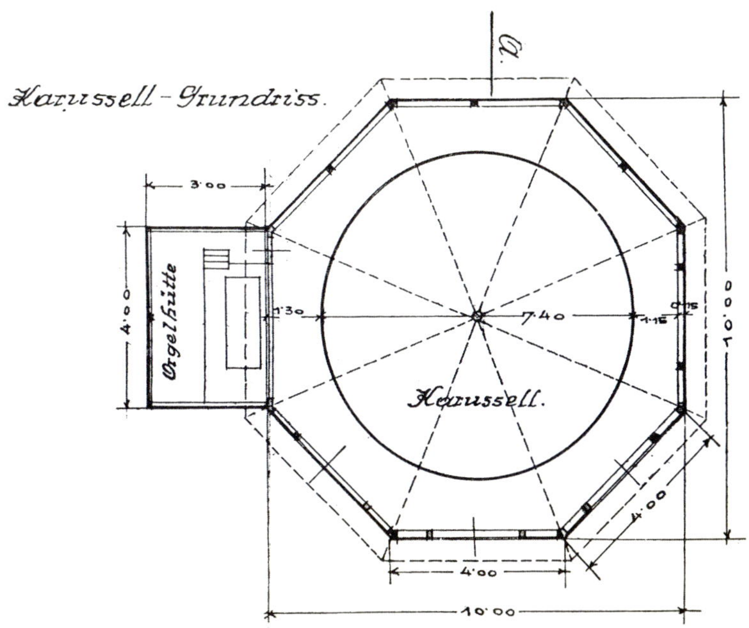

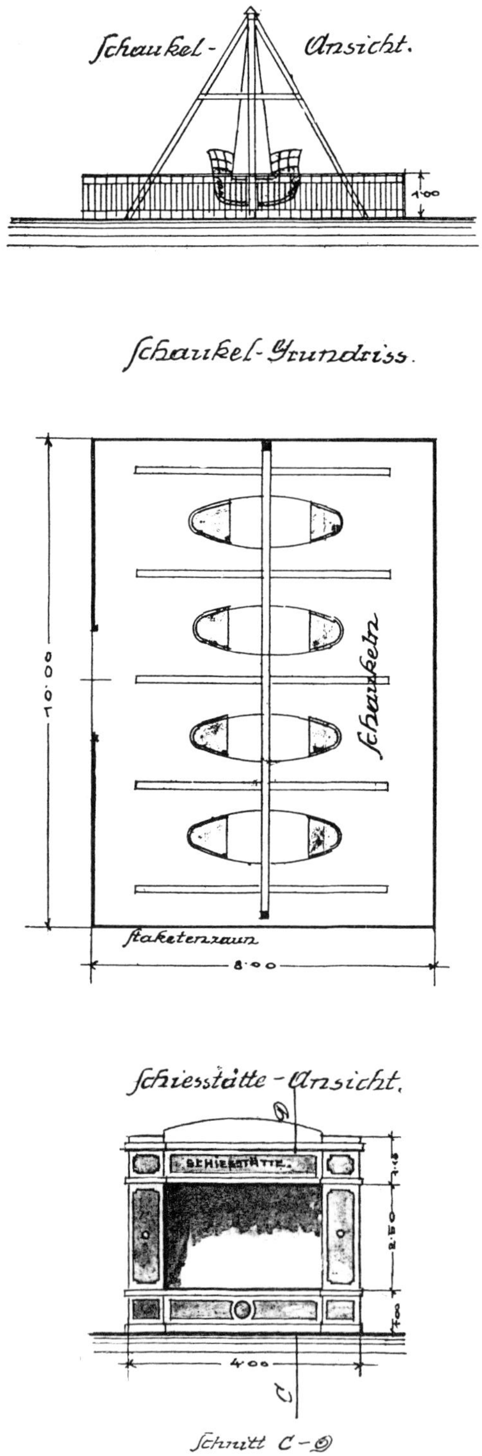

Bauplan der vierschiffigen Schaukel sowie der Schießbude von Franziska Neusiedler, 1929.

ohne Kontrolle nicht aufgesperrt worden . . .«[159]

An Hauptgeschäftstagen waren alle Familienmitglieder sowie mehrere Helfer in vollem Einsatz. Je nach Größe des jeweiligen Geschäfts wurden ein bis zwei Personen als Betreuer und Aufsichtspersonal zugeteilt. Vielfach bekamen die Helfer eine auffällige Arbeitskleidung zur Verfügung gestellt, wie etwa die Schaukelburschen, deren Aufgabe es war, die Schiffschaukeln anzutreiben beziehungsweise wieder zu bremsen. Oft trugen sie Matrosengewänder, wohl auch, um die Aufmerksamkeit der vorbeigehenden Besucher auf ihre Geschäfte zu lenken. Bei den Hilfskräften handelte es sich zumeist um Bekannte oder Verwandte, die an Sonn- und Feiertagen um einen geringen Geldbetrag hier ihre Arbeitskraft zur Verfügung stellten. Häufig waren es über längere Zeit hinweg dieselben Leute, die für Hilfsdienste herangezogen wurden, denn einerseits konnten sie bereits auf gewisse Routine in der Arbeit verweisen, zum anderen war es notwendig, zwischen Schaustellern und Hilfskräften ein Vertrauensverhältnis aufzubauen, besonders dann, wenn die Helfer auch das Abkassieren bei den Geschäften über hatten. Auf die Mitarbeit der eigenen Kinder wurde von den Schaustellerfamilien großer Wert gelegt, denn sie sollten ja den Umgang mit den Geschäften erlernen, zudem konnte so Geld für Hilfskräfte eingespart werden.

»An einem Sonntag, da haben mein Bruder und ich immer Werkel spielen müssen, damit wir etwas verdienen. Weil das hat ja für jeden Burschen 50 oder 60 Groschen gekostet. 60 Groschen für das Werkelspielen am Nachmittag . . .«[160]

Gehörte das Drehorgelspielen zu den ersten Aufgaben der Kinder, so übertrugen die Eltern ihnen schon bald verantwortungsvollere Tätigkeiten.

»Unter der Woche bin ich in die Schule gegangen, und am Wochenende hab' ich immer die Ringelspiele und die Schaukeln schmieren müssen. Mein Bruder hat das nicht wollen, aber ich hab' Interesse daran gehabt, und ich hab' immer schmieren müssen . . .«[161]

»Da hat es große und kleine Werkeln gegeben. Die neuen haben ja automatisch gespielt, da haben wir nichts mehr drehen müssen, aber die anderen Orgeln, da haben wir uns immer abwechseln müssen. (. . .) Da waren wir eingeteilt, wenn es zum Werkelspielen gegangen ist. Die eine bei dem Geschäft, die anderen bei dem, dann haben wir beim Kassieren mithelfen müssen, wenn's notwendig war. Wenn Sie dort aufwachsen, lernen Sie alles, weil dann heißt es schon: ›geh, schau, wenn wer fahren will‹, dann fahrst du dann halt. Wenn du einmal vier Jahre alt bist, dann darfst du schon den Motor anlassen und Orgelspielen und alles . . . Da haben sie ein Stockerl aufgestellt bei der Drehorgel und aus. (. . .) Dann hab' ich im Ballwurf stehen dürfen von 14 bis 16 Jahren, und später bin ich in die Schießbude, schon mit 16 Jahren bin ich hinter der Schießbude gestanden . . .«[162]

Ein Sonntag im Böhmischen Prater bedeutete für die hier tätigen Schausteller eine enorme körperliche Belastung. Zu stark frequentierten Zeiten blieb den Beschäftigten kaum Zeit zur Erholung von den nicht zu unterschätzenden Strapazen der Arbeit. Diese umfaßte nicht nur das Bedienen der verschiedenen Geschäfte, sondern auch das Anwerben neuer Kundschaften.

»Am Abend hat mir alles weh getan. Besonders das Kreuz, man ist ja den ganzen Tag im Geschäft gestanden, man hat schreien müssen, oft war ich dann ganz heiser. Und wenn sie dann am Abend nicht gehen wollten, das war schon sehr anstrengend. Man hat ja die Geschäfte auch wieder zusperren müssen. Meistens bin ich dann wie tot ins Bett gefallen . . .«[163]

Das Kinderkarussell der Margarete Kotlaba, um 1930.

Die im Vergleich zum Wiener Prater weit kleineren und einfacheren Unterhaltungsgeschäfte des Böhmischen Praters erlaubten es den Schaustellerfamilien kaum, ausschließlich von den Einnahmen der Geschäfte den Lebensunterhalt zu bestreiten. Für ältere Schausteller war dies zwar möglich, wenn jedoch Kinder zu versorgen waren, stellte sich eine weitere Einkommensmöglichkeit als unumgänglich heraus. Die auf etwa acht Monate des Jahres beschränkte Saison sowie die Konzentration des Pratergeschäfts auf Sonn- und Feiertage erforderten in den meisten Fällen einen zusätzlichen Verdienst.

»Am Laaerberg allein haben Sie ja nicht existieren können. Gut verdient haben Sie im Prater, das war ein tägliches Geschäft, aber

am Laaerberg . . . Sie haben schon was verdient, aber daß wir halt im Winter auch was zu Essen gehabt haben . . .«[164]

So war es üblich, daß die Männer während der Woche einer geregelten Lohnarbeit nachgingen, zumeist in Betrieben in Favoriten oder Simmering. Manche verrichteten nur zeitweise verschiedene Gelegenheitsarbeiten. Unter der Woche jedenfalls oblag die Führung der Schaustellerbetriebe im wesentlichen den Frauen und Kindern, während an Wochenenden auch die Männer tätig waren.

Für einige Schausteller bot sich die Möglichkeit, auf den verhältnismäßig großen Pachtplätzen Gewerbebetriebe einzurichten. So führte Otto Geißler sen. neben den Schaustellergeschäften einen Schlossereibetrieb, wobei er sich auf den Bau und die Reparatur von Karussells und anderen Unterhaltungsgeschäften spezialisierte. Otto Geißler gehörte zu den bekanntesten Karussellerzeugern Wiens, wobei er nicht nur für Schausteller des Böhmischen Praters sowie des Wurstelpraters Unterhaltungsgeschäfte herstellte, sondern auch für zahlreiche ambulante Schausteller.

Einen ähnlichen Betrieb führte Rudolf Rusniak. Er spezialisierte sich vor allem auf den Elektrobau und erzeugte, beziehungsweise reparierte Drehstrommotoren.

In diesem Zusammenhang ist auch das Unternehmen von Franz Scholler zu nennen. Während seine Schwester im Böhmischen Prater eine kleine Zuckerlhütte besaß, benützte Scholler das Grundstück im Laaer Wald als Stützpunkt seines Busunternehmens. Ab den frühen dreißiger Jahren betrieb er ein Unternehmen mit bis zu 14 Autobussen, die er sowohl im Linienverkehr in den Außenbezirken Wiens, als auch für Ausflugsfahrten nach Niederösterreich einsetzte. Der Pachtgrund am Laaerberg diente Scholler vorwiegend als Abstell- und Reparaturplatz.

Als einzige Schaustellerfamilie, die ausschließlich von den Einnahmen des Schaustellergewerbes leben konnte, führte die Familie Wilfert ab 1921 eine Reihe von Praterunterhaltungsgeschäften. Doch war auch Johann Wilfert nicht ausschließlich am Laaerberg tätig, sondern er bereiste als ambulanter Schausteller während der Saison Messen und Kirtage. Im Böhmischen Prater hatte Wilfert den Stützpunkt seines Vergnügungsbetriebes, wo er einerseits die verschiedenen Geschäfte abstellen konnte, andererseits auch eine Reihe von Geschäften für die Besucher im Laaer Wald geöffnet hatte, wie eine Tochter Otto Wilferts erzählte:

»Im Jahr 1921 sind wir auf den Laaerberg gezogen. Mein Vater war ja zuerst Kinooperateur. Also, er stammt schon direkt aus dem Schaustellergewerbe, aber er hat Kinooperateur gelernt. Er hat's dann nicht ausgehalten ohne die Schaustellerei, hat Groschen auf Groschen gelegt, wie er im Weltbildkino gearbeitet hat. Dann sind wir auf den Laaerberg gezogen. Angefangen hat's eigentlich schon unten im Prater, aber wie sie dann raufgezogen sind, haben sie angefangen mit so kleinen Sachen. Dann ist der Vater auf die Reise gegangen . . . Wie wir größer waren, haben wir auf Messen fahren müssen, da ist der Vater mit dem Kinderkarussell auf die Messen gefahren und die Mutter ist am Laaerberg geblieben. Wir haben ein Kettenkarussell geführt, dann ein Aeroplan, ein Karussell, aber ein kleines, und dann hat der Vater eine Shimmy-Treppe gebaut, später haben wir eine Rodelbahn gekriegt, dann den Toboggan. Mit dem sind wir auf Reise gegangen, mit dem haben wir auf Reise gehen können, der war zerlegbar, der war nicht stabil, den haben sie hinstellen können, wo sie wollen . . . (. . .)

Gefahren sind wir mit Pferdefuhrwerken, das waren noch die alten Wagen, ohne Gummi, die großen Räder, die früher die Kutschen gehabt haben, da war noch nichts mit Bereifung. Und später sind wir mit dem Traktor gefahren. Mein Vater ist zuerst nur auf die Messen gefahren, Graz, Innsbruck, Klagenfurt, alle Messen, wie sie waren. Da war er drei bis vier Mal im Jahr weg, nur zu den Messen, sonst war er am Laaerberg. Auch im Prater unten haben sie ein Geschäft geführt. Da ist der Vater jeden Tag runter, in der Nacht ist er zu Fuß nach Haus' gegangen auf den Laaerberg, nach Haus' gekommen ist er alle Tag. In der Früh ist er wieder in den Prater gegangen aufmachen, da war die Mutter mit den Kindern allein heroben am Laaerberg. Der Vater hat unten gearbeitet, und sie hat heroben gearbeitet. Aber unten im Prater hat er so wenig Geschäft gemacht, daß er den Platz wieder abgegeben hat. Da ist er dann zu Haus' geblieben. Und dann hat er angefangen, auf Messen zu fahren. Das ist aber auch schwieriger geworden. Wenn sie einmal einen Standplatz gehabt haben auf einer Messe, haben sie ihn jedes Mal bekommen, wenn sie aber einmal darauf verzichtet haben, wenn's woanders besser war, haben sie die Ausstellungen auch nicht mehr bekommen. Das war früher so. Da sind wir dann in die Bezirke gefahren.

Mit Simmering haben wir meistens angefangen, das war immer die erste Ausfahrt nach dem Winter. Da hat es oft noch geschneit, dann haben wir gefroren, im Wagen haben sie ja nicht heizen können. Aber das Geschäft haben wir stehen lassen, solange es gegangen ist. Solange einer sich am Platz gezeigt hat, haben sie im Geschäft stehen müssen. Wenn der Platz nicht gegangen ist, haben wir am nächsten Tag abgebrochen und sind zum nächsten Platz gefahren. (. . .) Die Standplätze waren private Plätze, die waren leer, die haben die Eltern gepachtet für eine gewisse Zeit. Da waren wir alleine dort. Wir haben alles gehabt, eine Schießbude und einen Ballwurf, ein Kinderkarussell, die Rodelbahn, wir waren halt Großschausteller, bei uns hat's viele Geschäfte gegeben. (. . .) Auch mehrere Helfer haben wir gehabt. Früher, wenn die jungen Burschen keine Arbeit gehabt haben, sind sie zu den Schaustellern gegangen, da haben sie Arbeit gehabt. Wir waren oft zwanzig Leute im Betrieb. Die Verwandtschaft allein war schon groß, die Eltern, die Großeltern, der Onkel, und gekommen ist auch jeden Tag jemand . . . Zuerst haben wir sie nicht alle behalten können, aber wie es besser geworden ist, wie der Vater mehr verdient hat, sind sie ja gar nicht mehr fortgegangen von uns. Am Laaerberg

Oben: Briefkopf des Praterunternehmers Otto Wilfert, 1940.

Unten: Die Kinderschaukeln von Hans Leitgeb, 1934.

Der Schausteller Hans Leitgeb in seiner Rundschaukel: Zahlreiche Schutzvorrichtungen waren notwendig, um den gefahrlosen Betrieb zu gewährleisten, 1925.

haben sie gewohnt, die Mutter hat gewaschen und gebügelt und gekocht ...«[165]

Nun zu den einzelnen Schaustellergeschäften, die während der Zwischenkriegszeit im Böhmischen Prater dem Publikum zur Verfügung standen: Zumeist besaßen die Familien ein bis zwei große sowie eine Reihe kleinerer Geschäfte. Zu den häufigsten kleinen Unterhaltungen zählten die Schiffschaukeln, wobei es sowohl solche für Kinder als auch welche für Erwachsene gab. Fast jeder Schausteller führte mehrere Schaukelanlagen, da es sich dabei um ein in der Herstellung wie auch in der Wartung kostengünstiges und mit wenig Aufwand verbundenes Geschäft handelte.

Neben den kleinen Schiffschaukeln gab es jedoch auch mehrere bedeutend größere und weit spektakulärere Schaukelanlagen. Besonderen Anreiz boten vor allem die Rundschaukeln, die eine Drehung des Schiffes um 360 Grad ermöglichten. Derartige Rundschaukeln, auch Loopingschaukeln genannt, besaßen Rosa Wendl, Marie Ledofsky, Franz Kummer sowie Otto Geißler.[166] Spezielle Sicherheitsvorkehrungen waren bei den Rundschaukeln notwendig, um die Verletzungsgefahr bei einem vollen Umschlag auszuschließen. Lederriemen dienten als Fußhalterungen, daneben mußte jede Gondel mit einem etwa 1 m hohen Schutzkorb versehen werden. Doch war es nicht nur die Sturzgefahr, auf die sich zahlreiche sicherheitstechnische Auflagen der Behörden bezogen. Höchste Aufmerksamkeit mußten die Betreiber von Rundschaukeln auch darauf legen, daß beim Betrieb Anstand und Sitte nicht verletzt wurden. Besonders Mädchen und Frauen, die mit Röcken bekleidet waren, sollten zur Rundschaukel nicht zugelassen werden, da hier von offizieller Seite ein potentieller Keim sittlicher Gefährdung der Zuschauer befürchtet werden mußte – denn die Röcke konnten ja verrutschen. So war es Vorschrift, daß die Kleider mit Gummibändern so zu befestigen waren, daß »unsittenhaftes Benehmen« auszuschließen war.[167] Dennoch blieben die Rundschaukeln trotz aller »Vorkehrungen« beliebte »Schaugeschäfte«.

Eine besonders aufwendige Schaukel führte Marie Ledofsky, nämlich eine große Schiffschaukel, auch Gesellschaftsschaukel genannt. Dabei handelte es sich um eine 52 Personen fassende Schaukel in Form eines Piratenschiffes.[169] Angetrieben wurde diese Gesellschaftsschaukel von mehreren Männern, die, an beiden Seiten stehend, mit Hilfe von dicken Seilen die Schaukelbewegung ermöglichten. Viele Jahre hindurch gehörte die Gesellschaftsschaukel zu den beliebtesten Unterhaltungen des Böhmischen Praters. Schließlich mußte sie jedoch aufgrund schwerwiegender technischer Mängel und

Das Kinderfliegerkarussell der Familie Wilfert.

Abnützungserscheinungen demontiert werden.

Sowohl bei Kindern als auch bei Erwachsenen nach wie vor äußerst beliebt waren die verschiedenen Karussells. Jede Saison befanden sich sieben bis acht Ringelspiele im schaustellerischen Angebot.

Für Kinder standen mehrere Fahrradkarussells zur Verfügung, aus Holz gefertigte Rundbahnen von etwa 5 m Durchmesser. Im Zentrum jeder dieser Rundfahrbahnen befand sich ein zentral befestigter Ausleger, an dessen Ende ein kleines Fahrrad befestigt war. Der Ausleger führte das Fahrrad entlang der Fahrbahn, wodurch Stürze so gut wie ausgeschlossen waren. Fahrradkarussells dieser Art führten mehrere Schausteller, etwa Hans Leitgeb, Rosa Wendl und Elise Kertesz.

Ausschließlich Kindergeschäfte betrieb die Schaustellerin Margarete Kotlaba. Neben einer fünfschiffigen Kinderschaukel führte sie ein Kinderkarussell.[169] Dieses bestand aus einer drehbaren Holzscheibe, auf der mehrere Automodelle und Fahrräder sowie eine kleine Eisenbahn befestigt waren, wobei insgesamt 16 Sitzplätze zur Verfügung standen. Neben Margarete Kotlaba, die zu den kleineren Unternehmern des Böhmischen Praters gehörte, führten auch alle größeren Betriebe Kinderkarussells, meist in Form sogenannter Nebengeschäfte, wie etwa Rosa Bonella oder Franziska Neusiedler.[170] Bonella, die um 1900 einen Teil des Platzes von Mathias Kloff übernommen hatte, besaß ein Pferderingelspiel für Kinder, wobei auf der Karussellscheibe mehrere hölzerne Pferdefiguren als Sitzplätze montiert waren. Der Notwendigkeit im Schaustellergewerbe folgend, möglichst aktuelle Inhalte in die Geschäfte einfließen zu lassen, um konkurrenzfähig bleiben zu können, ersetzte Bonella im Laufe der dreißiger Jahre die Pferdefiguren durch Modelle von Autos, Fahrrädern sowie einer Eisenbahn. Für Kinder besonders attraktiv dürfte der Platz von Rosa Bonella nicht nur wegen der Kinderunterhaltungen gewesen sein, sondern auch wegen eines lebenden Affen, den sie als zusätzliche Attraktion auf ihrem Platz hielt. Wie Rosa Bonella führte auch Franziska Neusiedler ein größeres Kinderkarussell. Daneben besaß sie eine vierschiffige Kinderschaukel sowie eine Schießstätte.

Otto Wilfert betrieb ebenfalls zwei Kinderkarussells, die jedoch auch für den ambulanten Betrieb vorgesehen waren, also ohne große Probleme abgebaut und transportiert werden konnten. Autos, Pferde, Fahrräder und Lokomotiven gehörten auch hier zum Repertoire der Besatzstücke.

Neben den beiden Scheibenkarussells für Kinder besaß Wilfert auch ein Kinderfliegerkarussell.[171] Dieses bestand aus einer etwa 4 m hohen Holzkonstruktion, an deren oberer Auslegerscheibe mit Ketten acht Flugzeugmodelle aus Holz angebracht waren. Auch hier erfolgte der Antrieb, wie bei den meisten kleinen Geschäften, händisch.

Ein sowohl bei Kindern als auch bei Erwachsenen gleichermaßen beliebtes Karussell betrieb Franz Kummer, nämlich das Pony-Karussell.[172] Dieses bestand aus einem Wagen, der durch eine etwa 5 m lange Stange an einem zentral befestigten Holzblock angebracht war und von einem Pony entlang einer kreisförmigen Schienenbahn gezogen werden konnte. Hinter dem Wagen ging ein zweites Pony, auf dem geritten werden konnte, ebenfalls im Kreis.

Bei den größeren Karussells, die vorwiegend für Erwachsene bestimmt waren, standen zweifellos die spektakulären Fliegerkarussells im Vordergrund. Derartige Kettenflieger führten in den zwanziger Jahren Otto

Der große, zerlegbare Kettenflieger von Otto Wilfert: Mit diesem bereiste er zahlreiche Volksfeste, 1927.

Wilfert[173] und Anna Rusniak[174]. Wilferts Fliegerkarussell bestand aus einem Holzgerüst von 8 m Höhe, an dessen oberem Ende die Auslegerscheibe montiert war, die einen Durchmesser von 8 m aufwies. An der Scheibe befanden sich 18 Ausleger, an deren Enden je eine Kette fixiert war. An jeder dieser Ketten schließlich war ein Stahlrohrsitz, das sogenannte »Scherberl«, angebracht. Bei höheren Umlaufgeschwindigkeiten konnten die Fahrgäste mit den Fliegerkarussells eine durchaus beachtliche Flughöhe erreichen. Die maximale Umlaufgeschwindigkeit war jedoch behördlich festgelegt und durfte 16 Umdrehungen pro Minute nicht überschreiten.

Der Kettenflieger von Anna Rusniak war etwas kleiner, stellte aber mit 6 m Höhe und 16 Sitzgelegenheiten ein ebenfalls durchaus beachtliches Pratergeschäft dar. Dieses Fliegerkarussell jedoch bot noch einen zusätzlichen Effekt: neben der Drehbewegung war hier auch eine Auf- und Abbewegung gegeben, die durch die schräge Lagerung der Auslegerscheibe hervorgerufen wurde. Der Flugbahn entsprechend wurden diese Karussells als Schrägflieger oder Pendelflieger bezeichnet.

Mitte der zwanziger Jahre ersetzte Johann Leitgeb ein nicht mehr sonderlich gutgehendes Ringelspiel ebenfalls durch einen Kettenflieger.[175] Damit befanden sich in den zwanziger Jahren bereits drei derartige Karussells im Böhmischen Prater. Diese Zahl erhöhte sich ab den späten dreißiger Jahren noch deutlich. Die Kettenflieger stellten ja vergleichsweise sehr große, repräsentative und beim Publikum äußerst beliebte Geschäfte dar, in der Anschaffung waren sie jedoch bei weitem teurer als andere. So konnten größere Flieger erst angeschafft werden, als die Einnahmen der Geschäfte im Laufe

Der Kettenflieger von Hans Leitgeb, um 1930.

der dreißiger Jahre beträchtlich gestiegen waren, also das Investitionskapital von den Schaustellern aufgebracht werden konnte.

»Bei den Schaustellern war es ja so, die haben eine Zeitlang ein Geschäft gehabt, und wenn es nicht mehr gegangen ist und sie zu einem bißchen Geld gekommen sind, haben sie irgend etwas anderes aufgestellt. Einer hat den anderen damals schon, wie man sagt, . . . ein Konkurrenzkampf war immer schon da, obwohl nur im kleineren Maßstab . . .«[176]

So sieht ein Schausteller die interne Konkurrenz und das »Wettrüsten« im Böhmischen Prater der Zwischenkriegszeit, die sich besonders deutlich bei den neu hinzukommenden Kettenfliegern bemerkbar machten:

»Mit den Fliegern war das eine ganz interessante Sache. Da hat der Leitgeb vorne einen Flieger gehabt. Und der Rusniak hat, weil er nur einen Flieger gehabt hat, der gerade war, sich also nicht geschwenkt hat, einen Schrägflieger gebaut. Jetzt natürlich, wie die Leute gesehen haben, da ist ein Schrägflieger, das geht auf einer Seite viel höher, sind sie dort nicht mehr hingegangen, zu dem ersten, der hat kein Geschäft mehr gemacht, alles zu dem Schrägflieger. Die haben sich ja ruiniert mit den Fliegern, da hat der Leitgeb einen Pendelflieger hingestellt, den hat der Geißler gebaut. Dieser Pendelflieger ist gerade angefahren, und unter dem Fahren hat er sich geschwenkt, und wieder gerade und so, er hat halt gependelt. (. . .) Jetzt hat er ein Geschäft gemacht mit dem Pendelflieger, hat ihm schon die Hälfte weggenommen. Jetzt hat der andere einen Flieger gebaut, 20 m hoch, der hat sich aber verspekuliert, falsch berechnet gehabt. Der Flieger ist in Schwung gekommen, aber wenn er in Schwung war, war er nicht zum Abbremsen. 16 m lange Ketten runter, da ist man ja wie in einem Flugzeug gewesen. Jetzt hat er nicht abbremsen können, der Riemen ist immer zu heiß geworden. Technische Probleme. Dann hat er einrücken müssen, da ist es überhaupt gestanden, und wie er zurückgekommen ist, hat er kein Geschäft mehr gemacht . . .«[177]

Neben den weit spektakuläreren Kettenfliegern gab es im Unterhaltungsangebot des Böhmischen Praters auch zwei Scheibenkarussells für Erwachsene. Dies waren das Springpferdkarussell der Rosa Wendl[178] sowie das Kipp-Pferdkarussell der Rosa Bonella[179]. Beide Ringelspiele waren mit Pferdefiguren aus Holz bestückt, die mittels spezieller Mechaniken bewegt werden konnten. In Wendls Ringelspiel waren die Pferde auf mit Federzügen ausgestatteten Eisengestellen montiert, wodurch es den Fahrgästen möglich war, während der Fahrt vorwärts und rückwärts zu schaukeln. Die Bewegung war notwendig, um das Ringstechen zu er-

Der Pendelflieger von Hans Leitgeb, eine spektakuläre Weiterentwicklung der Kettenflieger, um 1940.

möglichen. Diese Unterhaltung ging folgendermaßen vor sich: Im Inneren der Karussellgebäude von Wendl und Bonella war an der Dachkonstruktion jeweils ein Holzstab angebracht, an dem mehrere Ringe hingen. Einer davon war aus Messing und gold gefärbt. Die Aufgabe der Fahrgäste bestand nun darin, während der Fahrt den goldenen Ring zu erlangen, wofür als Preis eine Freifahrt gewährt wurde, wie ein ehemaliger Helfer von Frau Wendl erzählte:

»Da hat es auch Schlaue gegeben, weil alle haben ja keinen Ring erwischt beim Vorbeifahren. Manche haben ihn verpaßt, danebengegriffen. Jetzt hat der berechnet, hat die Leute abgezählt, hat sich so ungefähr ausgerechnet, wo er sich hinsetzen muß, daß er den goldenen Ring erwischt . . . Na, und ein bißl mit den Madeln eine Hetz', da ist's immer lustig zugegangen mit die Pferd'. Hab' ich gesagt: ›Hallo Fräulein, beim Reiten gibt man die Füß auseinander.‹ Und lauter so Schmäh halt, oder: ›Na, den haben S' jetzt niedergeritten, den Gaul, schaun S', wie dem die Zunge raushängt.‹ Da hat man gelacht, da macht man halt seine Witze. (. . .) Das Ringziehen haben sie uns aber dann verboten, weil da einmal ein Mädel runtergefallen ist. Jetzt ist die Versicherung gekommen und wie das halt war . . ., das ist bis zum Magistrat gegangen, und die haben gesagt, das dürfen wir nicht mehr, das ist zu gefährlich. Das war noch vor dem Krieg . . .«[180]

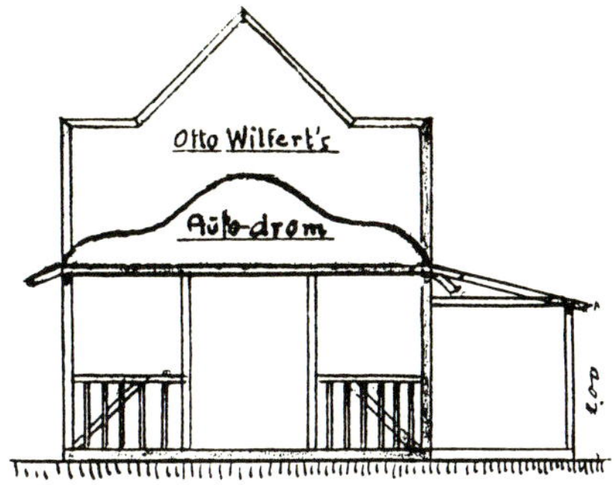

Bereits im Jahr 1927 eröffnete Otto Wilfert am Laaerberg ein Autodrom.[181] Dies ist um so bemerkenswerter, da das erste in Wien aufgestellte Autodrom erst ein Jahr zuvor im Wiener Prater zu sehen gewesen war[182], also mit Sicherheit zu den Attraktionen zählte, die besonders großes Interesse hervorriefen. Untergebracht war es in einer Holzhütte, die vorher als Schauspielhütte gedient hatte und auf eine Größe von 20 × 5 Meter erweitert wurde. Die Fahrbahn bestand aus einem Blechbelag, der als Gegenpol zu dem in etwa 2,5 m Höhe befindlichen, über die Fahrbahn gespannten Drahtgeflecht diente. Fünf Fahrzeuge konnten hier gleichzeitig betrieben werden, die mit 6 PS Leistung eine maximale Geschwindigkeit von 12 km/h erreichten. Gummipuffer an den Fahrzeugen sollten bei Zusammenstößen eine Abfederung bewirken. Die Adaptierung der Hütte als Autodromhalle sowie die Installierung der gesamten elektrischen Anlage wurde von Otto Wil-

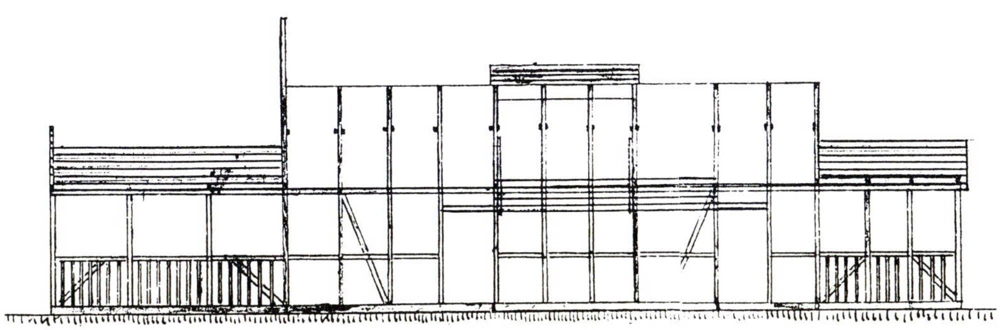

Bauplan der Autodromhütte von Otto Wilfert, 1927.

fert nach Plänen vergleichbarer Geschäfte selbst hergestellt. Nach wenigen Jahren wandelte Wilfert jedoch das Autodrom wiederum in eine Schauspielhütte um.
Neben dem Autodrom führte Otto Wilfert ab den zwanziger Jahren noch ein zweites Fahrgeschäft, eine Rundbahn für Tretautos.[183] Diese bestand aus einem 30 m langen und 15 m breiten Holzpodium, wobei die Fahrbahnbreite 3 m betrug. Als Fahrzeuge dienten 12 aus Sperrholz selbst gebaute Automodelle, die durch einen Kettenantrieb in Bewegung gesetzt werden konnten.
Außer den verhältnismäßig großen Unterhaltungen wie Karussells oder auch dem Autodrom gab es noch eine Reihe von kleineren, weniger spektakulären Fahrgeschäften. Dazu zählten etwa die beiden Rudersportkarussells des Johann Leitgeb[184] und der Rosa Wendl[185]. Der Rudersport war eine den Scheibenkarussells ähnliche Konstruktion mit mehreren Auslegern, die an einem zentral befestigten Stahlmast fixiert waren. Am Ende jedes Auslegers war eine Gondel angebracht, die die Form eines Ruderbootes hatte. Angetrieben wurde dieses Rudersportkarussell, wie schon der Name sagt, durch Ruderbewegungen der Fahrgäste. In jeder zweiten Gondel befand sich ein Rudergestänge, das direkt auf die Antriebsachse wirkte. Je schneller die Fahrgäste ruderten, desto schneller bewegte sich auch das Karussell.
Neben dem Rudersportkarussell besaß Rosa Wendl noch eine Schleuderbahn. Diese erwarb sie bei einer Schaustellermesse in Köln

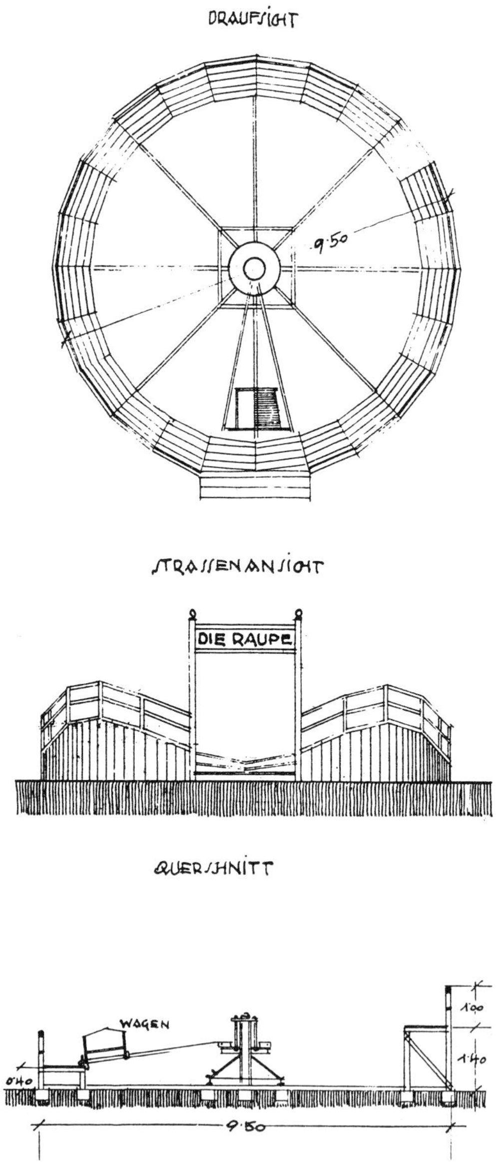

Außen: Das Rudersportkarussell der Familie Leitgeb, eines der beliebtesten Rundfahrgeschäfte am Laaerberg, um 1925. Innen: Bauplan der »Raupe«, 1929.

Die »Weiße Fahrt« der Familie Wilfert, 1939.

von einem deutschen Schausteller. Die Schleuderbahn bestand aus zwei Holzscheiben von etwa 5 m Durchmesser. Um diese Scheiben war ein Drahtseil geschlungen, an dem acht zweisitzige Wagen befestigt waren. Diese wurden durch das Seil gezogen und liefen auf einer etwa 40 m langen Fahrbahn, die mit Eisenplatten belegt war. Die Fahrbahn war in ovaler Form angelegt, wodurch der Effekt des Schleuderns ermöglicht wurde, denn in den Kurven veränderte sich der Radius, was zu ruckartigen Bewegungen führte.

Zu den beliebtesten Unterhaltungen während der Zwischenkriegszeit gehörten zweifellos die Rundfahrgeschäfte. Die erste größere Rundbahn eröffnete Anna Rusniak im Jahr 1929, die sogenannte »Raupe«[186]. Die Raupe war eine Berg-und-Tal-Bahn, deren Schienen über vier etwa 1 m hohe Erdhügel führten, wobei der Durchmesser der Rundbahn 10 m betrug. Als Fahrgelegenheiten dienten 18 Wagen, die je 2 Fahrgästen Platz boten. Über Ausleger waren die Wagen mit der zentral gelagerten Antriebswelle verbunden, die durch einen 7,5-PS-Elektromotor bewegt wurde. Mehrere Sicherungsvorkehrungen wie Sitzgurte oder Sicherheitsketten sollten gewährleisten, daß kein Fahrgast aus dem Wagen fallen konnte. Als besondere Attraktion, wohl zur Belustigung männlicher Fahrgäste und Zuschauer, war unter der Fahrbahn ein Ventilator angebracht. Dieses Gebläse diente dazu, weiblichen Fahrgästen während der Fahrt Röcke und Kleider in die Höhe zu blasen.

Eine der »Raupe« ähnliche Rundbahn betrieb Otto Wilfert, die »Weiße Fahrt«[187]. Diese Rund-Rodelbahn war auf Holzböcken unterschiedlicher Höhe aufgebaut, wodurch die Charakteristik einer Berg-und-Tal-Bahn erreicht wurde. Am Ende jedes der insgesamt

26 Ausleger war eine Rodel angebracht, die als Sitzplatz diente. Mit einem Durchmesser von mehr als 10 m gehörte die Rodelbahn ebenfalls zu den großen Geschäften, sie war jedoch nicht immer im Böhmischen Prater aufgestellt, sondern wurde von Otto Wilfert oft als ambulantes Geschäft verwendet, also auch an anderen Plätzen dem Publikum angeboten. Wie bei der »Raupe« handelte es sich bei der »Weißen Fahrt« ebenfalls um eine selbstgebaute Attraktion. Im Jahr 1940 schließlich wurde die »Weiße Fahrt« von Otto Geißler erworben.

Die dritte große Rundbahn des Böhmischen Praters war das »Seeungeheuer von Loch Ness«[188], eine Berg-und-Tal-Bahn, die Johann Leitgeb im Jahr 1939 von einem polnischen Schausteller kaufte. Diese Schlangenbahn bestand aus 26 miteinander verbundenen Wagen, auf denen insgesamt 48 Reitsitze angebracht waren. Die mit Fußrasten ausgestatteten Reitsitzwagen liefen auf einer wellenförmigen Rundbahn und waren durch Ausleger mit der Welle verbunden, die durch einen 15-PS-Elektromotor angetrieben wurde. Der erste Wagen dieser Schlangenbahn hatte die Form eines Ungeheuerkopfes, die

Das Seeungeheuer im Laaerwald: Die Schlangenbahn, um 1940.

restlichen Wagen stellten den Körper des Tieres dar. In der Mitte der Anlage stand eine Menschenfigur, ein mit einem Kilt bekleideter, mit Fernrohr und Fotoapparat ausgerüsteter schottischer Naturforscher auf der Suche nach dem Seeungeheuer von Loch Ness. Die genannten Rundbahnen stellten zweifellos besonders stark besuchte Unterhaltungsgeschäfte dar, die verhältnismäßig hohe Einnahmen erwarten lassen durften. Nicht weniger beliebt waren die beiden Riesenräder, die im Böhmischen Prater aufgestellt waren. Bereits ab den zwanziger Jahren führte Karoline Geißler ihr »Riesenrad«[189], eine Haspel mit acht Hängewagen, wobei jeder Wagen vier Fahrgästen Platz bot. Wenn auch ein Vergleich zum weit größeren Riesenrad des Wiener Praters unangebracht erscheint, ja es sich beim Riesenrad des Wurstelpraters um ein viel größeres und vor allem völlig anders gebautes Rad handelt, so lag das Interesse der Fahrgäste des Riesenrades im Böhmischen Prater ebenso darin, die Aussicht zu genießen, die man vom höchsten Punkt des rund 8 Meter hohen Rades hatte. Anfangs wurde das Riesenrad händisch betrieben, wobei eine große Kurbel auf eine Zahnradübersetzung wirkte. Um 1930 erfolgte die Umstellung auf elektrischen Betrieb.

Ein zweites Riesenrad, auch »Russenrad« genannt, eröffnete Otto Wilfert im Jahr 1929.[190] Dieses Rad hatte den Vorteil, auch ambulant betrieben werden zu können, es war also leicht abbaubar und transportabel. Acht Gondeln für je vier Fahrgäste kamen bei Wilferts Riesenrad zum Einsatz.

Zwei Fahrgeschäfte, deren Namen von Modetänzen der zwanziger Jahre abgeleitet wurden, waren ebenfalls aufgestellt. Eines davon, die »Shimmy-Treppe« Otto Wilferts[191], bestand aus einer Reihe von Holzstufen, die zu einem Holzpodest führten, von dem aus eine Rutschbahn das Publikum wiederum

In »schwindelnder Höhe« von rund 10 Metern bot sich vom Riesenrad ein herrlicher Blick über Simmering und Favoriten, 1929.

zum Ausgangspunkt brachte. Das Besteigen des Podests wurde dadurch erschwert, daß sich die Stufen sowohl quer zur Gehrichtung als auch auf und ab bewegten. Der unsichere Schritt der Besucher dürfte dem Modetanz Shimmy ähnlich gewesen sein, wodurch sich ein Name für diese Belustigung ergab.

Das zweite dieser Geschäfte war das »Charleston-Rad« der Anna Rusniak.[192] Dieses bestand aus einer Holzscheibe, die aus acht Segmenten zusammengesetzt war. Jedes einzelne Segment war mit Laufrollen versehen. Die horizontal gelagerte Scheibe von 5 m Durchmesser konnte nun durch einen im Zentrum angreifenden Exzenter in schüttelnde und drehende Bewegungen versetzt werden. Eine Bewegung, die sich auf das auf der Scheibe stehende Publikum übertrug, wobei dem Charleston entsprechende Körperhaltungen hervorgerufen wurden. In der Mitte der Scheibe war eine runde gepolsterte Sitzbank aufgestellt, auf die sich jene Fahrgäste retten konnten, die es nicht schafften, sich während der Fahrt auf den Beinen zu halten. Um das Charleston-Rad befand sich eine Polsterung, die Verletzungen durch Stürze vermeiden helfen sollte.

Ein Geschäft, das die Unterhaltung des irritierten Schrittes mit dem Vergnügen einer Rutschbahn verband, stellte der Toboggan dar. Gegen Ende der dreißiger Jahre standen im Böhmischen Prater zwei Toboggans, beide waren aber nur relativ kurze Zeit in Betrieb.

Otto Wilfert betrieb seinen Toboggan[193] wie auch die meisten seiner übrigen Unterhaltungsgeschäfte in ambulanter Form. Lange Zeit war dieser Toboggan auf einer Wiese in der Alxingerstraße in Favoriten aufgestellt, später in der Kopalgasse in Simmering. Mehrere Wochen des Jahres war er auch im Böhmischen Prater zu benutzen.

Der Toboggan bestand aus einem etwa 20 m hohen, aus Holzbalken hergestellten Turmgerüst, an dessen Spitze sich eine kleine Aussichtsterrasse befand. Von der Kassa führte ein etwa 20 m langes Laufband mit einer Steigung von etwa 20° zum Ausgangspunkt einer Holztreppe, über die man auf die Aussichtsterrasse gelangte. Von dort führte an der Außenseite des Holzturms eine spiralenförmige Holzrutsche wieder zum Ausgangspunkt. Beim Rutschen wurden Stofflaken oder kleine Teppiche verwendet. Der Toboggan stellte ein äußerst wartungsintensives Geschäft dar, da die Rutschbahn mehrmals täglich nach etwaigen Holzsplittern untersucht werden mußte, die eine erhebliche Ge-

Der Toboggan der Familie Wilfert, der auf verschiedenen Plätzen Wiens aufgebaut war, um 1940.

fahr für die Fahrgäste dargestellt hätten. Die Sicherheitsvorkehrungen umfaßten auch die Bestimmung, daß sich jeweils nur eine Person auf der Rutschbahn befinden durfte. Schließlich war in den behördlichen Auflagen die scheinbar unvermeidliche Aufforderung enthalten, in besonderem Maß auf die Einhaltung der Sittlichkeit während des Rutschens zu achten.

Wilferts Toboggan war nur für wenige Monate im Böhmischen Prater aufgestellt, nicht nur, weil er für den ambulanten Betrieb durchaus geeignet war, sondern auch wegen massiver Proteste anderer Schausteller, die durch die Konkurrenz dieses Toboggans um einen erheblichen Teil ihrer Einnahmen fürchteten. Zwar hatte die Genehmigungsbehörde keine Handhabe gegen die Aufstellung des Toboggans, da keine Bedarfsprüfung vorgesehen war, doch wurde Wilfert nahegelegt, den Toboggan nicht für längere Zeit im Böhmischen Prater aufzustellen, wie aus einem internen Amtsvermerk aus dem Jahr 1939 ersichtlich ist.[194] Hier hieß es:

»Dem Genannten [Wilfert] soll jedoch seitens des Magistrats nahegelegt worden sein, auf die Aufstellung des Toboggans mit Rücksicht auf die Gefährdung der Existenz der übrigen Schausteller auf dem Laaerberge zu verzichten. Herr Wilfert hat seither den Toboggan liegen . . .«

Die interne Spannung unter den Schaustellern erreichte im Jahr 1939 einen Höhepunkt, als Karoline Drahokupil ebenfalls einen Toboggan aufstellen wollte. Im Aktenvermerk ist zu lesen:

»Wilfert steht nun auf dem Standpunkt, daß, falls Frau Drahokupil, die bisher nur einen Kanditenverschleiß betrieben hat, die Bewilligung zur Aufstellung eines Toboggans erhält, auch er seinen Toboggan errichten will. Ohne der Entscheidung der MA 40 vorgrei-

fen zu wollen, glaubt die unterzeichnete Ortsstelle sagen zu müssen, daß Otto Wilfert wohl das erste Anrecht zur Aufstellung eines Toboggans hätte. Es wird daher ersucht, Frau Drahokupil nach Tunlichkeit von der Aufstellung ihres Toboggans auf dem Laaerberg abzuhalten. Dies um so mehr, als vor Absendung dieses Schreibens eine Abordnung der Schausteller vom Laaerberg h. a. [hier amts] vorgesprochen und sich in bewegten Worten gegen die Erteilung der Bewilligung an Karoline Drahokupil ausgesprochen hat. Von den Leuten wurde u. a. vorgebracht, daß die Schausteller vom Laaerberg in den vergangenen Jahren nur eine ganz geringe Verdienstmöglichkeit hatten . . .«

Die Bewilligung zur Aufstellung des Toboggans wurde schließlich doch erteilt, der Toboggan selbst war jedoch nur kurze Zeit in Betrieb.

Zum Abschluß der Fahrgeschäfte seien noch zwei kleinere Unterhaltungen erwähnt. Marie Geißler besaß ab den zwanziger Jahren zwei Drehscheibenkarussells, die unter dem Namen »Triller« bekannt waren.[195] Diese bestanden aus einer Holzscheibe von etwa 1 m Durchmesser, auf der sich je zwei Sitzplätze befanden. Die Scheibe war mit einer Zentralachse verbunden, die wiederum fest im Boden verankert war. In der Mitte der Scheibe befand sich ein Rad, an dem die Fahrgäste drehen konnten. Je nach Intensität der Drehbewegung konnte die Umlaufgeschwindigkeit der Scheibe reguliert werden. Beide Scheiben waren in einer eigens dafür aufgestellten Holzhütte untergebracht.

Ein eher seltenes Pratergeschäft führte Anna Rusniak, nämlich eine Luftrutschbahn.[196] Diese basierte auf einer relativ einfachen Grundkonstruktion. Von einer Holzplattform aus lief ein Stahlseil über zwei Rollen zu einer zweiten, etwa 10 m entfernten Plattform. Am Seil lief ein mit einem Laufrad versehener Haltegriff, an dem sich eine Person anhalten konnte. Aufgabe war es, von einer Plattform zur anderen zu gleiten, was mit etwas Schwung durchaus möglich war. Wenn der Fahrgast nun die zweite Plattform erreichen hatte können, winkte ein kleiner Sachpreis oder eine Freifahrt als Anerkennung. An den beiden Plattformen waren Polsterungen angebracht, um die Fahrt einigermaßen abzufedern.

Zweifellos stellten die genannten Fahrgeschäfte die Hauptattraktionen des Böhmischen Praters dar. Neben diesen prägten jedoch auch die zahlreichen Schieß- und Wurfbuden sowie Geschicklichkeitsgeschäfte das Bild dieses Unterhaltungsgebietes. Diese wurden zumeist neben einem oder zwei großen Geschäften als eine Art Nebengeschäft geführt.

Johann Leitgeb errichtete in den frühen zwanziger Jahren eine Reihe kleinerer Unterhaltungen, die er vorwiegend selbst konzipierte und herstellte. Während eines Aufenthaltes in Dresden beispielsweise sah er bei einem dort ansässigen Schausteller ein mechanisches Pferdchenumlaufspiel, dessen Grundkonstruktion er übernahm. Nach Wien zurückgekehrt, baute er ein ähnliches Spiel.

Viel Geschicklichkeit gehörte dazu, um beim Pferdchenumlaufspiel einen Preis zu gewinnen, um 1925.

Die Holzhütte, in der das Pferdchenumlaufspiel untergebracht war, um 1925.

Dieses »Trabrennspiel«[197] bestand aus sieben kleinen Pferdefiguren, die auf Schienen entlang einer Rundbahn durch eine Federmechanik bewegt werden konnten. Ziel der Spielteilnehmer war es, durch entsprechend dosiertes Bewegen der Pferdchen das eigene möglichst nahe an der Zielmarkierung zu stehen zu bringen. Jeder Spielteilnehmer mußte 20 Groschen als Einsatz bezahlen, die ersten vier Plätze wurden durch Warenprämien im Wert von 60, 40, 20 und 10 Groschen honoriert. Das Wetten wie auch die Ausspielung von Geldpreisen waren behördlich untersagt. Untergebracht war dieses Pferdchenumlaufspiel in einer Holzhütte, an deren Eingang die Aufschrift »Trabrennbahn« zu lesen war.

Ballwurfbude und Geschicklichkeitsspiel »Bomben auf Monte Carlo« der Familie Leitgeb, an der Vorderfront ist ein Zuckerlautomat angebracht, um 1940.

Kurze Zeit später baute Leitgeb ein ähnliches Geschicklichkeitsspiel, ein Zielwurfspiel mit dem zeitgeistigen Namen »Bomben auf Monte Carlo«.[198] Acht Flugzeugmodelle wurden mit einer Umlaufgeschwindigkeit von 12 Umdrehungen pro Minute über einem Spielfeld im Kreis bewegt. Jedes Flugzeug hatte eine Bombe an Bord, die durch Knopfdruck abgeworfen werden konnte. Das Spielfeld war in Sektoren unterteilt, wobei ein

Die Spiel- und Schießhalle der Familie Leitgeb, 1937.

Sektor als Ziel bestimmt war. Die Teilnehmer an diesem Spiel mußten versuchen, ihre Bombe möglichst über dem Ziel aus dem Flugzeug fallen zu lassen. Die besten zwei Spieler erhielten wiederum Warenpreise. Kinder waren von der Teilnahme an diesem Kriegsspiel ausdrücklich ausgeschlossen. Im Laufe der dreißiger Jahre errichtete Johann Leitgeb eine große Spiel- und Schießhalle[199], die in zwei Teile unterteilt war. In einem baute er das Pferdchenumlaufspiel ein, der zweite diente als Schießbude. Geschossen wurde auf verschiedene mechanisch bewegte Zielfiguren, wobei vor allem Kapselgewehre zur Verwendung kamen. Wenige Jahre später ersetzte Leitgeb das Trabrennspiel durch eine Wurfbude, das sogenannte »Schneeballwerfen«. Bei diesem Spiel war es das Ziel, mit Stoffbällen die Hüte von mechanisch bewegten Figuren zu treffen. Je mehr Hüte bei vier Versuchen getroffen werden, desto wertvoller war der ausgespielte Sachpreis.

Im Bereich seiner Unterhaltungsgeschäfte war Leitgeb der erste Schausteller, der im Böhmischen Prater eine Reihe von kleinen Spielautomaten anbot[200], die mittels Geldeinwurf betätigt wurden. Geldspielautomaten und Fingerschlaggeräte gehörten hier ebenso dazu wie Kraftmesser. Eine Kasperlfigur etwa konnte mechanisch so gelenkt werden, daß sie eine kleine Kugel balancierte. Ein anderer Automat wiederum bestand aus einem Krokodil, das mit dem Maul ein 10-Groschen-Stück auffangen sollte. Fünfzehn derartige Automaten besaß Leitgeb im Jahr 1936, für deren Unterbringung er im Unterbau seines Kettenfliegers eine Spielhalle errichtete.

Am Eingang seines Platzes hatte Leitgeb mehrere Kraftmesser und ähnliche Unterhaltungen aufgestellt. Die am meisten frequen-

Hans Leitgeb vor seiner Spielhalle, die im Unterbau des Kettenfliegers untergebracht war, 1938.

Der Watschenmann der Familie Leitgeb, diebstahlsicher an seinem Standplatz einbetoniert, stand nach dem Krieg im Wurstelprater, 1940.

tierte war mit Sicherheit der »Watschenmann«. Im Kopf einer Menschenfigur befand sich ein Mechanismus, der die Intensität eines Schlages in den Gesichtsbereich registrierte und diese an einer Skala anzeigte. Beim Lungenmeßgerät wiederum konnte die Lungenkapazität erfahren werden. Dieses Gerät bestand aus einem Glasröhrensystem, das mit blauer Flüssigkeit gefüllt war. Durch das Hineinblasen in einen Trichter bewegte sich die Flüssigkeit der Intensität der Lungenleistung entsprechend entlang einer mit Markierungen versehenen Ableseröhre. Schließlich besaß Leitgeb auch ein Elektrisiergerät, wie es bereits in den ersten Jahren des Böhmischen Praters aufgestellt gewesen war.

Auch »metaphysische« Schaustellungen sollten im Böhmischen Prater nicht zu kurz kommen, und so hatte Johann Leitgeb in seinem schaustellerischen Angebot auch einen Wahrsageapparat. Dieses Gerät war von ihm selbst gebaut und bestand aus zahlreichen Lämpchen, Metallteilen und Kabeln. Die Bestandteile bezog er von dem in der Fendigasse ansässigen Elektriker Franz Grosse, der als Gegenleistung eine kleine Werbetafel am Apparat anbringen durfte. Über die Funktion gibt die Aussage eines ehemaligen Praterbesuchers am besten Auskunft:

»Da war auch der Dreht-sich-bewegt-sich, der Wahrsager mit seinem Apparat. ›Abara kadabara, steigt in die Unterwelt, dreht sich im Kreis herum, prophezeit jedem die Zukunft, Gegenwart und Vergangenheit‹, hat er immer wieder geschrien. Dann sind Sie hingekommen, haben bezahlt, und dann hat es gerasselt und geläutet, geklingelt und gebrummt. Dann hat es gescheppert, und ein Zettel ist herausgekommen. Vorher haben Sie das Sternzeichen sagen müssen oder wann Sie geboren sind, und dann ist der Zettel herausgekommen, und da war ihre Zukunft draufgedruckt.«[201]

Die Anlage der Familie Leitgeb, 1940.

Ein vergleichbares Geschäft führte im Laufe der dreißiger Jahre auch Josef Gausterer. Die Konzession erhielt er für den »Vertrieb scherzhafter Prophezeiungen (Planeten)«.[202] Eine behördliche Auflage hatte er dabei zu berücksichtigen, nämlich, »daß der scherzhafte Charakter der durch den Planetenverkauf erfolgten Zukunftsdeutung auf eine jeden Zweifel ausschließende Weise zum Ausdrucke gebracht werden muß.«[202]

Gegenüber dem Platz von Johann Leitgeb führte bis Anfang der dreißiger Jahre der Schausteller Eduard Zickmund mehrere kleine Geschäfte.[203] Neben einer Ballwurfbude betrieb er eine Autorennbahn, ein Ring- und Plattenwerfen sowie einen Stereoskopautomaten. Über all diese Geschäfte sind jedoch ebensowenig konkrete Einzelheiten bekannt wie über die »exotischen Tierschauen«, die Zickmund bis Ende der zwanziger Jahre hier abhielt.

Gleich drei Schieß- und Wurfbuden besaßen die Geschwister Anna und Rudolf Rusniak.[204] Im Jahr 1934 bot sich für sie die Möglichkeit, eine von der Schaustellerin Therese Rosin aus Ottakring zum Verkauf angebotene Schießbude zu erwerben. Dabei handelte es sich um eine Pfeilschießstätte, die in einer 4 × 4 m großen Holzhütte untergebracht war. Geschossen wurde mit Pfeil und Bogen auf aus Stroh geflochtene Zielscheiben. Daneben war für Kinder eine kleine Pfeilschießbude eingerichtet, wobei jedoch keine spitzen Pfeile verwendet wurden, sondern solche, an deren Spitzen Gummisaugnäpfe angebracht waren.

Kurze Zeit später erwarb Anna Rusniak eine Bolzenschießstätte, an der mit 4-mm-Luft-

druckgewehren auf Zielscheiben und Glühbirnen geschossen wurde.
Die dritte Schießbude schließlich befand sich in einer transportablen Holzhütte von 7,5 × 8 m. Als Neuheiten fanden hier mehrere bislang noch nicht verwendete Zielgegenstände Einzug in das Angebot der Schießstätten im Böhmischen Prater. Beim Glühbirnenschießen etwa waren die Birnen an einer drehbaren Scheibe angebracht, wodurch ein Treffer ungleich schwerer zu erreichen war. Daneben waren Kunstblumen wie auch Luftballons als Zielgegenstände in Verwendung, wobei die Luftballons durch einen Ventilator bewegt werden konnten.
Ab etwa 1920 betrieb Franz Kummer auf seinem von der Familie Janak übernommenen Platz neben einem Karussell und mehreren Rundschaukeln ebenfalls eine mechanische Schießstätte.[205] Bei den Zielfiguren handelte es sich um mechanisch bewegbare Figuren, deren Mechanik im Falle eines Treffers ausgelöst wurde, wie ein ehemaliger Praterbesucher erzählte:
»Wo man geschossen hat in der Schießbude, da waren an der Wand schwarze Tafeln, nur einfache Tafeln. Und da waren Figuren, und, was mir besonders gut gefallen hat, in einer Ecke war eine Eisenbahn mit einem Tunnel, dann war eine schöne Brücke aufgebaut. Und wenn geschossen worden ist, ist die Eisenbahn gefahren. Und das war für mich ein Erlebnis, die Eisenbahn fahren lassen. Auf der anderen Seite der Schießbude war ein Bläser, der hat durch einen Luftblasbalg geblasen, und ein Trommler, der hat getrommelt. Wir Kinder sind hinten gestanden, meistens waren wir zu zweit, da haben wir schauen müssen, ob die Schützen getroffen haben. Da war so ein Loch, da haben wir rausgeschaut, wo der hinschießt. Und wenn er geschossen hat, hat man auf der Wand

Hans Leitgeb als Prophet: Der Wahrsageapparat, 1924.

gleich gesehen, wohin er getroffen hat. Dann haben wir den jeweiligen Gegenstand rennen lassen. Von Hand aus, der ist dann mit einem Steingewicht angetrieben worden. Wie das Steingewicht abgelaufen war, haben wir so eine Kurbel gehabt, den Stein wieder aufgekurbelt, und schon war es wieder betriebsbereit. Am schönsten war immer die Eisenbahn. (. . .) Die Eisenbahn hat man mit einem Federwerk aufziehen müssen, daß die gefahren ist. Oft hat auch jemand danebengeschossen, da hat trotzdem der Trommler zum Trommeln begonnen und der Trompeter zum Blasen oder die Eisenbahn . . ., das hat keine Rolle gespielt. Das hat auch den Schießbudenbesitzer nichts ausgemacht, der hat gesagt: ›Laßt's es rennen.‹«[206]

Um 1940 erweiterte Kummer seine Schießbude um einen 40 m^2 großen Holzbau, in dem er acht Geldspielautomaten, sogenannte »mechanische Geschicklichkeitsspiele«, aufstellte.

Eine kombinierte Schieß- und Ballwurfhalle betrieb ab dem Jahr 1925 Rosa Bonella.[207] In der Schießbude konnte mit Kapselgewehren oder Luftdruckgewehren auf hölzerne Schießbudenfiguren geschossen werden, die ebenfalls mechanisch bewegbar waren. Als Besonderheit besaß Bonella zwei mechanische Schießautomaten der Marken Elektra und Hubertus, wobei szenische Darstellungen einer Jagdpartie nachvollzogen wurden. Anfang der dreißiger Jahre gab Bonella jedoch ihre Schießgeschäfte ab und ersetzte sie durch eine vierschiffige Kinderschaukel.

Außer einigen kleinen Unterhaltungsautomaten hatte Otto Geißler wie Hans Leitgeb auch einen Kraftmesser aufgestellt.[208] Diesen baute Geißler nach dem Vorbild der besonders in Deutschland weitverbreiteten »Burenkanonen«. Er bestand aus einer Laufbahn mit zwei Schienen, auf der ein etwa 35 kg schweres, mit Rädern versehenes Gewicht durch Handkraft in Richtung eines Zielpunktes geschossen werden mußte. Am Ende der Bahn war ein Zündmechanismus angebracht, der einen Knall auslöste, wenn der Geschoßwagen das obere Ende der Bahn erreicht hatte. Warenpreise wurden bei dieser Unterhaltung nicht ausgespielt, als Preis für einen erfolgreichen Schußversuch galt allein die Genugtuung, vor Publikum möglichst große Kraft bewiesen zu haben.

Auch eine Ringwurfanlage[209] besaß Otto Geißler. Diese befand sich um einen kleinen künstlichen Teich von etwa 2 m Durchmesser, auf dem hölzerne Entenfiguren im Kreis trieben. Mit Holzringen mußten die Werfer versuchen, eine der Enten zu treffen. Als Preise waren kleine Puppen, Fähnchen und ähnliche Spielsachen zu gewinnen. Bei besonders vielen Treffern war es auch möglich, eine Roßkopf-Uhr einzuspielen, was jedoch nur äußerst selten vorkam.

Schließlich führte auch Otto Wilfert eine Reihe an Schieß-, Wurf- und Geschicklichkeitsspielen.[210] Zu Beginn seiner Tätigkeit im Böhmischen Prater betrieb er eine kleine Ballwurfbude sowie ein Ring- und Platten-

Zylinder herunter, ein Wurfspiel der Familie Leitgeb, 1939.

werfen. Bald darauf errichtete er eine Bolzenschießstätte, der eine fahrbare Schießbude folgte. Diese war im aufgebauten Zustand 7 m lang, 6 m breit und 3,6 m hoch. Der Scheibenraum war im Wagen untergebracht und befand sich an dessen Querseite. An beiden Seiten des Scheibenraumes konnten Querblenden angebracht werden. Schließlich war die ganze Anlage mit einer Plache abzudecken. Geschossen wurde mit Haenel-Luftdruckgewehren mit 4,5 mm Kaliber auf Zielscheiben, mechanisch bewegte Figuren, Glühlampen und Tonröhrchen. Dieser Schießbudenwagen war bis 1942 in Betrieb, bis er im Zuge der Requirierungsmaßnahmen eingezogen wurde.

Neben den Wurf- und Schießgeschäften besaß die Familie Wilfert auch mehrere Warenausspielungsgeschäfte[211], so etwa einen »Schnürlzug«. Gegen einen geringen Geldeinsatz konnte aus einem Bündel von Schnüren eine Schnur ausgewählt werden, in der Hoffnung, daß sich am anderen Ende der Schnur ein Gewinn und keine Niete befand. Als Preise waren vor allem Spielwaren vorgesehen.

Wesentlich größer als der Schnürlzug war ein zweites derartiges Ausspielungsgeschäft, die »Waren-Uhr«. Dieses Spiel in der Art eines Glückshafens bestand aus drei Scheiben, die an der Wand einer Holzbude angebracht waren. Die Scheiben, auf denen mehrere Sektoren mit Zahlen aufgemalt waren, konnten in Drehung versetzt werden, und die nach Stillstand der Scheiben ablesbare Zahlenkombination war nun ausschlaggebend für einen etwaigen Gewinn. Als Preise gab es Teddybären in verschiedenen Größen. Als Hauptpreis wartete »Der Teddy Bär mit den leuchtenden Augen«, wie er an der Werbetafel angepriesen wurde, ein etwa zwei Meter großer Stoffbär. Leuchtende Augen dürften wohl auch jene Kinder bekommen haben, die das Glück hatten, einen solchen Bären zu gewinnen.

Neben den Fahrgeschäften, den Wurf-, Schieß- und Geschicklichkeitsunterhaltungen ist noch eine Kategorie von Unterhaltungsgeschäften zu nennen, die historisch gesehen zu den bedeutendsten Schaustellergeschäften zählten, im Laufe des 20. Jahrhunderts jedoch immer mehr in den Hintergrund traten – die Schaugeschäfte. Der im heutigen Sprachgebrauch verbreitete Ausdruck »Show« kann hier durchaus als adäquate Umschreibung verwendet werden, denn Shows im Sinn der englischen Music-Hall-Unterhaltung waren hier ebenso vertreten wie die Darbietung von Tierdressuren, Artisten, Kettensprengern usw. Mehrere Veranstaltungsorte befanden sich im Böhmischen Prater, wobei den wichtigsten wohl die Schauspielhütte des Otto Wilfert darstellte.[212] Diese wurde im Jahr 1925 errichtet »zur Abhaltung von Soloszenen, Bauchrednerkunststücken, Kunst- und Naturseltenheiten«, wie es im Bescheid zur Konzession hieß. Präsentiert wurden hier Darbietungen von Schauspielgruppen und Einzelinterpreten, von Degen- und Feuerschluckern, Artisten, Memokünstlern und auch von mißgebildeten Menschen. Die hier auftretenden Künstler wurden in der Regel für mehrere Wochen engagiert, selten fanden die Gastspiele über eine längere Zeitspanne statt. Der jeweilige Inhalt der einzelnen Programme, die aufgeführt wurden, mußte im vorhinein »behufs Genehmigung dem Polizeikommissariat zur Kenntnis« gebracht werden, wobei Programmpunkte »anstößigen Inhalts« ausdrücklich untersagt waren.

Die Schauspielhütte Otto Wilferts wies einen Fassungsraum für 70 Personen auf, wobei 40 Sitzplätze und 30 Stehplätze zur Verfügung standen. Die Dauer der Einzelveranstaltungen war behördlich limitiert und durfte 20

Der Teddy mit den Leuchtaugen wartete als Gewinn der »Waren-Uhr« der Familie Wilfert, 1926.

Minuten nicht übersteigen. Zwischen den einzelnen Programmpunkten waren Pausen von mindestens 10 Minuten vorgesehen, die zur ausgiebigen Lüftung des Zuschauerraumes zu verwenden waren. Das Ende der letzten Vorstellung war mit 20 Uhr anzuberaumen.

Auch der Schausteller Rudolf Wendl versuchte, im Bereich des Schaugeschäfts tätig zu werden, indem er auf seinem Platz hinter dem Pferdekarussell einen Boxring errichtete[213]. Hier veranstaltete er Box- und Ringerwettkämpfe sowie Schaukämpfe mit Publikumsbeteiligung, wobei sich Männer aus dem Publikum melden konnten, um zu versuchen, einen Boxer oder Ringer niederzuschlagen. Wenn dies gelang, konnte der Herausforderer mit einer Geldprämie rechnen. Ein weiterer Boxring befand sich im Garten des Gasthauses Pintarich.[214]

Zum Abschluß der Unterhaltungsgeschäfte noch zu einer Form der Schaugeschäfte, die Sonntag für Sonntag von Hunderten Kindern frequentiert wurden, dem Kasperl- und Marionettentheater, das vom Beginn des Böhmischen Praters an einen festen Bestandteil des Praterangebots darstellte.

Im Anschluß an seine Schauspielhütte führte Otto Wilfert ein kleines Kasperltheater mit einem Fassungsraum für etwa 70 Zuschauer.[215] Auch am Platz von Otto Geißler betrieb eine Puppenspielerfamilie an Sonntagen ein Kasperltheater[216], wobei die Aufführungen im Freien stattfanden. 70 bis 80 Kinder fanden hier auf Bänken Platz. Die Spielanlage befand sich hinter Holzplanken.

Johann Leitgeb schließlich führte sein Kasperltheater im Böhmischen Prater als eine Art Außenstelle eines größeren Puppentheaters, denn unweit des Laaer Waldes besaß er gemeinsam mit seinem Bruder Max Leitgeb eine feste Spielstätte für Puppentheatervorführungen.[217] Dieses Theater war in einem adaptierten Lokal eines Zinshauses in der Quellenstraße untergebracht, wobei hier täglich Kasperltheatervorführungen stattfanden, die von den Kindern dieses Bezirksteils häufig besucht wurden. Das Puppentheater bildete neben den Schaustellungen im Böhmischen Prater eine zweite bedeutende Produktionsmöglichkeit der Familie Leitgeb. Außer im erwähnten Kasperltheater in Favoriten fand Leitgeb schließlich auch die Möglichkeit, in Baden bei Wien Vorführungen abzuhalten. Gemeinsam mit einem Kompagnon eröffnete er dort sein »Märchentheater«, das im Sommer im Doblhoffpark und im Winter in einem gemieteten Haus in der Wassergasse Puppentheatervorführungen zeigte.

KRACHERL, RETTICH & DIABOLO

Nicht nur Gasthäuser und Schaustellergeschäfte bestimmten das Bild des Böhmischen Praters; wie auf allen Rummelplätzen fehlten auch hier die kleinen Imbißbuden und Verkaufsstände nicht. Und wenn auch die Besucher durchwegs nicht zu den vermögenden Menschen gehörten, so stellte ein Praterbesuch jene Zeit dar, die im scharfen Kontrast zur gesamten Arbeitswoche die Möglichkeit bot, sich einen, wenn auch nur bescheidenen, Luxus leisten zu können. Nicht zuletzt bot ein Praterbesuch im besonderen für Arbeiterkinder jenes Sonntagsvergnügen, das über die Entbehrungen des täglichen Lebens einigermaßen hinwegtrösten konnte, wie eine Zeitzeugin, die ihre Kindheit auf der »Kreta«[218] verbrachte, berichtete:

»Ich bin geboren auf der Kreta, bin also ein richtiges Kretakind, da war der Laaerberg unser Eldorado. Wir haben ja kein Fahrgeld gehabt, daß wir auf die Alte Donau fahren hätten können, nicht nur ich, alle Kinder. Oder daß wir in irgendein Bad gehen hätten können. Die Mutter hat einen Kaffee mitgenommen für die Kinder, und der Vater ist ins Wirtshaus gegangen, das war das Vergnügen für die armen Leut'.

Schnurspringen hat es für uns gegeben, auf der Gasse in der Quellenstraße, Diabolo spielen, wir waren eine ganze Schar von Kindern. Wir sind alle rauf auf den Laaerberg an einem Sonntag, wir haben ja sonst nichts gehabt.

Ich bin immer in den Prater gegangen, da war ein Herr, der hat mich schon gekannt, dem hab' ich eine Jause geholt, und dafür hab' ich einmal umsonst fahren dürfen. So war unsere Jugend, wir haben nicht ins Volle greifen können, das hat's bei uns zu Haus' nicht gegeben. Wie wir happich waren auf das Kukuruzbrot, das es ja gegeben hat.

Zuckerl hab' ich normal nicht gekriegt. Ich bin immer für die Hausparteien einkaufen gegangen, da hab' ich zehn Groschen bekommen, die hab' ich gespart, daß ich mir ab und zu was hab' kaufen können. Zu Hause hat die Mutter so große Zuckerhüte gehabt im Kastl, da hab' ich mir ab und zu ein Stück runtergebrochen, da hat's dann Watschen gegeben, weil das ja der Mutter wieder abgegangen ist. Und der Böhmische Prater, das war damals unser Eldorado . . .«[219]

Ähnlich äußerte sich auch ein Zeitzeuge, der als Jugendlicher die meisten Sonntage im Böhmischen Prater verbrachte:

»Da hat's früher so Verkäufer gegeben mit

Alois Wunderl vor seinem Buffet, um 1938.

Bauchläden, die haben alles mögliche verkauft. Pfeiferln und alles mögliche. Da hat es auch die Gebäckbuben gegeben, die haben das Gebäck in einem Körberl gehabt und haben verkauft. Salzgurkerl hat es auch gegeben, da ist einer gestanden, der hat ein Faßl gehabt, dann hat es so kandierte Früchte gegeben, ein Apferl oder so, das war natürlich eine Seligkeit, auch für die Alten, auch auf einem Bauchladen . . . Jeder hat mit jedem Groschen gerechnet.«[220]

Handelte es sich bei den ersten Kleinverschleißern durchwegs um ambulante Händler, die maximal einen kleinen Holzverschlag als Verkaufsstand besaßen, so gingen manche um die Jahrhundertwende daran, größere Verkaufshütten zu errichten. Während der Zwischenkriegszeit schließlich wurden mehrere dieser hölzernen Verkaufsbuden erweitert, in manchen Fällen bis zur Größe eines üblichen Greißlergeschäfts. Und vielfach entsprach auch das hier vorhandene Warenangebot dem einer Greißlerei. Neben Brot und Milch waren es vor allem Getränke wie Bier und Kracherl, Sodawasser und Wein. Dazu kamen Süßigkeiten wie Schokoladeriegel, Zuckerl, Speiseeis oder gesponnener Zucker.

Den größten derartigen Verkaufsladen führte Alois Wunderl.[221] Sein Vater besaß in der Absberggasse eine Greißlerei, die er während der Woche gemeinsam mit seinem Sohn betrieb. An Wochenenden führte Wunderl im Böhmischen Prater sein Buffet, wobei das Warenangebot sehr umfangreich war. Verschiedene Wurstsorten konnte man hier ebenso kaufen wie Milchprodukte, Joghurt, Fru-Fru (saure Milch mit Marmelade), Kaffee, Kakao sowie Vollmilch, geliefert von der Firma Miag. Liesinger Bier und Gasteiner Mineralwasser, Bensdorp-Schokolade und Gebäck der Firma Anker ergänzten das Angebot Wunderls. Besonders für Kinder galt das selbsterzeugte »Gefrorene« neben den gängigen Stollwerck-Zuckerln (Karamell-Bonbons) als Höhepunkt des Warenangebots.

Ein ähnliches Buffet besaß Amalia Schwarz[222], wobei ebenfalls vorwiegend Milchprodukte, Eis, Schokolade sowie Zuckerl und auch alkoholfreie Getränke verkauft wurden. Frau Schwarz führte ihren Buffetbetrieb gemeinsam mit ihrem Mann, der während der Woche als Bäcker bei der Firma Anker arbeitete und nur an Wochenenden im Böhmischen Prater aushalf.

Schließlich ist als dritte derartige Greißlerei das Buffet und Lebensmittelgeschäft der Christine Jambor zu nennen[223], das ab dem Jahr 1914 hier geöffnet hatte. Jambor führte neben den obligatorischen Pratersüßigkeiten auch zahlreiche Lebensmittel des täglichen Bedarfs wie Brot, Mehl, Eier usw., wobei dieses Lebensmittelgeschäft nicht nur für die Pratergäste als Buffet diente, sondern auch eine wichtige Rolle für die Nahversorgung der im Böhmischen Prater sowie in der Umgebung lebenden Familien spielte.

Neben den genannten Buffetbetrieben gab es nach wie vor eine Reihe von kleineren Verkaufshütten und Kiosken, wobei das Angebot äußerst vielfältig war. Es umfaßte neben Obst und Bäckereiwaren auch die sogenannten Galanteriewaren, also die gerade für die Rummelplätze so typischen kleinen Erinnerungsstücke, Papierrosen, Fähnchen, Stofftiere sowie andere Spielwaren.

Ab dem Jahr 1913 führte Anton Hanak eine derartige Verkaufshütte für Galanteriewaren aller Art.[224] Als besondere Attraktion bot er »Die Katze im Sack« zum Verkauf an, den späteren Wundertüten ähnlich, wobei er eine Reihe von kleinen Spielsachen in Zeitungspapier wickelte und in einem Korb dem Publikum präsentierte. Gegen einen geringen Geldbetrag konnte man eine »Katze im Sack« kaufen, wobei man natürlich nicht genau wußte, was man nun kaufte, aber genau darin lag wohl der Reiz. Neben der »Katze im Sack« verkaufte Hanak unter anderem auch kleine Imbisse wie etwa Salzgurken, Rettich usw.

Auch im Rahmen von Schaustellergeschäften konnten Verkaufsstände errichtet werden, wie etwa bei Maria Geißler, die eine Sodawasserhütte betrieb[225], wo sie auch Kracherl und Kanditen verkaufte.

Wie sehr gerade in diesem Bereich Improvisationen möglich waren, zeigt folgende Geschichte:

»Da hinten beim Hydranten, da ist immer ein altes Mutterl gesessen, eine alte Frau, die Wasser verkauft hat. Eigentlich hat sie es nicht verkauft, sondern so ausgegeben. Bei der Wasserleitung hat sie einen Sessel stehen gehabt. Da ist sie gesessen und hat mehrere Gläser gehabt, wo sie das Leitungswasser drinnen gehabt hat. Verlangt hat sie für das Wasser nichts, das hätt' sie auch nicht können, aber sie hat gesagt: ›Eine kleine Spende, bitte‹, und so ähnlich. Damit hat sie auch immer ein paar Groschen verdient.«[226]

1925 – EIN SONNTAGSSPAZIERGANG

Nach dieser ausführlichen Auflistung jener Vergnügungsgeschäfte und Attraktionen, die während der Zwischenkriegszeit im Böhmischen Prater aufgestellt waren, soll eine zeitgenössische Schilderung des Praterlebens nicht fehlen. Hier bietet sich ein Zeitungsartikel aus dem Jahr 1925 an, in dem der Autor versucht, die Erfahrungen eines Sonntagsspazierganges am Laaerberg darzulegen:

»Der neue Wurstelprater am Laaer Wald. Momentbilder von der Peripherie.

Der Wurstelprater von heute ist nicht mehr der Prater von einst, er hat seine Physiognomie gewechselt und alle Schlacken der Friedensatmosphäre abgestreift. Er ist vielleicht nicht schöner, aber moderner geworden. Von der billigen Seligkeit des Calafatti-Rummels und der synkopenlosen ›Fünfkreuzertanzperiode‹ bis zum Pariser Wunderschatten und zur Shimmytreppe liegen zehn Jahre. In dieser Zeit hat sich der Prater amerikanisiert. Er arbeitet nicht mehr mit Wiener Gemütlichkeit, die längst im Preis unter pari steht, sondern mit technischen Finessen, verblüffenden Novitäten und Sensationen, mit dem Zucker der Aktualität bestreut. Denn auch das Praterpublikum hat seine vorkriegszeitliche Anspruchslosigkeit abgelegt und verlangt mit Recht, daß sich die Wirkungen eines an Neuheiten und Erfindungen reichen Dezenniums in seinem sonntäglichen Vergnügungsprogramm widerspiegeln.

Aber der alte Wurstelprater mit dem Zauber seiner ursprünglich-naiven Romantik hat eine Art Auferstehung gefunden, und zwar zwischen dem X. und XI. Bezirk, dessen Bewohner ihn bereits kennen, lieben und – besuchen. Für die übrigen Bezirke muß er allerdings erst entdeckt werden.

Der beste Wegweiser ist der Menschenstrom, der an Sonntagen die breite Landstraße vom 6er-Wagen zur Höhe pilgert. Die Straße führt in Serpentinen bis zum Rande des Laaer Waldes, an dessen Fuße sich eine Schrebergartenkolonie ausbreitet, die den Ruf genießt, die schönste von Wien zu sein. Tatsächlich – ungeachtet des Protests der Schrebergärtner anderer Bezirke, muß ich es zugeben – bietet diese Anlage ein Musterbild an Schönheit und kultivierter Instandhaltung. Die ideale Auffassung ihrer Betätigung beweist der Umstand, daß diese Schollenbewohner nur wenig Obst und Gemüse pflanzen, und die Blumenzucht in allen Spielarten das Ziel ihrer diesjährigen Erntehoffnungen ist.

Schon am Anfang des Waldes weht der Wind zerstreute Klänge in die Ohren der sich langsam heranwälzenden Scharen. Die stöhnenden Werkel der Karussells, die freistehenden Orchestrions und die Tanzmusik aus den Wirtshausgärten vermischt sich mit der knallenden Melodie der Schießbuden und den knarrenden Geräuschen der Ringelspielmechanik. Da ist alles wie im Wurstelprater. Man glaubt in Wien II. und nicht in Wien X. zu sein. Da liegt eine kleine Siedlung, die sich bemüht, für das Unterhaltungsbedürfnis der Vorstadt bestens zu sorgen und die keinen anderen Ehrgeiz hat, als der Vergnügungspark des kleinen Mannes zu sein. Der ›neue Prater‹ besteht aus einer langen Straße, die mit einer Tabaktrafik beginnt und mit einem Zaubertheater endet. An den Seiten rechts und links liegen die Buden. Da ist eine Schaukel, ein Hypodrom und ein Karussell, von allen Dreh-, Reit- und Schaukelsüchtigen bestens frequentiert. Das Ringwerfen und das Fischfangspiel trägt dem Verlangen des sportlustigen Publikums Rechnung. Eine Schießbude, an der ich als überzeugter Pazifist vorübergehe, findet großen Zuspruch.

Und dann kommt man zum Zaubertheater. Der Prater-Terminus-technicus heißt Tingel-Tangel oder Weltschau. Hier ist die Phraseologie einfacher. Im Zaubertheater produziert sich, wie handgemalte Plakate verkünden, ein Illusionist, eine Wildwesttruppe und als große Attraktion ein Schwertschlucker. Als Freund dieses kulinarischen Unikums nehme ich mir einen Sitzplatz um 40 Groschen. Die Wildwesttruppe und den Illusionisten habe ich schon versäumt, aber der hungrige Stahlkonsument sitzt gerade bei der Mahlzeit. Ich komme noch zum Dessert (zwei kleinen Taschenmessern) zurecht. Gegenüber der Schaubude befindet sich das ›Riesenrad‹, das mit seinem Praterkollegen nur weitschichtig verwandt zu sein scheint und sich bereits zum Wahrzeichen des ›Pseudopraters am Laaer Wald‹ aufgeschwungen hat. Zwischen den einzelnen Belustigungsstätten liegen fünf Gasthäuser, deren feuchtfröhlicher Gastronomie sich das Sonntagspublikum gern anvertraut. Sie sind bestens eingerichtet mit Vorgarten, Musik und Kegelbahnen, beim populären ›Staudacher‹ gibt es sogar einen Lautsprecher, der die Konzerte Radio Wiens auch auf den Laaerberg verpflanzt. Zwei Tanzbuden (Walzer vorherrschend) sind den Restaurationsbetrieben angegliedert.

Am Ende der Straße liegt der Wald, ein echter Ausflugswald, unter dessen schattigen Baumkronen sich ganze Familien nach getaner Mahlzeit dem Frieden des Sonntags hingeben. Die Kinder wälzen sich im dichten Gras und erproben die Festigkeit der Äste in langwierigen Kletterpartien. Tiefer im Gebüsch träumt ein Liebespaar einen Roman, dessen dramatischer Hintergrund diesmal nicht der Wiener-, sondern der Laaer Wald ist. Von der Lichtung aus sieht man die Lobau, das Elektrizitätswerk und den Zen-

Ein beliebtes Ziel von Spaziergängen: Der Laaerwald, Blick gegen Simmering, 1925.

tralfriedhof mit seiner Anzahl von Gräbern und Kreuzen.
Ein gefälliger Budenbesitzer, der sich mit Cicerone attachiert hat, gibt einige interessante Daten über das Alter und Gedeihen der Anlage. Dieser Konkurrenzprater ist eigentlich schon vierzig Jahre alt, hat aber erst in den letzten Jahren Wasser und Licht bekommen und nimmt jetzt einen großen Aufschwung. An schönen Sonntagen stellen sich oft über 20 000 Besucher ein, an Wochentagen allerdings, wo sich das zahlungskräftige Publikum in den Fabriken und Werkstätten befindet, ist der Betrieb minimal. Leider, klagt er, versagt die Gemeinde Wien der Siedlung noch immer die Erfüllung einiger dringlicher Wünsche. So müßten die Zufahrtsstraßen ausgebessert werden und ein städtischer Spritzwagen für die Bestrahlung der Anlage sorgen. Hoffentlich verleiht der Magistrat dem ›neuen Prater‹ seine Förderung, die er als Erholungsstätte der umliegenden Bezirke verdient.«[227]

DIE KLEINEN HELFER – KINDERARBEIT AM LAAERBERG

Wie aus dem Gesagten schon zu erkennen ist, stellte ein Besuch des Böhmischen Praters für die Arbeiterfamilien aus Favoriten und Simmering keineswegs eine Selbstverständlichkeit dar. Das Geld war knapp und mußte in erster Linie für Nahrung, Kleidung und Miete aufgebracht werden. Für den Luxus eines Praterbesuches blieb oft nichts mehr über. Viele Kinder versuchten deshalb, selbst zu etwas Geld zu kommen, um sich die eine oder andere Pratervergnügung leisten zu können. So etwa Anna E., die als siebenjähriges Kind eine Möglichkeit fand, einige Groschen zu verdienen:

»Das ist uns selber eingefallen. Wir sind in die Kornfelder gegangen, haben uns Bandeln genommen und sind runtergegangen. Da hast du Kornblumen, Mohnblumen und Gänseblumen gesehen. Da haben wir Büscherln gemacht und sind von einem Geschäft zum anderen gegangen, jeder so ein Büscherl in der Schürze, und da sind wir gerannt. Aber wir haben alle angebracht. Und voller Freude haben wir uns zusammengetan, ›gehen wir am Vormittag auf den Laaerberg rauf!‹ Da war eine Familienschaukel . . ., jetzt haben wir uns da gehutscht, 5 Groschen hat das gekostet. Da ist noch was geblieben. Da unten haben wir uns noch so einen Ball gekauft, mit einem Gummibanderl und innen mit Sägespänen gefüllt. Da haben wir uns eine schöne Farbe ausgesucht, der Ball war mit Seidenpapier umhüllt.«[228]

Der Laaerberg stellte für die Kinder aus den dichtverbauten Arbeiterbezirken nicht nur einen überdimensional großen Spielplatz dar, der sich nur allzu deutlich von der Enge der Zinshauswohnungen und Hinterhöfe abhob, sondern er bot auch die Möglichkeit, durch mehr oder weniger anstrengende Hilfsarbeiten in Schaustellerbetrieben etwas Geld zu verdienen. Arbeiten, die ohne qualifizierte Hilfskräfte bewerkstelligt werden konnten, gaben den Kindern ein weites Beschäftigungsfeld. Zudem konnten die Unternehmer durch die Beschäftigung von Kindern Lohnkosten einsparen, die für Erwachsene gezahlt hätten werden müssen.

Die bei weitem verbreitetste Tätigkeit für Kinder und Jugendliche war das Antreiben der Karussells. Wie bereits festgestellt, erfolgte der Antrieb der Ringelspiele, sowohl der Bodenkarussels als auch der Kettenflieger, bis in die dreißiger Jahre fast ausschließlich händisch. Obwohl der elektrische Strom im Böhmischen Prater bereits im Jahr 1926 eingeleitet worden war, fand die Umstellung der Karussells von händischem zu elektrischem Antrieb sehr zaghaft statt. Zum einen bestand hier kein Mangel an Hilfskräften, zum anderen war der manuelle Antrieb bedeutend billiger als der elektrische. Erst die größeren Fahrgeschäfte wie etwa die Raupe oder später die Kettenflieger zeigten die Grenzen der Kinderarbeitskraft auf. Diese Geschäfte waren durch Kinder nicht mehr zu betreiben, weshalb sich Elektromotoren als Antrieb aufdrängten.

Karl K. war eines von vielen Kindern, das hier am Laaerberg an Sonntagen die gebotene Verdienstmöglichkeit nutzte:

»Das ist alles mit Kindern in Bewegung gesetzt worden. Die großen Ringelspiele, die waren auf einer Grube drauf, oben war diese Plattform, wo diese Geräte und Tiere und alles drauf war, und unten in der Grube, in der Grube hat das geheißen, waren Querbalken. Ich hab mir das immer vorgestellt, damals hat man ja schon versucht, ins Kino zu gehen, das war wie ein Sklavending, finster war das unten. Der Eingang ist über die Kassa zum Werkel gegangen, also wo er seine Orgel aufgestellt gehabt hat. Da ist man runtergegangen. Es ist immer kontrolliert worden, wer runtergeht, wer raufgeht. Beim Eingang unten, wo's finster wird, ist eine Kerzenlaterne gehängt, da hat man gewußt, da war alles stockfinster drinnen. Wenn der nun mit dem Werkel angefangen hat zu spielen oder gepfiffen hat, hat man halt zum Drehen angefangen, bis der Pfiff wieder gekommen ist – Stehenbleiben. Und da war ein Bremser unten, das war schon ein begehrter Posten, der hat einen langen Balken in der Hand gehabt, wenn der angezogen hat, hat sich das andere Ende an die Wand gerieben, und so, mit dem Schleifen, hat man das Ringelspiel wieder aufgehalten, das war der Bremser. (. . .) Das Bremsen, das war ausgemacht unter den Kindern, die runtergekommen sind, oder den Jugendlichen, das war ein Posten, der immer besetzt war, immer wieder weitergegeben worden ist, also sagen wir, den man nicht gekriegt hat. Das Problem am Laaerberg war so: ein Geschäft hat man immer gehabt, also wenn nicht anders, in der Grube zum Anschieben haben s' dich immer genommen. Die Bezahlung war nicht ausgemacht, du bist einfach raufgekommen, der hat dir halt dann, ich weiß nicht mehr, wie's war, ein paar Groschen in die Hand gedrückt, und dann bist du wieder gegangen. Das war mehr oder weniger ein Taschengeld, das war nicht viel mehr.«[229]

Auch Herr Karl M. war während seiner Kindheit unter anderem auch als Ringelspielantreiber tätig:

»Zuerst sind Burschen da unten gelaufen und haben angetaucht, haben das Werkl in Betrieb gesetzt, fünf, sechs Burschen haben das angetaucht. Dann haben sie sich raufgesetzt auf den Querbalken und sind mitgefahren. Wie der erste Krieg aus war, haben sie dann mit einem Benzinmotor angefangen, das in Bewegung zu setzen. Der Benzinmotor war ja ganz wüst, da wären s hin geworden [gestorben]. Der ist da drinnen gestanden, der hat gestunken, das war nichts. Erst später ist dann der Strom aufgekommen. (. . .) An einem schönen Sonntag, Leute sind schon oben gewesen, da sagt der Ringelspielbesitzer: ›Jetzt sperren wir auf, es sind schon genug Leute da‹, und zwei der Burschen hat er auch schon gesehen. Da hat er gedacht, die werden schon in der Grube sein. Da läutet er auf der Glocke und ruft: ›Fertig, fahr' ma‹, doch

Für Generationen von Kindern bot sich am Laaerberg die Möglichkeit, der Enge der Zinshäuser zu entfliehen, zudem konnte man bei den Schaustellern ein wenig Geld verdienen, um 1915.

es rührt sich nichts. Da läutet er noch einmal, es rührt sich wieder nichts. Daraufhin geht er runter über die Stiegen, ist keiner da, aber . . ., ein Haufen Dreck mit Papierln ist dort gewesen, sonst nichts. Die Burschen waren weg, weil sie haben eine Lohnerhöhung haben wollen. Aus Protest haben sie das dann da gemacht. Ist ihm nichts anderes übergeblieben, jetzt hat er sich auf die Straße stellen müssen und Buben anreden, Burschen, stärkere, denen hat er gut zahlen müssen, bis das wieder ins Laufen gekommen ist mit den anderen, daß er wieder fahren hat können. Die haben ihn hängenlassen, das hat ihn mehr gekostet, als wenn er bis zum Herbst mehr gegeben hätte. Wochentags sind sie ja nicht gefahren mit den Ringelspielen, die sind nur am Wochenende gefahren, weil die Leute, die hätten s' ja nicht bezahlen können, die paar Leut', die unter der Woche gekommen sind. Und meistens waren das immer die gleichen Burschen, die angetrieben haben. Wenn einer ausgefallen ist, haben sie bald wieder einen neuen gefunden . . .«[230]

Im Unterschied zu den Scheibenkarussells befand sich der Antrieb der Kettenfliegerkarussells nicht im Unterbau des Ringelspiels, sondern an der oberen Auslegerscheibe am Dach des Fliegers. Hier liefen die Kinder auf einer Rundbahn am Rand der Auslegerscheibe im Kreis und bewegten die Antriebsquerbalken dadurch, daß sie diese vor sich herschoben:

»Die Ringelspiele sind alle von uns Buben gedreht worden. Da sind wir Sonntag vormittag raufgelaufen, da sind wir oben herum . . ., haben Ringelspiel gedreht. Da hat es ein paar Groschen gegeben. Da sind wir oben gelaufen, und wenn's jetzt schon zwölf Uhr war, da hat er uns nicht nach Haus' gehen lassen wollen. Wir haben aber müssen nach Haus' gehen, sonst haben wir Schläg' gekriegt von der Mutter, nichts zu Essen gekriegt. Mit viel Weinen hat er uns dann zwan-

zig Groschen gegeben, und wir sind nach Haus' gelaufen. Und die nächsten haben wieder gewartet, daß sie ein paar Groschen gekriegt haben . . .«[231]

»Die Scherberl [Geschirr] sind oben gehängt, an einem Mast. Der Mast hat sich gedreht. Von dem Mast sind die Streben weggegangen, da ist so eine Verschalung runtergegangen wie bei einem Regenschirm. Man hat nicht raufgesehen. Und da droben war ein Brett, und da sind wir gelaufen, ganz oben. Das war aber im Vergleich zur Grube sehr schön, weil man praktisch an der Luft war, weil man runtergesehen hat, man konnte runterschauen. Das war sehr beliebt, da waren nur fünf bis sechs Buben . . ., und es waren immer nur Buben, Mädchen waren nie . . ., hat man nie mitgenommen. Mädchen sind nie mit den Buben gegangen, also die haben wir nicht dabeigehabt. Na ja, das war ein bisserl laufen, die ganze Gruppe, fünf bis sechs Buben. Natürlich waren auch einige, die ständig gekommen sind, die hat der schon gekannt, und dann sind einige dazugekommen, also das war sehr beliebt. Die Grube ist dann übergeblieben. Da haben mindestens zehn unten sein müssen, daß sie es drehen haben können. Zehn, fünfzehn, bis zu zwanzig Buben in der Grube. Und das ist bis in die Nacht rein gegangen, wenn sie geblieben sind, wenn sie nicht haben nach Hause gehen müssen. Und dann sind größere gekommen, dann am Abend. Größere Buben, größere Jugendliche, die das dann übernommen haben und sich was verdient haben.«[232]

Neben den Ringelspielen boten auch viele andere Schaustellergeschäfte für Buben Verdienstmöglichkeiten. Es wurde bereits die Bedienung einer Schießbude genannt, daneben gab es zahlreiche weitere Möglichkeiten, wie etwa das »Propagandaschaukeln«, von dem Alois B. erzählte:

»Ich war schon bekannt am Laaerberg. Wenn die Rundschaukel zum Beispiel gestanden ist, hat mich der Besitzer gerufen: ›Lois, komm her!‹, bin ich reingestiegen und hab' propagandageschaukelt. Und die Leute sind schon stehengeblieben, und ich hab' das raufgezogen, bis oben, und wieder retour . . ., und die Leut' haben geschaut, da warst du eh angehängt unten mit einem Fuß, hab' ich den Fuß noch gehoben, daß es noch dramatischer ausschaut, und bald hat einer gesagt: ›Das probier' ich auch‹, und die Schaukel ist schon wieder ein bißl gerennt . . .«[233]

Auch als Kegelbub konnte man bei einem Gastwirt Hilfsdienste verrichten. Seine Aufgabe bestand darin, nach jedem Schub die Kegel wieder aufzustellen:

»Kegelbahn war eine harte Arbeit, das war weniger beliebt. Das Kegelaufsetzen ist natürlich auch bis spät in die Nacht gegangen und war nicht leicht. Immer die Kegel so zusammenholen, bücken, aufsetzen, wieder rennen . . . Da waren auch schon die größeren Buben drauf. Die waren schon 14, 15, 16 Jahre alt, und wenn einer gewonnen hat, da hat es geheißen: ›Für den Kegelbuben ein Krügel Bier!‹ Da haben s' ja um Bier gekegelt, da hat's auch für den Kegelbuben ein Bier gegeben.«[234]

Da viele Kinder einen großen Teil ihrer Kindheit am Laaerberg verbrachten, war es klar, daß sie mit den angebotenen Geschäften bestens vertraut waren. Natürlich lag es nahe, dieses Wissen auch auszunützen, besonders im Bereich der Spielautomaten, wie Herr Karl M. schilderte:

»Da haben sie so Geldspieler gehabt, so kleine, da haben die Kinder ab 16 Jahren spielen dürfen. Da hat man zwei Zehngroschenstücke reingeworfen, die sind dann runtergelaufen. Ich hab's schon gewußt, weil ich ein Bodenständiger war, ich hab' meistens gewonnen. Den Nagel angehalten,

ganz einfach, jetzt hab' ich 10 Groschen reingeworfen, Nagel angehalten, gezupft, auf Anschlag, da fehlen noch zwei Zentimeter, Nagel weiter runtergegeben, und schon sind 30 Groschen rausgekommen. So sind wir zu unserem Schokoladegeld gekommen, wie wir Buben waren.

Neben dem Kasperltheater, da war einer, der hat immer ziemlich viel getrunken, wie er im Geschäft gestanden ist. Der ist zum Wirt rübergegangen, und hat das Geschäft offengelassen. Der hat so einen kleinen Automaten gehabt, mit einer Landschaft und einem Berg, da ist ein Hase gelaufen, und heraußen ist ein Revolver gewesen. Wenn man den Hasen getroffen hat, sind unten 10 Groschen herausgekommen. 2 Groschen hat man reinwerfen müssen. Da war so ein Glasrohr, da sind die Zweigroschenstücke drinnen gewesen, und so hat man sehen können, wieviel Geld drinnen ist. Ich und mein Freund haben den Automaten ausprobiert. Ein paar Mal danebengeschossen, auf einmal sind wir draufgekommen, wie du anhalten mußt, daß du nicht über den Hasen schießt. Daraufhin haben wir ihm den Automaten einige Sonntage ausgeräumt, komplett ausgeräumt. Wir haben aufgepaßt, wenn der Automat bis zu einem gewissen Maß voll war, haben wir ihn ausgeräumt. Dann sind wir fortgegangen, spazierengegangen eine Stunde lang, wie wir zurückkommen, war schon wieder was drinnen. Das ist so einige Wochen gegangen. Einmal hat er uns ausräumen lassen, da sagt er: ›Schleicht's euch, daß ich euch nimmer seh'!‹ Da sind wir gegangen. Aber uns hat das keine Ruhe gegeben, wir gehen wieder hin, sehen wieder ein Geld drinnen und spielen wieder. Da kommt er wieder und sagt: ›Schleicht's euch!‹ Daraufhin hat ein Herr gesagt: ›Warum dürfen denn die Buben nicht spielen, ist dir was nicht recht? Wenn du die Buben noch einmal wegscheuchst, hast du so viele Flaschen, daß du dich nicht erfangen kannst.‹ Und wir haben weitergespielt. Wie wir das nächste Mal hinkommen, war der Automat ausgehängt, hat er ihn weggenommen und hat ihn reingenommen in die Halle. Na ja, rein sind wir nicht mehr gegangen, der hätt' uns ein paar Flaschen runtergehaut . . .«[235]

Ergänzend soll in diesem Zusammenhang eine amtliche Erhebung erwähnt werden, die zum Thema »Kinderarbeit in Österreich« durchgeführt wurde.[236]

Initiator dieser Studie war das »K. K. Arbeitsstatistische Amt im Handelsministerium«. Mit Hilfe von Fragebögen, die an einer Reihe von Schulen in allen Teilen der Monarchie verteilt wurden, konnte ein dichtes Grundlagenmaterial über Kinderarbeit und deren Auswirkungen auf die körperliche und geistige Entwicklung der Kinder erarbeitet werden. Die Datenerhebung erfolgte im Schuljahr 1907/08, veröffentlicht wurde die Studie 1911. Vor allem war es die Kinderarbeit in der Landwirtschaft, in der Industrie sowie im Haushalt, die quantitativ überwog. Doch auch die vorhin erwähnten Bereiche wie Kegelaufsetzen, Hausieren, Antreiben von Ringelspielen oder Drehorgeln wurden in dieser Studie genannt. Wenn auch zwischen der Veröffentlichung der Untersuchung und den geschilderten Zeitzeugenberichten vom Laaerberg rund zwanzig Jahre liegen, so läßt sich dennoch der Schluß ziehen, daß sich in dieser Zeit im Bereich der Kinderarbeit in Vergnügungsbetrieben kaum etwas geändert hat.

Ärzte und Lehrer konnten in der Untersuchung zu den Auswirkungen der Kinderarbeit Stellung nehmen, wobei deren Kritik im Bereich des Unterhaltungsgewerbes im wesentlichen zwei Punkte betraf: sittliche und moralische Gefährdung der Kinder sowie Übermüdung und Unkonzentriertheit wäh-

rend des Unterrichts aufgrund der häufigen Nachtarbeit. Einige Passagen aus den Antworten sollen hier genügen, die grundsätzlichen Kritikpunkte anzudeuten:
»Von schlechtem Einfluß auf Schulbesuchserfolg sowie körperliche, geistige und sittliche Entwicklung sind das Hausieren mit Kurzwaren und das Kegelaufsetzen. Diese Kinder sind müde, träge und verschlafen.«[237]
»Das Kegelaufsetzen wird als eine der verderblichsten Kinderarbeiten angesehen. Die ›Kegelbuben‹ kommen schläfrig in die Schule, was den Unterrichtserfolg herabsetzt. Die Atmosphäre beim Kegelstand ist durch den Anprall der Kugeln stets mit Staub geschwängert. Den Kegelbuben werden geistige Getränke verabreicht oder sie eignen sich nach Schluß des Spieles die übrigbleibenden Bier- oder Weinreste selbst an, wodurch die geistige Entwicklung herabgesetzt wird.«[238]
»Die häufigste und verderblichste Kinderarbeit ist das Kegelaufsetzen. Wirtshäuser und Kegelbuden gibt es in Hülle und Fülle, und fast überall werden Schüler verwendet. Schädlich ist insbesondere die lange Dauer (an Sonntagen bis 12 Stunden und darüber) und die Nachtarbeit sowie der oft übermäßige Genuß von Alkohol.«[239]
Die Verfasser der Studie ziehen aus den Antworten einen klaren Schluß:
»Durch Mitwirkung bei öffentlichen Schaustellungen und Belustigungen gelangen die Kinder oft in schlechte, demoralisierende Gesellschaft, desgleichen beim Musizieren auf der Straße, in Höfen und Schenken, insbesondere wenn dies eine Art des Bettelns (Bettelmusik) ist und in der Nacht stattfindet, wo besonders nachteilige Eindrücke hervorgerufen werden.«[240]

DAS BADEPARADIES AM LAAERBERG

Wie bereits mehrfach festgestellt, handelte es sich beim Schaustellergewerbe im wesentlichen um ein saisonal beschränktes Gewerbe, wobei die bei weitem höchste Besucherfrequenz während der Sommermonate zu verzeichnen war. Im Böhmischen Prater begann die Saison je nach Wetterlage etwa im April und dauerte zumeist bis November.
Während der Sommermonate kam am Laaerberg neben den Praterunterhaltungen eine weitere bedeutende Attraktion hinzu, die einen wesentlichen Bestandteil der Freizeitkultur der arbeitenden Bevölkerung Favoritens und Simmerings bildete: die Bademöglichkeit in einem der Ziegelteiche. Die nur wenige hundert Meter vom Böhmischen Prater entfernten Ziegelteiche am Rand des Laaer Waldes stellten besonders an Wochenenden ein bedeutendes Zentrum für die Freizeitgestaltung dar, wobei wohl erst die Kombination von Bademöglichkeit und Rummelplatz die hohen Besucherzahlen des Böhmischen Praters während der Sommermonate erklärt. Während oder nach dem Badevergnügen ein Praterbesuch – das stellte den großen kommerziellen Erfolg des Böhmischen Praters während der Zwischenkriegszeit sicher.
Bereits um die Jahrhundertwende hatte sich das allmähliche Ende der Ziegelwerke am Laaerberg abzuzeichnen begonnen. Der Lehmabbau ging seinem Ende zu, was besonders dadurch deutlich wurde, daß in vielen Gruben die Schotterschicht erreicht wurde, wodurch Grundwasser in die Gruben sickerte und diese bald gänzlich mit Wasser

füllte. In manchen Fällen ging der Wassereinbruch so rasch vor sich, daß viele Abbaugeräte in den Gruben zurückbleiben mußten, da sie nicht mehr zeitgerecht geborgen werden konnten. Die so entstandenen Ziegelteiche waren rasch als Wildbadeplätze entdeckt, zumal es ja in Wien vergleichsweise sehr wenige Bademöglichkeiten gab. Neben den Ziegelteichen zählte auch der Wiener-Neustädter-Kanal am Fuße des Laaerbergs zu den beliebten Wildbademöglichkeiten am südlichen Stadtrand.

Zwei große Ziegelteiche waren am Laaerberg die Zentren der Badevergnügungen, der Blaue Teich, auch »die Blaue« genannt, sowie der Butterteich. Wie für alle Ziegelteiche galt auch für die beiden Teiche am Laaerberg strenges Badeverbot. Der Grundeigentümer, die Firma Wienerberger, konnte und wollte die Verantwortung für die Sicherheit der Badenden nicht übernehmen. Und daß das Baden in den Ziegelteichen gefährlich war, bezeugen nicht zuletzt die zahlreichen tödlichen Unfälle am Laaerberg. Vielfach wurden mehrere unterirdische Quellen dafür verantwortlich gemacht. Von größerer Bedeutung scheint jedoch die Anlage der Teiche gewesen zu sein. Da ja hier Lehm abgebaut wurde, war der Grund der Ziegelteiche nicht annähernd eben, sondern von sehr unterschiedlichen Höhenniveaus gekennzeichnet. Unverhofft konnte man von einer etwa einen Meter unter Wasser liegenden Terrasse an einen mehrere Meter tiefen Abbruch gelangen, wodurch die Gefahr des plötzlichen Abrutschens besonders für Kinder sehr groß war. Ebenso bestand große Verletzungsgefahr durch die zurückgelassenen Abbaugeräte am Grund der Teiche.

Das Badeverbot war durch zahlreiche Tafeln am Rande der Teiche deutlich gekennzeichnet, was jedoch Tausende von Erholungssu-

Neben den Ziegelteichen am Laaerberg war der Wiener-Neustädter-Kanal ein Badeparadies für Kinder aus Simmering und Favoriten, um 1925.

chenden nicht davon abhalten konnte, hier ihre Freizeit zu verbringen. Bald zählten die Blaue und der Butterteich zu den beliebtesten Ausflugs- und Naherholungsgebieten im Süden der Stadt, wie sich der Schausteller Karl M. erinnerte:

»Wie sie früher noch bei den Teichen gelegen sind, da sind sie erst am Abend gegangen; Mittagessen: eine Semmel und einen Liter Milch, das war ihr Essen. Aber schön haben sie's gehabt. Die haben wie die Robinsons gelebt, haben sich Schilfzelte gemacht, haben oben buchstäblich gehaust. Da haben wir die große Arbeitslosigkeit gehabt. Wenn wir gebadet haben bei den Teichen oben, hat einer müssen das Gewand halten, weil wenn die Berittene gekommen ist, haben sie einen mitgenommen. Da ist man gestraft worden. Tafeln sind aufgestellt gewesen, ›Fischen und Baden verboten!‹ Und wie dann die schlechte Zeit gekommen ist, weil die Leut' keine Arbeit gehabt haben, sind sie zu Hunderten rauf, haben sich dann der Polizei gestellt. Ein paar haben s' dann verhaftet, die haben s' dann aber wieder müssen auslassen, und jetzt hat das dann so überhandgenommen, daß alle Tage Tausende Menschen an den Teichen waren. Ja, die Arbeitslosen. Arbeit haben sie keine bekommen, da sind sie am Teich gelegen. Tausende Menschen waren das.

Am Abend sind viele dann auf die Wiese gegangen und haben der Musik zugehört, dort im Prater.

Das war ein Tagesausflug für die Kinder und die Eltern, der Laaerberg. Da haben sie einen Rucksack mitgenommen, Essen eingepackt, und im Unterwald und im Oberwald und bei den Teichen, da sind sie gelegen, haben mittaggegessen, was Kaltes, ein Stück Geselchtes oder so, oder wie es halt mit dem Geld ausgegangen ist bei den Leuten.

Damals war die Berittene. Wenn sie auf der Blauen gebadet haben, und die Berittene ist gekommen . . . Es war so ein Gangl [kleiner Kanal], da sind wir das Gangl rübergeschwommen, so etwa 10 Meter. Bis der mit seinem Pferd da um den ganzen Teich herumgekommen ist, haben die Buben das Gewand gehabt und sind schon beulesiert [weggelaufen].«[241]

Durch die Badeteiche wurde der Betrieb des nahegelegenen Praters wesentlich belebt. Der freie Durchgang von den Ziegelteichen zum Pratergelände war möglich, da weder Zäune noch andere Hindernisse den Laaer Wald von den Teichen trennten. Von großer Bedeutung waren die zahlreichen Badegäste nicht nur als potentielle Kunden im Böhmischen Prater, sondern auch als Käufer bei den ambulanten Händlern, die an den Teichen mit Handkörben oder kleinen Wagen Getränke, kleine Speisen sowie Eis zum Verkauf anboten.

IM WINTER

Wenn auch der Betrieb der Geschäfte im Böhmischen Prater vor allem auf die Sommermonate konzentriert war, bedeutete dies nicht, daß alle Geschäfte während des Winters geschlossen blieben. Zumindest in beschränktem Umfang waren die Gaststätten auch außerhalb der Saison geöffnet. Dazu war es jedoch notwendig, eine Reihe zusätzlicher Angebote im Rahmen der Gasthäuser vorzusehen, um das Publikum auch im Winter ansprechen zu können. So gab es zahlreiche Kartenspielturniere mit durchaus beacht-

Der alljährlich stattfindende Faschingsumzug, den der Gastwirt Heinrich Staudacher veranstaltete, um 1930.

lichen Preisen. Daneben waren Ballabende und ähnliche Tanzveranstaltungen sehr beliebt. Heinrich Staudacher organisierte alljährlich einen Faschingsumzug, der bei seinem Gasthaus begann, nach Favoriten weiterzog, um schließlich wiederum im Laaer Wald sein Ende zu finden, wo in allen Gasthäusern Abschlußveranstaltungen stattfanden.

Jedes Jahr vor Weihnachten fand bei Staudacher auch eine Veranstaltung des »Humanitären Geselligkeitsvereines ›Heinrichshöhe‹« statt, wie beispielsweise im »Favoritner Bezirksblatt« vom 10. Jänner 1924 zu lesen war:

»Am Sonntag, den 16. Dezember 1923, veranstaltete der Verein in Staudachers Gasthaus eine Christbaumfeier, verbunden mit künstlerischen Aufführungen. 16 Kinder (9 Knaben, 7 Mädchen) wurden vollständig angezogen, außerdem erhielt ein jedes Kind einen Schal, Backwaren und Näschereien. Zur Feier hatten sich zahlreiche Gäste eingefunden. Nach den Darbietungen der Kinder fand ein Familienabend statt.«[242]

Wie bei den Schaustellern auch, stellte der Winter für die Gastwirte jene Zeit dar, in der bereits für die nächste Saison alle Vorbereitungen getroffen werden mußten. Besonders wichtig war die Herstellung von Eis, das zur Kühlung von Fleisch und Getränken während des Sommers dringend benötigt wurde. Gewonnen wurde das Eis dadurch, daß an Mauern Wasser aufgespritzt wurde, das über Nacht fror und am nächsten Morgen in Form von Eisplatten abgeschlagen und in den Kellern gelagert werden konnte.

Manche Schausteller versuchten, die Wintersaison für das eine oder andere Geschäft zu nutzen, wie etwa das Beispiel von Rudolf Wendl zeigt, der mehrere Winter hindurch auf seinem Schaustellerplatz einen Eislaufplatz betrieb. Einen Teil seiner Wiese faßte Wendl mit Hilfe von Holzplatten ein, wo-

Die Erzeugung von Eis, das im Sommer zur Kühlung von Getränken dringend benötigt wurde, Gasthaus Staudacher, um 1925.

durch sich jene Fläche ergab, die schließlich als Natureisbahn genutzt werden konnte: Karl M. erinnerte sich daran:
»Das war viel Arbeit, das Ringelspiel hat er halb abräumen müssen, die Pferde wegräumen, daß die Eisläufer einen Anschnallraum haben. Das Ringelspiel hat am meisten darunter gelitten, weil die Gäste sind mit den nassen Eislaufschuhen hinein, und das ganze Holz ist abgefault, und auch Spalten haben sie aufgerissen mit den scharfen Eislaufschuhen. Da war ich auch oben und hab' die Musik übergehabt. Die Musik und die Garderobe, weil das ist erst am Nachmittag angegangen. Am Vormittag sind die Kinder gefahren, nachher dann die Erwachsenen. Ein paar Jahre war hier ein gutes Eis, auf einmal ist es schlechter geworden. Die haben die ganze Nacht gespritzt, und in der Früh ist die Sonne gekommen. Da sind keine Leute gekommen. Das ist zwei Jahre so gegangen, dann haben sie aufgegeben. Das war kein Geschäft mehr, weil im Frühjahr hat das alles wieder aufgeräumt werden müssen, die Pferde wieder aufgestellt werden müssen. Da ist dann auch der Eislaufplatz weggekom-

men. Der alte Wendl hat sich eigentlich ruiniert auf dem Eislaufplatz. Die ganze Nacht spritzen, er ist waschelnaß gewesen. Das war vor dem Krieg, ein Jahr vor dem Krieg ist er nicht mehr in Betrieb gewesen, der Eislaufplatz . . .«[243]

Von größerer Bedeutung für die Schausteller war die Winterzeit als Gelegenheit, die verschiedenen Unterhaltungsgeschäfte zu warten, zu reparieren beziehungsweise neue Geschäfte zu bauen. Die meisten Geschäfte wurden nach Ende der Saison abgebaut, in Schuppen gelagert und konserviert. Schnee und Frost hätten die überwiegend aus Holz gefertigten Unterhaltungsgeschäfte während des Winters zu sehr angegriffen. Die Bestandteile der einzelnen Geschäfte mußten geölt und mit Rostschutz versehen werden. Die lackierten Teile wurden einer speziellen Behandlung zugeführt, wobei der während der Saison stark beanspruchte Lack zuerst abgebrannt und dann durch eine neue Lackschicht ersetzt wurde. Schließlich zählte auch das Bemalen der Geschäfte zur Winterarbeit der Schausteller.

»Wir haben immer alles abräumen müssen, da ist dann alles neu gemacht worden. Das hat alles der Vater selbst gemacht, auch das Malen. Früher hat es so Vorlagen gegeben, was man in Märchen so an Figuren findet, das hat er dann draufgemalt. Vom Malen hat er was verstanden. Ich hab' ihm ab und zu ein bißchen dreingepfuscht als Kind . . . Bei so einem Geschäft müssen Sie alles können, hobeln, schnitzen, streichen, sonst können Sie das gar nicht bewältigen. Wenn Sie dafür einen Burschen brauchen würden, können Sie sich das ja gar nicht leisten . . .«[244]

Bis auf wenige Ausnahmen blieben die Unterhaltungen während des Winters geschlossen, 1941.

Um für die folgende Saison gerüstet zu sein, war es notwendig, bereits im Winter die verschiedenen Preise, die zur Ausspielung kommen sollten, vorzubereiten. Kunstblumen etwa wurden aus Drahtgeflecht und Textilresten gefertigt, auch Spielzeug konnte in großem Maß selbst hergestellt werden. Für die Schaustellerfamilien galt es jedenfalls, während der Winterzeit einen möglichst reichhaltigen Vorrat an jenen Artikeln zu schaffen, die während der Saison täglich gebraucht wurden.

DIE BERITTENE

Zum Schluß noch eine kurze Betrachtung der Polizei im Böhmischen Prater während der Zwischenkriegszeit. Auch nach dem Ende des Ersten Weltkrieges blieb die Polizeiwachstube Laaerwald mit zwei Wacheorganen der Exekutive besetzt, wobei vor allem die Überwachung an den stark frequentierten Sonn- und Feiertagen im Vordergrund stand. Den zahlreichen Erzählungen über Interventionen der Polizeiwache zufolge, besonders bei Tanzveranstaltungen, dürfte die Stationierung von Polizeibeamten durchaus gerechtfertigt gewesen sein. Die Aufgabenbereiche der Polizeiwache im Laaer Wald umfaßten neben der Observierung des Laaerbergs vor allem die Kontrolle der verschiedenen Belustigungsgeschäfte, der Spielautomaten sowie der Einhaltung der behördlichen Vorschriften, die den Schaustellern und Gastwirten auferlegt waren. Interventionen bei Raufhandlungen gehörten ebenso dazu wie die offensichtlich vergeblichen Versuche, das Badeverbot an den Ziegelteichen zu exekutieren.

Das mit nur zwei Beamten besetzte Wachzimmer war jedoch bei der Fülle der Aufgaben maßlos überfordert. Zwar erhielten die Polizeibeamten Pferde, um im teilweise unwegsamen Gelände am Laaerberg besser vorwärtszukommen, doch auch diese Maßnahme ließ die Überwachung des Laaerbergs zumindest aus der Sicht der Polizei kaum effizienter erscheinen. Nicht zuletzt erhöhte sich der Arbeitsaufwand ab den frühen zwanziger Jahren dadurch, daß im Nahbereich des Laaer Waldes mehrere Wohn- und Schrebergartensiedlungen errichtet wurden, die ebenfalls in den Kompetenzbereich des Wachzimmers Laaerwald fielen. Dementsprechend richteten Vertreter des Polizeikommissariats Favoriten Interventionen an die übergeordneten Dienststellen, um eine Erhöhung der Belegschaft im Wachzimmer Laaer Wald zu erreichen, wie ein Schreiben an das Bundeskanzleramt aus dem Jahr 1930 belegt:

»Durch die Bautätigkeit der Gemeinde Wien ist im Laufe der letzten Jahre in den am Laaerberge gelegenen Gebietsteile des X. Bezirkes nebst mehreren großen Gebäudekomplexen eine umfangreiche, derzeit schon 270 Häuser mit etwa 5.000 Bewohnern umfassende Siedlung entstanden. Mit den unfern befindlichen Heimkehrerschrebergärten wird diese Siedlung schon von rund 6.000 Personen bewohnt. Weitere 145 Häuser sind im Bau begriffen und werden im Herbst d. J. beziehbar sein, wodurch sich die Bewohnerzahl auf etwa 7.000 Köpfe erhöhen und im Zuge der fortgesetzten Bauaktion sich weiterhin beträchtlich steigern wird. Diesen noch durch die herrschenden Verkehrsschwierigkeiten verschärften Verhältnissen gegenüber ist das rayonszuständige Wachzimmer Laaerwald, welches von der Ortschaft 1 ½ km entfernt, bloß mit zwei Posten besetzt und nicht erweiterungsfähig ist, den sicherheitspolizeilichen Anforderungen einer intensiven Überwachung nicht gewachsen. Die beiden Wachposten sind für den Dienst in dem teilweise dicht bewohnten Rayonsteile des Laaerwaldes, eines mit zahlreichen Gastwirtschaften und Volksbelustigungsstätten versehenen Ausflugsortes, vollauf in Anspruch genommen. Die Fülle von Interventionen bei Exzessen und Unfällen ist von den zwei Posten namentlich bei dem sonntäglichen Zusammenströmen großer Menschenmassen kaum mehr zu bewältigen. Von einer ausreichenden Begehung des Siedlungsgebietes kann unter diesen Umständen keine Rede sein. Zudem ist die Siedlung von dem zuständigen Wachzimmer ebenso wie von den Wachzimmern der benachbarten Rayons (Himberg, Oberlaa, Rothneusiedel) 1 ½ bis 2 km entfernt und entbehrt jeder Telephonverbindung, so daß die Vermittlung von Nachrichten an den umständlichen und zeitraubenden Weg des Botenganges gebunden ist. Die Schwierigkeiten bei Nachforschungen, Hilfeleistungen oder gar in Fällen plötzlich eintretender Katastrophen liegen offen zutage.

Die Notwendigkeit, hier Wandel zu schaffen, kann vom Standpunkte der öffentlichen Sicherheit nicht verkannt werden. Die Frage ist auch für die Gemeindeverwaltung und Bezirksvorstehung, die für die Aktivierung

eines Wachzimmers im Siedlungsteile lebhaftes Interesse bekunden, bereits zu einem Gegenstande der Diskussion geworden.
Der angestrebte Zweck wäre nun durch die Errichtung eines an die Stelle des bisherigen Wachzimmers »Laaer Wald« tretenden, für einen Stand von 5 Rayonsposten bestimmten, in der Mitte zwischen dem Laaer Wald und der Siedlung zu postierenden Wacheobjektes zu erreichen. Da nach den Umständen eine mietsweise Unterbringung kaum in Betracht kommen dürfte, würde es sich empfehlen, das Projekt eines eigenen Baues (Wachhauses) auf einem vom Bunde zu erwerbenden Grunde in Erwägung zu ziehen.
Hierüber beehrt sich die Polizeidirektion mit der Bitte zu berichten, ihrem Antrage auf Vergrößerung und Verlegung des Wachzimmers »Laaer Wald« die grundsätzliche Genehmigung zu erteilen und sie zur Einleitung der auf dieses Ziel gerichteten Vorverhandlungen zu ermächtigen.«[245]
Ergänzend sei hier angemerkt, daß dieser dringende Appell ebenso wie weitere, ähnlich lautende, keine Berücksichtigung fand. Erst im Jahr 1938 erfolgte die Schließung der alten Wachstube im Laaer Wald und die Verlegung der Polizeiwache in ein nahegelegenes Lokal, wobei es jedoch nicht mehr für notwendig erachtet wurde, ein eigenes Polizeiwachzimmer für den Böhmischen Prater einzurichten.

DER ANFANG VOM ENDE – DER ZWEITE WELTKRIEG

Spätestens ab dem Jahr 1933 begann sich in Österreich jene politische Konstellation abzuzeichnen, die schließlich im Jahr 1938 durch den Anschluß Österreichs an das Deutsche Reich ihren konsequenten Abschluß fand. Dem Verbot der Kommunistischen Partei sowie der ihr nahestehenden Vereine im Jahr 1933 folgte ein Jahr später das Verbot aller sozialistischen Organisationen. Die Auswirkungen dieser, allen demokratischen Grundprinzipien widersprechenden Maßnahmen waren in besonderem Maß in den in der Mehrzahl von Arbeitern bewohnten Bezirken Wiens spürbar, und hier stellte der Laaerberg, an der Grenze der beiden Arbeiterbezirke Favoriten und Simmering, keine Ausnahme dar. Wenn auch der Praterbetrieb im großen und ganzen unverändert weiterging, konnte, wie zahlreiche Zeitzeugen angaben, eine intensivierte staatspolizeiliche Überwachung besonders der Gaststätten festgestellt werden. Und dies erscheint im politischen Zusammenhang nicht verwunderlich, gehörten doch die Gasthäuser des Böhmischen Praters zu den wichtigsten Freizeit- und Versammlungsorten der Arbeiterschaft Favoritens und Simmerings. Politische Veranstaltungen der Arbeiterparteien durften nicht mehr abgehalten werden, doch auch politische Gespräche wurden in die Illegalität abgedrängt. Am deutlichsten zeigte sich diese Zäsur im Praterleben am Laaerberg im Bereich der Theaterstücke, die sowohl in Gasthäusern als auch in Theaterbuden aufgeführt wurden. Zumindest vereinzelt hatten auch Volksstücke demokratischen Inhalts zum Repertoire der Theatergruppen gehört, die hier vor allem die Arbeiterschaft ansprechen sollten. Doch ab 1934 war es strikt untersagt, derartige Themen öffentlich zu präsentieren. Nun hatte das Unverbindliche bis Reaktionäre zumindest im Unterhaltungsgewerbe eine Monopolstellung inne.
Im Laufe der dreißiger Jahre stellte der Laa-

erberg immer wieder einen Schauplatz nationalsozialistischer Propaganda dar. Wie auf anderen Erhebungen um die Stadt wurden auch hier häufig große Feuer in Form von Hakenkreuzen abgebrannt, die in der Nacht weithin sichtbar leuchteten. Aus diesen und ähnlichen Provokationen sollte schließlich im Jahr 1938 ein Dauerzustand werden.

Für den Böhmischen Prater war nach der Machtergreifung der Nationalsozialisten äußerlich kaum ein Unterschied zur Zeit davor festzustellen. Am deutlichsten wurde der Reichsgedanke noch dadurch bekundet, daß nun anstelle der zahlreichen rot-weiß-roten Fahnen und Wimpel, die Schaustellerplätze und Gasthäuser geziert hatten, Fahnen mit dem Hakenkreuz angebracht wurden. Nach außen hin sollte deutlich kundgemacht werden, daß auch Vergnügen und Unterhaltung im Gedankenwerk nationalsozialistischer Prägung ihren Stellenwert hatten. Was als pragmatischer Kompromiß anzusehen ist, denn Belege aus Deutschland zeigen, daß den Nazis nichts lieber gewesen wäre, als Rummelplätze und Vergnügungsparks ein für allemal zu schließen. Als Sündenpfuhle galten diese Unterhaltungsstätten in der nationalsozialistischen Diktion, die in hohem Maß für den Verfall von Sitte und Moral verantwortlich gemacht wurden. Die Pflege der deutschen Volksfeste sollte nun im Vordergrund stehen, die als effektiver Ersatz für jene sittenzersetzenden amerikanischen Vergnügungen herhalten sollten, die der Moral wie auch dem Bewußtsein, in jedem Fall jedoch der deutschen Seele Schaden zufügen würden. Oberstes Ziel sollte es sein, Volksfeste als kontrollierte Abwechslung im Alltag zu installieren, die weit schwerer zu kontrollierenden Vergnügungsplätze jedoch möglichst einzustellen.[246] Wo dies erheblichen Widerstand der Bevölkerung erwarten ließ, beschränkte man sich staatlicherseits

Plakat der Vaterländischen Front anläßlich der Sonnwendfeier, 1935.

darauf, vorerst die Vergnügungsplätze aufrechtzuerhalten, die Unterhaltungsgeschäfte jedoch im Sinne der nationalsozialistischen Propaganda zu funktionalisieren. Und daß am Laaerberg mit erheblichem Widerstand gerechnet hätte werden müssen, läßt sich aus den nach wie vor sehr hohen Besucherzahlen an Sonntagen ableiten. Nicht zuletzt war in den späten dreißiger Jahren eine erhebliche Vergrößerung des Vergnügungsangebots im Böhmischen Prater zu verzeichnen.

Wie sehr der amtliche Sprachgebrauch bereits zur Zeit des Austrofaschismus jene Leitwerte in den Vordergrund stellte, die nach der Machtergreifung Hitlers in Österreich das öffentliche Leben prägen sollten, zeigt ein Aktenvermerk aus dem Jahr 1936: Die Schaustellerin Anna Rusniak suchte um die Konzession für »Lautsprechervorführungen als Begleitmusik« zur Unterhaltung der Gäste ihrer Vergnügungsgeschäfte an, was jedoch mit der Begründung abgelehnt wurde, daß der »pratermäßige Volksvergnügungsbetrieb nach 10 Uhr nachts einen besonderen Anziehungspunkt lichtscheuer Elemente [bilde] und ganz besonders geeignet [wäre], die öffentliche Ruhe und Sicherheit zu stören.«[247]

Um alle Aspekte der nationalsozialistischen Propaganda effektiv umsetzen zu können, waren ab dem Jahr 1938 alle Schausteller in der »Wirtschaftsgruppe ambulantes Gewerbe«, einer von der NSDAP kontrollierten Interessensvertretung, organisiert. Hier wurden den Besitzern der Schaustellergeschäfte jene Maßnahmen bekanntgegeben, die sie in ihren Geschäften umzusetzen hatten. Besonders deutlich zeigte sich dieser Aspekt bei der Einbeziehung der Karussells in die Kriegspropaganda. Mehrere Fliegerkarussells erhielten anstelle der Stahlrohrsitze Kriegsflugzeugmodelle. Doch auch die Schieß- und Wurfgeschäfte boten sich in diesem Zusammenhang an, denn chauvinistische Hetze konnte hier vergleichsweise einfach umgesetzt werden.

Ebenso regelte die besagte Wirtschaftsgruppe den Bereich der internen Vorschriften an die Schausteller. Aufnahme fanden nur jene Schausteller, die auf »arische« Vorfahren verweisen konnten. Juden und Zigeunern blieb der Zutritt in jedem Fall verboten. Auch die auftretenden Künstler, Schausteller oder Artisten hatten sich den strengen behördlichen Auflagen zu stellen. So mußte jeder Veranstaltung eine Anmeldung mit detaillierter Beschreibung des Inhalts der Darbietung sowie einer Bestätigung über die »arische« Abstammung der auftretenden Künstler sowie deren Mitgliedschaft in der Reichstheaterkammer vorangehen.

Der Kriegsbeginn im Herbst 1939 bewirkte äußerlich kaum eine Zäsur für das Leben im Böhmischen Prater. Gastwirte und Schausteller konnten ihre Betriebe weiterführen, ja

Das Innere der Spielhalle Leitgeb, 1939.

die Geschäfte gingen besser denn je, was sich auch daran ablesen läßt, daß mehrere Schausteller eine Reihe neuer Geschäfte anbieten konnten. Wenn auch der Praterbetrieb scheinbar ungebrochen weitergeführt werden konnte, mußten insbesondere die Schausteller bereits zu Kriegsbeginn staatliche Zwangsmaßnahmen zur Kenntnis nehmen, die ihre Betriebsführung zum Teil erheblich einschränkten. Vor allem die Requirierung von Fahrzeugen und Motoren betraf die Schaustellergeschäfte in besonderem Maß, für manche Familien wirkten sie fast existenzbedrohend. Besonders die Familie Wilfert war davon betroffen, da sie neben den Geschäften im Böhmischen Prater das Schaustellergewerbe auch ambulant betrieben hatte, was nach Fahrzeugrequirierungen nicht mehr möglich war. Auch bei der Beschaffung von Ersatzteilen, Baustoffen usw. zeigten sich bald einschneidende Folgen der

Rationierung. Rohstoffe gab es in den meisten Fällen nur gegen Bezugsscheine, und besonders Metall oder Textilien wurden an der Front beziehungsweise für die Rüstungsindustrie gebraucht. Wie sehr diese Rationierungsmaßnahmen den Alltag der Schausteller bestimmten, zeigt ein Briefwechsel von Margarete Kotlaba mit verschiedenen Amtsstellen, wobei es darum ging, eine Zuweisung von 40 m Leinwand zu erhalten, die Kotlaba zur Überdachung ihres schadhaften Kinderkarussells dringend benötigte.[248] Erst nach mehreren Interventionen wurde ihr schließlich das Material zur Verfügung gestellt. Andere Schausteller hatten weniger Glück und konnten einige Geschäfte nicht mehr weiterführen, da keine Ersatzteile zu bekommen waren.

Alle Schaustellergeschäfte wurden im »deutschen« Sinne adaptiert, 1940.

Für die Gastwirtschaften kam als zusätzliches Problem die Rationierung der Lebensmittel hinzu, wodurch ein kontinuierlicher Betrieb nur mehr beschränkt aufrechterhalten werden konnte. Doch trotz der schwierigen Versorgungslage stellte der Böhmische Prater nach wie vor eine bedeutende Unterhaltungsstätte dar, wie ein Zeitzeuge erzählte:

»Ja, im 41er und 42er Jahr, da ist es noch zugegangen am Laaerberg. Trotz Krieg und Not. Die meisten Männer waren ja eingerückt, aber die Frauen mit Kindern, was hätten sie denn tun sollen, die sind oft raufgekommen in den Prater. Und dann, wenn der Vater Fronturlaub bekommen hat, da ist es rundgegangen. Sicher, die Stimmung war mehr gedrückt als noch vor dem Krieg. Aber die Leut' haben versucht, sich die Zeit so weit als halt möglich war, angenehm zu gestalten. Und wenn einer Heimaturlaub gehabt hat, dann war das was ganz besonderes, und oft sind sie auch in den Prater gegangen.
Und ein bißl Geld für die Kinder war immer da, weil die Kinder waren damals ja die Ärmsten.
In den Wirtshäusern hat man auch essen können, trotz Lebensmittelmarken. Da hat der Wirt von einer Speise angegeben gehabt, welche Marken er dafür nehmen muß, auch mit Marken hat man im Wirtshaus essen können. Doch das war bei uns nicht so oft, nur ein oder zwei Mal. Bier hat man aber immer bekommen, das war nicht rationiert. Offen waren die Wirtshäuser eigentlich bis ins 44er Jahr, erst die Bomben haben den Laaerberg zerstört, aber Betrieb war jeden Tag. Man hat ja versucht, das Leben halbwegs erträglich zu machen, sonst waren ja nur Sorgen und Angst. Bei den Schießbuden haben sich auch oft viele Soldaten gedrängt, da hat man fast Angst bekommen können, bei der Begeisterung. Und viele Fremdarbeiter waren na-

Hakenkreuzfahnen waren auf allen Rummelplätzen der Ostmark vorgeschriebene Umrahmungen von Volksvergnügungen, 1940.

türlich auch oben und sind wo eingekehrt . . .«[249]

Ab dem Jahr 1942 trafen die Lebensmittelknappheit und die Güterrationierung auch zunehmend die Gast- und Vergnügungsbetriebe Wiens. Im Vordergrund der staatlichen Verteilungsmaßnahmen standen die für die Rüstungsindustrie und Kriegswirtschaft bedeutenden Betriebe, Unterhaltung hatte nur mehr einen nachgeordneten Stellenwert. Buschenschanken waren im übrigen ab dem Mai 1942 gänzlich untersagt.

Wenn auch der Praterbetrieb in improvisierter Form weitergeführt werden konnte, so mußten doch wesentliche Einschränkungen in Kauf genommen werden. Besonders die tägliche Verdunklung aller Fenster in den Abendstunden brachte für die Vergnügungsbetriebe große Schwierigkeiten, wodurch Tanzveranstaltungen am Abend kaum noch möglich waren:

»Jeden Tag hat man abdunkeln müssen, die Fenster mit schwarzen Tüchern verhängen. Auch die Straßenbahnen waren abgedunkelt, die Fenster mit blauer Farbe bestrichen, wegen der Fliegerangriffe. Die Fenster in den Straßen sind kontrolliert worden, und wehe, einer hat Licht durchscheinen lassen . . . Tanzabende hat es dann aber keine mehr gegeben, das wär ja nicht möglich gewesen. Auch wenn es finster gewesen wäre draußen, man hätte ja lüften müssen, nein, das ist nicht mehr gegangen.«[250]

Besonders schwierig war die Lage für jene Praterfamilien, deren Burschen und Männer einrücken mußten. Die Arbeit in den Geschäften oblag in diesen Fällen ausschließlich den Frauen und Kindern.

Für zwei Schausteller bot sich im Laufe des Krieges die Möglichkeit, über Vermittlung der »Wirtschaftsgruppe ambulantes Gewerbe« für mehrere Monate einen Teil ihrer Unterhaltungsgeschäfte im von deutschen Truppen besetzten Polen zu betreiben und somit vom deutschen Eroberungskrieg zu profitieren. Für die in Krakau stationierten deutschen Soldaten sollte ein Unterhaltungs- und Vergnügungsbetrieb geschaffen werden. Neben deutschen wurden auch Schausteller aus der »Ostmark« vom Wehrdienst freigestellt, um den Vergnügungsplatz in Krakau zu beschicken. Vom Böhmischen Prater waren es Otto Wilfert und der erst 1939 auf den Laaerberg gekommene Leopold Wimmer, die nach Krakau fuhren und dort einen Teil ihrer Unterhaltungen betrieben. Wilfert führte ein Riesenrad sowie eine Schießbude, Wimmer eine Rundschaukel.

Wiewohl der Vergnügungsbetrieb im Laaer Wald im Laufe des Krieges weitgehend aufrecht blieb, zeigte sich die Realität des Krieges am Laaerberg deutlicher als anderswo in Wien. Wie bereits vor dem Ersten Weltkrieg wurde auf den Feldern und Wiesen um den

Laaer Wald ein Truppenübungsplatz errichtet, und über den gesamten Laaerberg verteilt wurden militärische Einrichtungen installiert. So befand sich am Ostabhang des Laaerbergs der Kreisleiterbunker, im Neulandkloster wurde ein Flak-Kommando untergebracht und auch das Sonnenland der Kinderfreunde mußte militärischen Einrichtungen weichen. Hier wurde eine Scheinwerferbatterie der Luftabwehr stationiert.[251] Viele der ehemaligen Wohngebäude der Ziegelarbeiter wurden zur Truppenstationierung herangezogen, und schließlich mußten auch die Gasthäuser des Böhmischen Praters als Soldatenquartiere zur Verfügung gestellt werden.

Auch ein Teil der Waffenproduktion des Dritten Reichs war am Laaerberg angesiedelt. Am Rande der Schottergruben der Ziegelwerke befanden sich mehrere Eingänge zu stillgelegten Abbaustollen, die ursprünglich der Ziegelproduktion gedient hatten. In diesen Stollen mußten mehrere Hundert Kriegsgefangene, vor allem sowjetische und französische Gefangene, Bestandteile für Waffensysteme herstellen.

Ebenfalls im unmittelbaren Bereich des Laaer Waldes befanden sich mehrere Arbeits- und Gefangenenlager. Der RAD (Reichsarbeitsdienst), eine paramilitärische Vorfeldorganisation der NSDAP, hatte entlang der Laaer-Berg-Straße ein großes Arbeitslager errichtet, daneben gab es mehrere Lager der DAF (Deutsche Arbeitsfront), wo Tausende ausländische Kriegsgefangene auf engem Raum und unter höchstem physischen und psychischen Druck zur Arbeit für das Deutsche Reich gezwungen wurden.[252] Über diese Lager sind kaum schriftliche Unterlagen vorhanden, doch die wenigen Belege und mündliche Aussagen lassen erahnen, daß das wahre Ausmaß der Gefangenenlager am Laaerberg bis heute noch nicht klar erfaßt wurde. Aus dem lokalhistorischen Bewußtsein jedenfalls scheinen die Ausländerlager im Bereich des Laaer Waldes zum größten Teil erfolgreich verdrängt worden zu sein.

Zwei interne Berichte der Gestapo aus dem Jahr 1941 beziehen sich im Konkreten auf das Lager der DAF in der Laaer-Berg-Straße 68: In einem Bericht wird von 660 italienischen Kriegsgefangenen berichtet, die bei etwa 40 verschiedenen Firmen außerhalb des Lagers als Deichgräber und Ziegelarbeiter beschäftigt waren. Im Juli 1941 verweigerten sie die Arbeit, wurden jedoch noch am gleichen Tag unter massivem Druck wieder zur Arbeit gezwungen.[253] Im Dezember des selben Jahres fand hier ein von 200 Holländern initiierter Aufstand gegen die Lagerbedingungen statt, der jedoch ebenfalls von der Schutzpolizei niedergeschlagen wurde.[254]

Heute gemahnen nur noch wenige Gedenksteine an die Opfer unter den Kriegsgefangenen am Laaerberg. Eine kleine Tafel an dem Steinmarterl in der Urselbrunnengasse soll an die Ermordung mehrerer französischer Gefangener erinnern, die auf der Flucht von Soldaten erschossen wurden. In der Holzknechtgasse wurde ein Holzkreuz zum Gedenken an 46 Zwangsarbeiter errichtet, die auf dem Weg von ihrer Arbeitsstätte zurück in das Lager im Laaer Wald durch eine Bombe getötet wurden.

AUS UND (FAST) VORBEI . . .

Die südlichen Bezirke Wiens gehörten ab dem Frühjahr 1944 zu den Zielen alliierter Bombenangriffe auf Wien. Die Bahnanlagen und Werkstätten, vor allem jedoch die zahlreichen in die Rüstungsindustrie eingegliederten Industriebetriebe zählten zu den Hauptangriffszielen der Flugverbände. Viele Menschen zogen es während der Luftangriffe vor, statt in einem Luftschutzkeller Zuflucht zu suchen, auf die Anhöhe des Laaerbergs zu flüchten, um dort im Freien die Angriffe zu beobachten und das Ende abzuwarten, zumal der Laaerberg zunächst nie zu den direkten Angriffszielen zählte:

»Ich bin ein einziges Mal mit meinem Sohn in die Bunker im dritten Bezirk gegangen. So klein er damals auch war, hat er gesagt, ›da will ich lieber am Laaerberg sterben, bevor ich noch einmal in einen Bunker gehe‹. Er war damals ein Kind, da war er zweieinhalb Jahre alt. Früher sind die Leute, wenn es Alarm gegeben hat, auf den Laaerberg gegangen und haben sich am Rand der Gruben hingesetzt und haben zugesehen, wie die Bomben auf Wien abgeworfen wurden.«[255]

»Sie haben ja die Fabriken bombardiert, und die Bahnbrücken. Ich bin nie in einen Keller gegangen, bei Fliegeralarm bin ich immer bei der Firma im Arsenal heraus. Im Bombenhagel bin ich unzählige Male am Boden gelegen, bis das wieder vorüber war. Da bin ich durch das alte Arsenal durchgelaufen, und nur hinauf den Laaerberg. Da war ja alles frei, und wenn man sich in einen Hohlweg gelegt hat, ist der Dreck über einen drübergeflogen, die Steine und das alles. Aber es war sicherer. (. . .) Einmal bin ich heimgekommen, und wie ich den Rock aufmache, fällt mir ein Splitter heraus. Erst viel später sind die Zeitzünder losgegangen.«[256]

Bereits im Dezember 1944 wurden einige Gebäude im Laaer Wald durch Brandbomben beschädigt, doch zur großen Katastrophe kam es am 6. April 1945. Über den Laaerberg zog sich die deutsche Abwehrfront zur Verteidigung der Stadt gegen die aus dem Süden anrückenden sowjetischen Truppen. Im Granathagel des bereits aussichtslosen Endkampfes um Wien fiel der größte Teil der Gebäude des Böhmischen Praters den Flammen zum Opfer. Einige Schausteller, die die Kampfhandlungen aus nächster Nähe erleben mußten, schilderten die Ereignisse des 6. April folgendermaßen:

»Ich war gerade in der Grube drinnen, wo wir das Wasser aufgedreht haben, da ist eine 500-Kilo-Bombe hineingegangen. Rechts hat es den Mast abgebrochen, das Ringelspiel hat es in die Höh' getrieben. Ich war froh, daß ich rausgekommen bin. Daneben hat es mir die ganze Automatenhalle und die Schießhalle in zwei Stunden abgebrannt, durch die Brandbomben der Amerikaner . . .«[257]

»Die Bomben haben ja am Laaerberg alles vernichtet. Der ganze Laaerberg ist abgebrannt, bis auf wenige Dinge. Unser Ringelspiel ist nicht abgebrannt, aber sonst fast alles, die Wirten sind abgebrannt, nichts ist übergeblieben. Beim Ringelspiel haben wir uns nachher gewundert, daß da nichts gebrannt hat. Ein Teerpappendach, eine Holzhütte und nur zwei Meter neben dem Ringelspiel sind vom Zaun, vom Holzzaun die Latten abgebrannt. Das Ringelspiel aber ist stehengeblieben, das war ein Wunder.«[258]

»Und dann hat es einmal so eingeschlagen bei uns in der Grube. Da hat es ausgeschaut, verheerend, schrecklich . . . Wenn so die Trümmer von den Menschen herumfliegen. Die ersten Bomben haben die auf der Simmeringer Seite bekommen, die nächsten Bom-

ben sind dann beim Jambor und hinten bei einem Platz und beim Litosch hinein. (. . .) Und dann sind wir gesessen, die gefangenen Russen haben sich so Stollen gebaut in die Sandgrube. Denen haben wir zum Essen gegeben, jeden Tag hat eine andere gekocht. Und die haben uns erlaubt, daß wir in einen Stollen hineindurften. So sind wir beieinandergesessen in der Grube. Und die letzten paar Tage, wie die Russen gekommen sind, sind wir dann in die Grube gegangen, und da haben wir nicht hinausgehen können, weil links und rechts alles gebrannt hat. Erst wie der Brand vorbei war . . . Und dann sind wir vor dem Nichts gestanden. Die ganze Wohnung ist abgebrannt, der Toboggan und die Rodelbahn waren großteils beschädigt, die haben wir wieder herrichten können nach dem Krieg, aber sonst . . ., aber sonst war alles kaputt.«[259]

Fast alle Gebäude des Böhmischen Praters wurden im Zuge der Kampfhandlungen im Süden Wiens völlig zerstört. Im Frühjahr 1945 glich der gesamte Laaerberg einer verwüsteten Ruinenstadt. Sämtliche Holzhütten waren dem Erdboden gleichgemacht, der größte Teil der Pratergeschäfte war devastiert. Und jene Geschäfte, die übrig geblieben waren, bestanden nur noch aus dem verkohlten Grundgerüst. Die Auswirkungen des »Endkampfes« um Wien zeigten sich auch im gesamten Waldbereich, wo nur wenige Bäume unbeschädigt die Kampfhandlungen überstehen konnten, der Rest war ebenfalls verbrannt.

Not und Elend prägten die ersten Wochen und Monate nach Kriegsende. Viele Häuser waren Ruinen, zahlreiche Wohnungen ausgebrannt, ein großer Teil der Bevölkerung Wiens war obdachlos und versuchte, in Notquartieren unterzukommen. Zudem war die allgemeine Versorgung Wiens völlig zusammengebrochen. Vor allem herrschte ein extremer Mangel im Bereich der Ernährung. Die wenigen vorhandenen Nahrungsmittel wurden streng rationiert und über offizielle Verteilerstellen in den einzelnen Bezirken an die Bevölkerung weitergegeben. Anstellen, hoffen, doch noch etwas zu bekommen, und bangen, wie man den nächsten Tag überleben wird, das prägte den Alltag nach Kriegsende. Erst nach und nach begann sich das Leben einigermaßen zu normalisieren. Einige Monate dauerte es, bis die ärgsten Probleme ansatzweise in den Griff zu bekommen waren. Doch von einer Normalisierung konnte noch lange nicht die Rede sein; etwa zehn Jahre dauerte es, bis das Alltagsleben wieder halbwegs konsolidiert erschien.

Viele Familien, die ihre Wohnstätten am Laaerberg hatten, flüchteten während der letzten Kriegswochen in sicherere Stadtteile, und als sie zurückkamen, fanden sie ihre Wohnhäuser nur mehr als Brandruinen. Ein Gastwirt erinnert sich an seine Rückkehr auf den Laaerberg:

»Ich war ein Kriegsgefangener, ich war ein Internierter, die sind ausgelassen worden. Ich bin bis nach Floridsdorf gekommen. Da bin ich mit einer der ersten Straßenbahnen heimgefahren von Floridsdorf. Die ist aber nur bis in die Stadt gefahren, da war sonst nichts. Da bin ich zu Fuß raufgegangen, habe keinen Menschen getroffen, alles war kaputt. Da oben, neben dem großen Wirtshaus, da ist ein kleiner Schuppen gestanden, da hat ein alter Mann gewohnt, Schibuk hat er geheißen, der ist oben geblieben, dem haben sie nichts gemacht, der ist davongekommen. Ich hab' oben gesucht, war aber niemand da, am ganzen Laaerberg hab' ich niemanden gefunden. Der Schibuk hat dann gesagt, die sind alle weg. Meine Frau ist mit den Kindern nach Währing gezogen, zur Schwester, da hat sie lang drüben gewohnt . . .«[260]

DER NEUBEGINN MIT HINDERNISSEN

DER BÖHMISCHE PRATER NACH 1945

Der Wiederaufbau:
Schutträumen gehörte zu den vordringlichsten Aufgaben im neuen Österreich, 1945.

Trotz der fast völligen Zerstörung des Praters begannen einige Familien bereits im Herbst 1945, ihre Plätze wieder einigermaßen instand zu setzen. Natürlich stand die Wiederherstellung der Unterkünfte im Vordergrund. Doch herrschte nach Kriegsende extremer Mangel an allen Baustoffen und Rohmaterialien vor. So gehörte das Improvisieren im Alltag der unmittelbaren Nachkriegszeit zu den wichtigsten Überlebensstrategien, was wiederum auch den Schwarzmarkt provozierte. Oft blieb der Schwarzmarkt die einzige Möglichkeit, etwas Baumaterial zu bekommen. Der Rohstoffmangel machte den Wiederaufbau zwar sehr schwierig, nicht jedoch unmöglich, wie Alois B. erzählt:

»Das Weitermachen war für mich nicht einmal so klar, aber meine Frau hat das nicht aufgeben, die war da eisern in dieser Beziehung. Sie wär' von da nicht weggegangen. Und sie ist da auch gestorben, sie wär' nicht weggegangen. Also, gehabt haben wir überhaupt nichts, kein Brettl, keinen Ziegel, gar nichts. Und da sind wir runtergefahren mit einer Scheibtruhe und Wagerln, da runter in die Gstettn. Da haben wir Sand rausgeholt und heraufgebracht. So haben wir angefangen zu mauern und was halt gegangen ist. Unten sind auch Baracken vom Hitler stehengeblieben. Da waren Kantinen, und drinnen gab es Maschinen und Eiskisten und so. Alles, was wir erwischt haben, haben wir raufgenommen. Dann hat es da einen gegeben, der hat das ganze übernommen und hat angefangen, die Sachen zu verkaufen, der war schon cleverer, da ist schon verkauft worden. Dachsparren und Bretter haben wir uns von drüben geholt, was wir erwischt haben und brauchen haben können. Da hab' ich einen Kollegen gehabt, dem ist ein Roß übriggeblieben mit einem Wagerl, und der ist immer runtergefahren nach Schwechat. Da war eine Batteriefabrik. Für die Karbidlampen haben sie Kalk gehabt. Der ist mit dem Roß runtergefahren und hat mir zwei Scheibtruhen aufgelegt. Was das Pferd halt hat ziehen können, und dann wieder runter. Das Pferd hat nicht mehr können, dem sind die Rippen schon herausgestanden. Erst wie es besser geworden ist, haben wir mehr machen können. (. . .) Eine Holzhütte haben wir zugewiesen bekommen, die wir da oben aufgestellt haben, weil sonst haben wir ja nichts gehabt. Meine Frau ist auf der Gemeinde gewesen und hat eine Zuteilung bekommen. Aber dann haben wir draußen vor Kritzendorf ein Holzhäusel bekommen, 5 mal 5 Meter zum Wohnen, das haben wir dann reingeführt, zu Fuß, mit der Scheibtruhe . . .«[261]

Auch der Schausteller Johann Leitgeb ging bereits kurze Zeit nach Kriegsende daran, seinen Platz wieder aufzubauen. Es war jedoch äußerst schwierig, Unterhaltungsgeschäfte wieder instand zu setzen, da es außer an Baustoffen auch an Eisen, Blech usw. mangelte. Wer jedoch am Tauschmarkt begehrte Artikel besaß, konnte dafür alles bekommen, was er brauchte:

»Wie ich vom Krieg nach Hause gekommen bin, hab' ich mit meiner zweiten Frau frisch anfangen müssen. Nichts haben wir gehabt, kein Geld. Aus dem Sparkassabüchl hat man

ja nichts rausbekommen. Wir haben halt schön langsam wieder angefangen. Da sind wir hamstern gegangen. Die Mädeln waren bei einem Bäcker angestellt, die Frau war zu Hause, hat das Holz gehamstert, das hat sie von den Baracken geholt. So haben wir schön langsam wieder angefangen. Die Plätze waren ja alle leer, der ganze Wald war ja verbrannt. Jetzt bin ich hergegangen und hab' angefangen, Gitter zu machen auf der Straße. Draußen beim Teich oben sind Baracken gestanden, da haben wir zahlen müssen, und da hat jeder von den Brettern was bekommen. Da hab' ich mir eine Werkstatt aufgebaut, und mit der Werkstatt hab' ich schon was gehabt. Ein Bekannter hat mir dann geholfen, mit Ziegeln hinten eine Wand zu machen, weil wir zuwenig Holz gehabt haben.

Ich hab' wieder eine Automatenhalle aufmachen wollen. Aber die Automatenhalle kostet Geld, und Geld hab' ich keines gehabt. Eisenscheine und Holzscheine hab' ich gekriegt von der Gemeinde. Da haben die Baumeister immer gesagt, da können Sie sich den A . . . auswischen, da kriegen S' nichts mit die Scheine, wenn sie nicht was haben. Hab' ich gesagt, ich hab' aber Zigaretten. Ich hab' nämlich unter dem Krieg, ich war beim Zoll, Zigaretten geschenkt gekriegt, sie haben mir immer Zigaretten in den Mantel gesteckt ,in die Tasche, so hab' ich einen Haufen Zigaretten zusammengekriegt. Und mit den Zigaretten haben die Baumeister und die Zimmerleut' gesagt, ja, da können wir was machen. Da hab' ich mir dann ein Hüttl aufbauen lassen um die Zigaretten. Und Automaten hab' ich mir dann auch mit Zigaretten eingetauscht. Da hab' ich schön langsam angefangen. Ein Bekannter mit seiner Frau, der hat auch Automaten in einem Keller gehabt, die hat er dann dazugegeben. Und der Flieger, den hab' ich auch aufbauen müssen, der war ja auch verbrannt, die Bilder und die Sesseln und die Ketten, das hab' ich auch alles mit Zigaretten bei den Eisenhändlern eingetauscht. Dann hab' ich so alte Motore gehabt, die hab' ich bei einer Werkstatt umgetauscht gegen Sesseln. Der hat mir Sesseln gemacht. Stahlrohre habe ich gebracht, alte Stahlrohre. Die Ketten hab' ich wieder beim Anton Berghofer gekriegt, auch mit Zigaretten, weil Geld hab' ich ja keines gehabt. Ich hab' ja nichts geraucht und getrunken. Da hab' ich mir das zusammengespart. Dann hab' ich mir den Motor reparieren lassen, in der Berggasse. Dem hab' ich auch Zigaretten oder einen Tabak geben müssen, weil ich hab' ja Zigarettentabak gehabt, so 10 Kilo. Jetzt ist's schön langsam angegangen. Dann hab' ich angefangen mit dem Karussell, das ist dann gegangen, die Leute haben ja nichts gehabt, der ganze Laaerberg war ja ausgestorben, war ja niemand da.

Und da bin ich hergegangen und hab' angefangen, aufzustellen. Das Geschäft ist gegangen. Und das Geld hab' ich gleich wieder reingesteckt, hab' mir Aluminiumblech gekauft und hab' Bilder gemacht, und eine Musikanlage hab' ich machen lassen. Und dann hab' ich mir die Schießbude, erst Automaten, und vorn hab' ich dann eine Schießbude gehabt, und hinten die Automaten reingestellt. Da war der Herr Alex, der hat aufgepaßt. Meine Frau hat dann in der Schießbude gearbeitet, und meine Töchter bei den Lautsprechern, bei der Musikanlage. Dann hab' ich so ein Ballwerfen gehabt. Dosen runter, da war auch die Gretl, und die Hedi hat die Musikanlage aufgelegt. Jetzt ist's gegangen . . .«[262]

Die Wiederherstellung der Pratergeschäfte erwies sich in Anbetracht der Lebensumstände der unmittelbaren Nachkriegszeit als äußerst mühselig. Dennoch ging der Aufbau des Böhmischen Praters verhältnismäßig rasch vor sich, wenn auch die meisten Geschäfte zumindest zu Beginn als eine Art Provisorium erschienen. Die Gastwirte gingen daran, kleine, nur aus Holzbrettern bestehende Unterstände zu errichten, wo sie bereits Bier auszuschenken begannen. Und auch mehrere Schausteller waren in der Lage, innerhalb kürzester Zeit einen Teil der während des Krieges zerstörten Geschäfte wieder instand zu setzen. Jedenfalls konnte bereits im Frühjahr 1947 der Praterbetrieb, wenn auch in äußerst improvisierter Form, wieder aufgenommen werden. Und die »Volksstimme« konnte vermelden:

»Der ›Böhmische Prater‹ lebt wieder.

Links schmettert aus einem riesigen Lautsprecher ein bekannter Tenor die Mahnung an seine Bella Maria, ihm wenigstens bis morgen früh treu zu bleiben, indes er angesichts der roten, ins Meer versinkenden Sonne Perlen fischt. Rechts orgelt ein asthmatisches Orchestrion zum x-tausendsten Mal das sehr zeitgemäße Lied: ›Heut iß i nix, heut trink i nix‹. Auf einem Kettenflieger schwirrt jung und alt im rotierenden Flug durch die Luft, gegenüber kreischen ängstlich gewordene junge Damen auf, denn eine Fahrt mit der Raketenbahn zum Mond ist ja schließlich keine Kleinigkeit. Etwas weiter vorn werden die Röcke und Haare der weiblichen Jugend durch einen starken Ventilator auf der Raupenbahn hochgewirbelt, was wieder Männer aller Altersklassen anlockt. Geschiebe, Gedränge, Liebespaare, Familien mit Kind und Kegel, Normalverbraucher und Zusatzkartenempfänger, Rufe, Wortschall, polternde Dosen und ein strahlend blauer Himmel an einem Sonntag nachmittag, das ist der ›Böhmische Prater‹ im zehnten Bezirk, der wieder lebendig geworden ist.

Der Böhmische Prater, der sich jetzt Volksprater nennt, war einmal der kleine Konkurrent des großen Volkspraters. Jetzt hat er mit seinem großen Bruder die Rolle getauscht. Zwischen hohen Hecken, an denen das erste Grün sprießt und hinter denen Arbeiter-Schrebergärtner in nimmermüdem Fleiß das Stückchen Boden bebauen, läuft die Straße leicht bergan zum Laaer Wald. Das erste Standl, mit bunten Papierhüten und Windradeln hoch aufgeschichtet auf seinem Pult, steht unter einem verwaschenen Schild der Miag, das von Holzsuchern im vergangenen harten Winter übersehen worden sein dürfte. Das grüne Plakat an einem Telegraphenmast, das in den Volksprater zur täglichen Belustigung mit Ringelspiel, Raupenbahn, Schießhalle, Ballwerfen, Schlangenbahn und Rudersport – durchschnittlicher Preis 20 g – einlädt, ist überflüssig, denn schon ist man mitten im Vergnügen.

In einer Automatenhalle stehen an den verschiedensten Spielkasten die Matadore, zupfen, drehen, drücken und – wechseln bei der hübschen Kassierin, in deren Lade so viel Kleingeld liegt, daß ein Straßenbahnschaffner vor Neid erblassen würde, ihre Schillinge in Sechserln. An der Halle vorbei hat man Gelegenheit, das erste Krügel frisch angeschlagenes Bier an sich zu nehmen. Das große Tanzlokal Staudacher, in dem die reifende Jugend zu den Klängen einer Bauern- oder Jazzkapelle im Favoritner Swing eng aneinandergeschmiegt der Göttin Terpsichore huldigte, ist allerdings vor einigen Monaten einem Brand zum Opfer gefallen. Die Raupenbahn, neu erbaut, erglänzt im prima Ofensilber, Marke ›Feuerfest‹, und ist der Anziehungspunkt aller. Eine Schießbude, einst sehr belagert von Soldaten und solchen, die Aug' und Hand an den kleinkalibrigen Stutzen für das tausendjährige Reich übten, ist vorwiegend von jungen Menschen frequentiert. Das Riesenrad, dem nur noch die runden Sitzkörbe fehlen, wird sich demnächst wieder ›langsam drahn‹ und den Pas-

sagieren aus acht Meter Höhe einen weiten Blick über seine engere Heimat Favoriten und Simmering freigeben.
Viel könnte darüber noch erzählt werden, wie schwer es war, alles wieder aufzubauen, beteuern die beiden Volkspratermentoren Leitgeb und Wilfert. Viele Standeln, Ringelspiele und Gaststätten wurden 1945 von den Deutschen bei ihrer Flucht angezündet. Aber die Besitzer haben den Volksprater wieder aufgebaut. Aber für manche Geschäfte fehlt es an ›Beritt‹, das sind die hölzernen Pferde. Holz ist nur schwer aufzutreiben. Es fehlt an Beleuchtungskörpern, Farbe, Dekoration und vielem anderen, und was man bekommt, ist sündteuer. Trotzdem wurde der Fahrpreis mit nur 20 g festgelegt, damit sich jedermann sein Vergnügen leisten kann.
Wenn die Sonne ihre Strahlen zwischen Zinshäusern und Schornsteinen auf das winzige Fleckchen Erde sendet, wird es stiller im Böhmischen Prater. Junge Liebespaare gehen verträumt durch den dämmerigen Wald den Ziegelteichen zu. Alles überdauert die Romantik der stillen Ufer. Junge Menschen liegen an den dunklen Teichen und finden sich zum ersten Kuß wie eh und je.«[263]
Wie sehr der Bestand an Unterhaltungsgeschäften durch die Zerstörungen am Ende des Krieges in Mitleidenschaft gezogen wurde, zeigt die behördliche Revision der Pratergeschäfte aus dem Jahr 1947, in der in knappen Worten festgestellt wird: »Rosa Bonella: abgetragen. Geißler Maria: derzeit nicht in Betrieb. Geißler Otto: nichts aufgestellt. Kertesz Elise: abgetragen, weggezogen. Kotlaba Margarete: abgetragen, Platz abgegeben. Kummer Franz: Ballwurf auf Blechdosen. Leitgeb Hans: Schlangenbahn, Flieger, Kraftmesser, 11 Automaten (Swoboda's Nachfolger 8 Automaten). Rusniak Anna: Raupenbahn. Wendl's Witwe: Karussell. Wilfert Otto und Emilie: Kinderkarussell, Kinderflieger, Schießbude. Wimmer Otto: noch nicht aufgestellt.«[264]
Besonders die kleinen Schaustellerbetriebe waren natürlich von den knappen Mitteln für den Wiederaufbau betroffen. Viele sahen keine Möglichkeit mehr, angesichts der das gesamte Alltagsleben bestimmenden Krise der allgemeinen Versorgungslage hier über längere Zeit einen Unterhaltungsbetrieb aufrechtzuerhalten. Erneut von vorne anzufangen schien vielen Schaustellern wohl nicht mehr sinnvoll, zudem besonders die Jungen, die die Betriebe übernehmen sollten, vielfach keinerlei Interesse daran zeigten.
Sofern Baumaterial vorhanden war, ging der Wiederaufbau der Hütten im Laaer Wald verhältnismäßig rasch vor sich. Besonders in den ersten Nachkriegsjahren erfuhr die Bautätigkeit kaum Beschränkungen von seiten der Behörden. Diese hatten wohl schwerwiegendere Probleme, als die Einhaltung der gesetzlichen Bestimmungen der Bauordnung im Wald- und Wiesengürtel zu überwachen. Oberstes Ziel der Stadtverwaltung mußte es ja sein, der Obdachlosigkeit vieler Familien effektiv entgegentreten zu können.
»Da ist heroben alles wild gebaut worden im 45er Jahr, da hat keiner gefragt um einen Pachtvertrag oder was, da hat jeder einfach gebaut«, umriß ein Schausteller die Lage der frühen Nachkriegszeit. Schwierig wurde die Situation, wenn unterschiedliche Interessenslagen aufeinandertrafen, wie im Fall Franz Schollers, dem im März 1949 ein Abbruchbescheid zugestellt wurde, in dem er aufgefordert wurde, sein Grundstück unverzüglich zu räumen, da der Pachtvertrag ausgelaufen war. In seinem Einspruch gegen diesen Bescheid mutmaßte Scholler, daß wohl wirtschaftliche Interessen der Baufirma Wienerberger als Grundeigentümer zu diesem Abbruchbescheid geführt hatten:
»Ich bin seit dem Jahr 1934 in das seinerzei-

tige Polizeirevier des Laaerwaldes als Mieter eingezogen und habe damals nach der Inbenützungsnahme sämtlicher Räume mit Fußböden, Mauerbewurf, Installation des elektrischen Lichtes auf meine Kosten durchgeführt. Ich bewohnte diese zwei Zimmer und Küche mit Nebenräumen bis zum Jahre 1945. Nach der Befreiung wurden diese Räume von der Besatzungsmacht benützt und durch das Aufstellen einer 25-cm-Haubitze, die acht Tage hindurch Wien beschoß, wurde das Gemäuer derart erschüttert, daß die Fassade abbröckelte. Das Dach wurde durch Fliegerangriffe, von den in der Luft wirbelnden Steinen durchschlagen. (. . .) Der Grund des Abbruchbescheides scheint eher die Ausbeutung der anschließenden Sandgrube und nicht der schlechte Bauzustand zu sein.«[265]
Der Einspruch war erfolgreich, der Abbruchbescheid wurde nicht exekutiert.
Was jedoch wesentlich wichtiger erschien, als die Überwachung der verschiedenen Bauvorschriften, war die Bewahrung der Überreste des Baumbestandes des durch die Kriegsereignisse ohnedies schwer geschädigten Laaer Waldes. Ein Großteil des Waldes war während des Endkampfes um Wien vernichtet worden, und die Teile, welche die Kampfhandlungen unbeschädigt überstanden hatten, waren besonders während der Wintermonate das begehrte Ziel von Holzsammlern, die versuchten, hier ein wenig Brennmaterial zu beschaffen. Das Holzsammeln und besonders das Schlägern von Bäumen waren behördlich verboten, und als die vorwiegend in der Nacht vorgenommenen illegalen Schlägerungen überhand nahmen, sah sich die Exekutive sogar gezwungen, den Wald von Polizeibeamten durchstreifen zu lassen, um das illegale Baumfällen zu unterbinden. Dennoch fiel ein großer Teil des Baumbestandes des Laaer Waldes Holzsammlern zum Opfer.

BUDELN & STANDELN

Der äußerst eingeschränkten Versorgungslage nach dem Ende des Zweiten Weltkrieges entsprechend waren es in den ersten Jahren nach Kriegsende vor allem die kleinen, improvisierten Unterhaltungsgeschäfte, die den Böhmischen Prater beherrschten. Noch weit stärker als vor dem Krieg standen dabei die Kinderunterhaltungen im Vordergrund. Ohne größeren Aufwand konnten Kinderschaukeln gebaut werden, und auch einfache Kinderkarussells und Kinderfahrkarussells waren verhältnismäßig leicht herzustellen. An die Anschaffung größerer Unterhaltungsgeschäfte konnte sowieso nicht gedacht werden, und so versuchten jene Schaustellerfamilien, die die Plätze weiter betrieben, vor allem jene Geschäfte zu reaktivieren, die während des Kriegs nicht völlig zerstört worden, sondern zumindest im Grundgerüst einigermaßen erhalten geblieben waren.
Rudolf Rusniak etwa konnte seine Raupenbahn, die nur noch in bescheidenen Resten vorhanden war, wieder instand setzen. Daneben führte er ab 1947 eine achtschiffige Kinderschaukel. Anfang der fünfziger Jahre kamen ein Kinderkarussell sowie eine Kinderdreiradrundbahn hinzu.[266] Das Karussell bestand aus einer einfachen Holzscheibe, auf der mehrere Automodelle angebracht waren. Bei der Kinderdreiradrundbahn wiederum kamen zehn selbstgebaute Kinderdreiräder zum Einsatz, mit denen Kinder auf einer

Die Spielhalle von Hans Leitgeb, eine der ersten Unterhaltungen im Böhmischen Prater nach Kriegsende, um 1950.

Rundfahrbahn aus Holz fahren konnten. Anna Rusniak führte diese Geschäfte nach dem Tod ihres Bruders bis ins Jahr 1966. Danach gab sie den Platz endgültig auf.

Ebenfalls im Jahr 1947 hatte Hans Leitgeb erstmals nach Kriegsende seinen Schaustellerplatz wieder geöffnet. Als größtes Geschäft konnte er die bereits vor dem Krieg aufgestellte Schlangenbahn wieder instand setzen. Ebenso gelang es ihm, einen 16sitzigen Pendelflieger und wenige Jahre später ein 32sitziges Kinderkarussell aufzubauen. Daneben besaß er mehrere kleine Kinderschiffschaukeln, eine Ballwurf- und Kapselschießbude sowie ein Kinderfahrradkarussell.[267] Besonders aber verlegte sich Leitgeb auf das verstärkte Geschäft mit Spielautomaten. Bereits 1949 eröffnete er eine Automatenhalle, in der sich neben einem Kraftmesser, dem Watschenmann, insgesamt 19 Geldspielautomaten befanden.[268] Diese Spielhalle wurde im Laufe der fünfziger Jahre mehrmals erweitert. Vor allem die amerikanischen Flipper sowie Tischfußballspiele konnten ein vorwiegend jugendliches Stammpublikum erreichen. Zusätzlich ließ Leitgeb in seiner Spielhalle auch andere Automatenbesitzer ihre Spielautomaten aufstellen, was sowohl höhere Umsätze als auch Provisionseinnahmen bedeutete.

Leitgeb war sicherlich jener Schausteller des Böhmischen Praters, der mit höchstem Nachdruck versuchte, die Geschäfte nach dem Krieg wieder dem Stand vor dem Krieg anzugleichen. Mit seinem Moped war er wochenlang in Österreich und Deutschland unterwegs, um günstig Schaustellergeschäfte zu erwerben. So konnte er etwa in Oberösterreich ein Kinderkarussell ausfindig machen, das ein Schausteller zum Verkauf angeboten hatte. Man einigte sich auf ein Tauschgeschäft, Leitgeb bekam das Kinderkarussell für mehrere Schießbudenfiguren. Als ihm eines Tages von einem befreundeten Holzhändler mehrere Holzpfosten angeboten worden waren, ging er daran, für dieses Karussell eine Ringelspielhütte zu errichten.

Im Jahr 1951 verkaufte Hans Leitgeb die provisorisch hergerichtete Schlangenbahn an einen deutschen Schausteller, und mit dem so erlösten Geld erwarb er einen verfallenen Kettenflieger, der im Wiener Prater aufgestellt gewesen war. Diesen baute er um und machte schließlich einen wesentlich kleineren Kinderkettenflieger daraus.[269] Die Sitze dieses Kettenfliegers jedoch konnten für Kinder nicht verwendet werden, und so ließ er in Oberösterreich acht Flugzeugmodelle herstellen. Die vergleichsweise hohen Investitionskosten für die Herstellung der Flugzeugmodelle haben sich ohne Zweifel gelohnt, denn von Beginn an zählte der »Raketenflieger«, wie der Kinderkettenflieger genannt wurde, zu den beliebtesten Unterhaltungen für Kinder im Böhmischen Prater.

Neben den Schaustellergeschäften legte Hans Leitgeb im Laufe der fünfziger Jahre auch einen großen Tanzplatz an. Eine von seiner Tochter bediente Musikanlage sorgte für Tanzmusik, und etwa 200 Sitzplätze standen den Zusehern zur Verfügung. Doch mußte der Tanzplatz kurze Zeit später wieder geschlossen werden. Leitgeb dazu:

»Da haben s' hinten getanzt, die Madeln und die Burschen, und dann sind s' gefahren am Karussell und haben wieder getanzt. Später hat's dann geheißen, ich soll das abreißen, weil hier haben s' viel gerauft. Die Bsoffenen [Betrunkenen] sind reingekommen, sind mit die Mädeln . . . haben halt tanzen wollen, und die Burschen haben sich das nicht gefal-

Das Kinderkarussell von Hans Leitgeb, um 1950.

Blick von der Anlage der Familie Mayer auf den beschädigten Pendelflieger sowie die darunterliegende »Raupe«, um 1958.

len lassen. Da ist die Polizei gekommen, und die haben gesagt, ›Räumen Sie das doch weg, das ganze, und machen Sie, was Sie wollen, was Sie glauben‹. Jetzt bin ich hergegangen, hab' eine Fuhr' Sand kommen lassen, und hab' über den Tanzboden Betonsand drüber gegeben, und hab' eine zweite Spielhalle aufgebaut.«[270]

Als einziges Unterhaltungsgeschäft des Böhmischen Praters, welches das Jahr 1945 nur geringfügig beschädigt überstanden hatte, konnte Rosa Wendl ihr Springpferdkarussell ebenfalls bereits zwei Jahre nach Kriegsende wiedereröffnen. Wenn auch keine Schäden durch direkte Kriegseinwirkungen entstanden waren, so war das Karussell doch einen Winter lang mit beschädigtem Dach der kalten Witterung ausgesetzt gewesen, wodurch Schäden am Holz verursacht wurden, die erst nach längerer Restaurierung wieder beseitigt werden konnten.

In den folgenden Jahren kamen ein Rudersportkarussell sowie acht Fahrradkarussells hinzu.[271] Im Jahr 1954 übergab Rosa Wendl, bereits eine betagte Schaustellerin, ihre Geschäfte an die Familie Beisteiner. Anstelle des Rudersportkarussells errichtete Anna Beisteiner 1957 ein Kindersportkarussell, ein kleines Scheibenringelspiel mit acht Fahrzeugen als Sitzplätze.[272] Dieses Karussell erwies sich jedoch als nicht besonders einträglich, da ihm das Springpferdkarussell zu große Konkurrenz machte. So wurde schließlich das Kindersportkarussell wieder abgetragen, und einige Besatzstücke, wie eine Eisenbahn, eine Straßenbahn sowie mehrere kleine Fahrzeugmodelle wurden auf das Springpferdkarussell verlegt, um dieses sowohl für Erwachsene als auch für Kinder attraktiv zu gestalten.

Vor allem waren es Kinderunterhaltungen, die nach Kriegsende erneut aufgestellt werden konnten. So auch im Betrieb von Otto

Das Kinder-Sportkarussell der Familie Mayer, davor die Kinder-Fahrradkarussells, um 1958.

Für viele Kinder ein geeigneter Übungsplatz zum Radfahren, um 1963.

Der Stolz jedes Kindes: Straßenbahnfahrer am Laaerberg, um 1963.

Das Kinderkarussell der Familie Wilfert: Die Grundsubstanz stammte noch aus der Zwischenkriegszeit, 1952.

Wilfert, der 1947 mit einem Kinderkarussell und einem Kinderkettenflieger das Schaustellergewerbe wieder aufnehmen konnte.[273] Beide Unterhaltungsgeschäfte waren während des Krieges erheblich beschädigt worden, konnten jedoch instand gesetzt werden. Das ambulante Gewerbe mußte die Familie Wilfert nach dem Krieg aufgeben, da die Requiriermaßnahmen sowie die Vernichtung mehrerer Geschäfte das Unternehmen doch erheblich geschwächt hatten. Dennoch blieb ein enger Kontakt zu ambulanten Schaustellern wie auch zu Schaustellern des Wurstelpraters bestehen. Schließlich betrieb Otto Wilfert auch im Wurstelprater nach wie vor einen Schaustellerplatz.

Am Laaerberg blieben es nach wie vor die kleinen, wenig aufwendigen Geschäfte, die zur Aufstellung gelangten. Im Jahr 1948 kamen eine Schießbude sowie ein Kettenfliegerkarussell hinzu.[274] Der Kettenflieger war wie die beiden oben genannten Geschäfte ebenfalls bereits vor dem Krieg aufgestellt gewesen, wurde jedoch so sehr beschädigt, daß die Reparatur mehrere Jahre in Anspruch nahm. Erst ein von einem Schlossermeister ausgestelltes Gutachten über den Zustand der Eisenreste, die nach dem Brand übriggeblieben waren, ermöglichte es Otto Wilfert, diesen Kettenflieger wieder zu errichten.

In erhöhtem Maß versuchte Otto Wilfert, Kinder als Kundschaft anzusprechen, und so ersetzte er die Schießbude durch ein Kinderkarussell.[275] Dieses Segelbootringelspiel bestand aus fünf kleinen Booten für je zwei Kinder. Jedes der Boote war mit einem kleinen Segel ausgestattet. Doch auch dieses neue Kindergeschäft brachte nicht jenen kommerziellen Erfolg, der notwendig gewesen wäre, das Geschäft im Böhmischen Prater aufrechtzuerhalten. Im Jahr 1957 mußte Wilfert schließlich einen Teil seiner Unterhaltungen verkaufen, einen Teil lagerte er in einem Schuppen. Den Schaustellerbetrieb

Das Kinderflieger-karussell der Familie Wilfert, 1952.

gab er auf, nicht jedoch den Pachtgrund, auf dem die Wohnmöglichkeit erhalten blieb.
Ebenfalls im Jahr 1947 eröffnete Franz Kummer seine Geschäfte. Er begann nach dem Krieg mit einer einfachen, äußerst improvisierten Ballwurfbude, wobei Blechdosen als Ziele verwendet wurden. Doch wie den meisten anderen Schaustellern fehlte es auch Kummer in erster Linie an Investitionskapital, um einen Unterhaltungsbetrieb errichten zu können. Den größten Teil seiner Geschäfte verlor Kummer am Ende des Krieges, und der Ballwurf allein brachte nur bescheidene Einnahmen. So verpachtete er ab 1948 den Platz an andere Unternehmer. In den folgenden Jahren waren mehrere Automatenbesitzer und Puppenspieler hier tätig.
Johann B., Friseur aus Ottakring, betrieb drei Jahre lang am Laaerberg ein Kasperltheater, unter anderem auch auf dem Platz von Franz Kummer:
»Nach dem Krieg wollte ich zuerst in den Prater [Wurstelprater]. Der Prater war für mich das Um und Auf. Im Prater hat man aber einen Kasperl gehabt, und einen zweiten brauchen sie nicht. Zuerst hab' ich schauen müssen, daß ich zu den Puppen komme, die mein Vater an verschiedenen Stellen in Wien eingelagert gehabt hat im Krieg. An den meisten Stellen war das im 45er Jahr ein Raub der Flammen oder ein Raub der Räuber. Erst langsam hab' ich die verschiedenen Puppen und Dekorationen zusammensuchen müssen . . .
Wie ich nichts bekommen habe im Prater im Jahr 1948, bin ich dann auf den Laaerberg durch Zufall hingekommen, und da hab' ich beim Herrn Rusniak einen Platz gekriegt und konnte dort mein ambulantes Handpuppentheater aufstellen. Zu der Zeit war es noch aus Zeltplanen. Da hab' ich Bänke gehabt, und zwar aus der Luftschutzzeit, die Luftschutzbänke, die der Hitler in die Luftschutzkeller gegeben hat. Die hab' ich um den

Der Kasperl zwischen improvisierten Ziegelmauern; das Kasperltheater von Johann Bahonek, 1949.

Holzpreis gekauft und wieder instand gesetzt. Dann hab' ich von einem Gasthaus, das zugrunde gegangen ist, so Gitter besorgt, wo man Pflanzen rauftun kann, damit man auf der Seite nicht die kaputten Mauern sieht. Was man so an Farbe gekriegt hat, hab' ich halt verstrichen . . .

Da hab' ich zuerst beim Herrn Rusniak gespielt, auf einem freien Platz. Vor der Vorstellung hab' ich die Bänke aufgestellt, bei Regenwetter wieder reingegeben, und wenn die Sonne rausgekommen ist, hab' ich die Bänke wieder rausgetragen. Dann hab' ich mir so ein Hütterl gemacht. Weil meine Mutter gehbehindert war, hab' ich eine Kasse selbst fabriziert mit Sperrholzplatten. Das Handpuppentheater war ohne Dach zu der Zeit, das Gerüst hab' ich fest gehabt, und rundherum aus Zeltplanen, die bemalt waren, hab' ich das dann verspannt. Die Bühne war ungefähr eineinhalb Meter im Quadrat.

Auch für den Wanderbetrieb geeignet war der Kettenflieger von Otto Geißler, 1949.

Der Zuschauerraum war . . ., auf der einen Seite war die Mauer vom Gasthaus, auf der anderen Seite war das mit einem Zaun abgesperrt. Die Kinder, die zum Rusniak in die Raupenbahn gegangen sind, haben nicht rüber können. Und ich bin mit meinem Theater so gestanden, daß sie nichts gesehen haben, wohl aber gehört. Das war vielleicht die Reklame, die akustische Reklame, daß man die Kinder lachen gehört hat, den Kasperl gehört hat, aber nichts gesehen hat.
Da hat natürlich jedes Kind die Eltern aufgefordert um ein kleines Taschengeld, um zum Kasperl zu gehen . . . Da war natürlich jede Vorstellung eine Einnahme, wenn auch nur fünf Kinder drinnengewesen sind, war das eine schöne Einnahme.
Natürlich sind Vorstellungen gewesen mit 20 bis 25 Kindern . . . Um 10 Uhr vormittags war ich im Sommer schon auf dem Platz, hab' ich begonnen mit dem Spielen . . . Dann mußte ich vom Rusniak weg, die Kollegen haben das nicht erlaubt, daß man mich dort behält, den Ottakringer. Dann bin ich gegenüber zum Herrn Kummer und hab' ihn gefragt, ob der den Platz vermieten möchte für das Kasperltheater, worauf er natürlich einverstanden war. Da hab' ich so Sperrholzplatten gehabt, mit Scharnieren, zum Klappen. Und da war ein Kasperl draufgemalt, verschiedene Märchen, und damit hab' ich das augenmäßig abgesichert. Ohne Licht, ohne Strom, ohne Mikrophon, ohne alles. Draußen hab' ich den Kasperl montiert gehabt mit der beweglichen Hand mit Glocken, den hat man mit dem Handzug betrieben. Dann hab' ich eine gute Bekannte gehabt, die früher Ausruferin war im Prater, die hat mich gefragt, ob sie nicht was verdienen kann bei mir. Und die hab' ich dann als Ausruferin gehabt. Aus dem Erlös hab' ich mir dann ein Marionettentheater gekauft,

Das Riesenrad von Maria Geißler, 1950.

das ich nicht am Laaerberg hatte, sondern auf der Alszeile. Drei Saisonen war ich am Laaerberg, dann bin ich in die Heimat zurück . . .«[276]

Eine der großen Schaustellerfamilien der Zwischenkriegszeit, die ebenfalls unmittelbar nach dem Krieg das Schaustellergewerbe aufnahm, war die Familie Geißler. Otto Geißler eröffnete seinen Platz im Jahr 1948 mit einer zweischiffigen Rundschaukel für Erwachsene, einer vierschiffigen Kinderschaukel sowie einem Kinderkettenflieger mit acht Gondeln.[277] Anstelle der Rundschaukel errichtete er wenig später einen 18sitzigen Kettenflieger, den er in seiner Werkstatt gebaut hatte.[278] Dieser Kettenflieger bestand aus einem 7 m hohen Stahlrohrmast, an dessen oberen Ende eine Drehscheibe von 8 m Durchmesser angebracht war. Als Sitzplätze dienten Stahlrohrsessel. Bis 1956 stand der Kettenflieger am Laaerberg im Einsatz, wobei er leihweise Margarit Hruby, einer Tochter von Otto Wilfert, zur Verfügung stand. Schließlich erwarb der Praterschausteller Karl Schöbel dieses Geschäft, das in der Folge im Wurstelprater aufgestellt wurde.

Otto Geißler betrieb seine Schaustellergeschäfte nach dem Krieg nur sehr kurz, nämlich bis 1952. Da der Betrieb nicht mehr rentabel war, wandelte er den Schaustellerplatz in einen Gewerbebetrieb zur Erzeugung und Reparatur von Karussells um.

Otto Geißlers Schwägerin, Maria Geißler, begann wenige Jahre nach Kriegsende mit dem Schaustellergeschäft. In einer Holzhütte eröffnete sie im Jahr 1949 ein Fahrradkarussell, das aus zwei Rundbahnen mit je vier Fahrrädern bestand, die durch einen Führungsmast zentral befestigt waren.

Ein Jahr später kamen zwei weitere Unterhaltungen hinzu, das Riesenrad und die »Bobb Bahn«.[279] Das Riesenrad war zwar im Krieg schwer beschädigt worden, konnte jedoch instand gesetzt werden, da die tragenden Metallteile einigermaßen funktionstüchtig geblieben waren. Die »Bobb Bahn« wiederum, eine Kinderrodelbahn, hatte Hugo Geißler von einem Schausteller des Wurstelpraters erworben, der sie im Jahr 1947 herstellen hatte lassen. Die Bahn bestand aus einem wellenförmigen, blechbesetzten Laufkreis von 7,6 m Durchmesser, auf dem 18 zweisitzige, mit Laufrollen versehene Rodeln im Kreis geführt werden konnten.

Wie bei den meisten anderen Schaustellergeschäften auch, zeigte sich ab der Mitte der fünfziger Jahre jedoch, daß die Geschäfte kaum noch rentabel geführt werden konnten. 1955 wurde der Platz zum letzten Mal bespielt, daraufhin stellte Geißler den Betrieb gänzlich ein.

Schließlich sei noch der Betrieb von Leopold Wimmer genannt, der ab dem Jahr 1939 im Böhmischen Prater bestand. Im Jahr 1952 begann Wimmer sein Schaustellergeschäft mit der Aufstellung einer fünfschiffigen Kinderschaukel sowie einer Schießbude.[280] Ein Jahr später kam eine zweischiffige Rundschaukel dazu.[281] 1954 errichtete Wimmer anstelle der hölzernen Schießbude eine gemauerte Schieß- und Wurfhalle.[282] Diese bestand aus einer Schießstätte für Luftdruckgewehre, wobei auf Tonröhrchen, Glühbirnen und Luftballons, die durch ein Gebläse im schwebenden Zustand gehalten werden konnten, geschossen wurde. Der zweite Teil der Halle diente als Ballwurfhalle, in der ein Dosenwerfen untergebracht war. Als Preise wurden kleine Spielsachen, Kunstblumen, Fähnchen usw. ausgespielt.

Während Wimmer die Rundschaukelanlage bereits im Jahr 1959 wieder abgab, führte er die Schieß- und Wurfhalle bis 1965. Danach gab er sie an die Familie Leitgeb weiter.

Spätestens gegen Ende der fünfziger Jahre mußten die Schaustellerfamilien erkennen, daß die Führung eines Schaustellerbetriebes im Böhmischen Prater trotz nicht unerhebli-

Schwungvoll in die fünfziger Jahre: Die Bob-Bahn von Maria Geißler, 1950.

Eine einfache Holzkonstruktion: Die Rundschaukel der Familie Wimmer, 1955.

cher Investitionen kaum noch möglich erschien. Aus der Auflistung der Geschäfte läßt sich ablesen, daß die Versuche der neuerlichen Installation des Schaustellerbetriebes am Laaerberg keineswegs halbherzig waren – dennoch, die traditionellen Schaustellungen konnten nicht mehr jenes Publikum erreichen, das sie noch vor dem Krieg im hohen Maß frequentiert hatte. Der Traum eines neuerlichen Aufschwungs des Böhmischen Praters war endgültig vorbei, zumindest was die traditionellen Geschäfte betraf. An eine technisch aufwendige Gestaltung der Unterhaltungen war nicht zu denken, denn Innovationen im Unterhaltungsgewerbe hätten einen erheblichen Kapitaleinsatz vorausgesetzt, und der konnte hier nicht aufgebracht werden.

Im Gegensatz zum Böhmischen Prater konnten die Schausteller des Wurstelpraters bereits mit spektakulären und technisch aufwendigen Geschäften aufwarten, etwa Achterbahnen, Autodroms, Piratenschaukeln, Geisterbahnen usw., zumal von seiten der Stadtverwaltung Maßnahmen gesetzt wurden, hier bald nach Kriegsende wieder Schausteller für Produktionen zu gewinnen, um den Wurstelprater für die Wiener erneut attraktiv zu machen.

Die Geschäfte des Böhmischen Praters hingegen waren in der Hauptsache selbstgebaut und improvisiert, im Prinzip veraltet und technologisch am Stand der dreißiger Jahre. Neuerungen konnten die Schausteller nur in geringem Maß vornehmen, und wo es möglich gewesen wäre, schien das Risiko zu groß. Zumal auch die Frage der Nachfolger innerhalb der Familien nicht geklärt war. Besonders die jungen Schausteller brachten den Geschäften nicht mehr jene Aufmerksamkeit entgegen, die notwendig gewesen wäre, wieder einen größeren Praterbetrieb zu installieren. Die jungen Leute erlernten in der Regel handwerkliche Berufe und gaben einer Lohnarbeit eindeutig den Vorzug, weil die Führung eines nicht rentablen Schaustellerbetriebs eher als Belastung denn als Bereicherung angesehen wurde. Ein derartiges »Groschengeschäft« während der Freizeit an Wochenenden war in der Wiederaufbau-Gesellschaft alles andere als erstrebenswert.

Der Rückgang der Schaustellergeschäfte im Böhmischen Prater im Laufe der fünfziger Jahre muß jedoch auch unter dem Aspekt veränderter Freizeitgewohnheiten der Nachkriegszeit gesehen werden. Im Zuge der Normalisierung der Versorgungslage nach dem Krieg stellte die Freizeitunterhaltung einen spürbar expandierenden Markt dar, wobei die Konkurrenz der verschiedenen Unternehmer deutlich stärker hervortrat als noch vor dem Krieg. Der Aufschwung des Kinos und in der Folge des Fernsehens, aber auch die zunehmende Mobilität der Bevölkerung spielten hier eine bedeutende Rolle und stellten eine der Ursachen für den Rückgang der Attraktivität von Praterunterhaltungen dar.

Deutlich zeigt sich in der Struktur der Geschäfte des Böhmischen Praters, welche Unterhaltungen in der Folge dem Publikumsinteresse entsprachen. Dies waren in erster Linie die verschiedensten »amerikanischen« Spielautomaten. Zwei Spielhallen bildeten ab den späten fünfziger Jahren im wesentlichen die Hauptattraktion des Böhmischen Praters. Daneben konnten einige Kindergeschäfte aufrechterhalten werden, jedoch nur noch als eine Art Hobbygeschäfte jener Schausteller, die ihre Plätze nicht endgültig aufgeben wollten. Die übrigen Unterhaltungen traten in den Hintergrund. Flipperautomaten, Tischfußballspiele, Tischtennis, aber auch Musikautomaten erwiesen sich als einträgliches Geschäft, Karussells, Schaukeln, Schieß- und Wurfbuden fanden ihr Publikum hingegen nur noch selten.

Johann Leitgeb erkannte diesen Trend sehr rasch und legte den Hauptteil seiner Geschäfte im Bereich der Spielautomaten an. Daß er daneben auch andere Schaustellergeschäfte führen konnte, verdankte er den Einnahmen aus dem Automatengeschäft. Schließlich orientierte sich Leitgeb mehr als andere Schausteller an den gängigen Modetrends der Zeit. Er war stets daran interessiert, die neuesten und aktuellsten Schallplatten zur Verfügung zu haben, die er als Hintergrundmusik im Zusammenhang mit seinen Schaustellergeschäften ablaufen ließ. So entwickelte sich das Geschäft von Hans Leitgeb als Publikumsmagnet vor allem für junge Leute, deren Idole zwischen Elvis Presley, Little Richard, Chuck Berry und James Dean angesiedelt waren. Und hier liegt wohl einer der Gründe, warum die Vorurteile gegenüber jugendlichen Praterbesuchern verstärkt in den Vordergrund traten. Lederjacken, Rock'n'Roll und amerikanische Spielautomaten stellten für viele Familien jene Kombination dar, die gemieden werden sollte.

Wie im Schaustellergewerbe herrschte auch bei den Gastwirtschaften des Böhmischen Praters nach Kriegsende vor allem die Improvisation vor. Alle Baustoffe, die verfügbar waren, wurden, wie schon erwähnt, zum Wiederaufbau der zerstörten Hütten verwendet. Wichtig war, aus den improvisierten Holzverschlägen der unmittelbaren Nachkriegszeit einigermaßen benutzbare Schankräume zu machen. Zum Teil gemauert, zum Teil nur mit Holzplanken versehen, konnten zu Beginn der fünfziger Jahre mehrere Wirte ihren Betrieb wieder geregelt offenhalten. Nach wie vor wirkten die Gasthäuser aber eher wie Schrebergartenhütten als wie Ausflugsgaststätten. Die Improvisation wurde zum Dauerzustand, da das Publikum nicht so zahlreich kam, wie es erforderlich gewesen wäre, um Kapital zur Verbesserung der gesamten Infrastruktur zur Verfügung zu haben. So beschränkte sich der Gasthausbetrieb auf Stammgäste, die hier regelmäßig einkehrten, auf Stammtischrunden, Kartenrunden und Frühschoppengäste. Auch Kegelabende in den Gasthäusern brachten mehr Gäste. Vereinzelt kamen Spaziergänger vorbei, doch das Massenpublikum, das noch vor dem Krieg hier eingekehrt war, blieb weitgehend aus.

In der Schießbude von Hans Leitgeb, um 1955.

Die »süße Pause« zwischendurch: Das Zuckerlgeschäft Rosa Jambor, 1962.

Mit der Veranstaltung von Tombolas, Preisschnapsturnieren und kleinen Festen versuchten die Gastwirte zwar, vermehrt neues Publikum zu gewinnen. Obwohl die Veranstaltungen aufgrund des zur Verlosung gelangten Warenangebots – Waschmaschinen, Motorräder und -roller konnten gewonnen werden – bestens besucht waren, blieben kaum Gäste hängen, die die Gaststätten auch an anderen Tagen besuchten.

Vier Gasthäuser nahmen nach dem Krieg den Betrieb wieder auf.[283] Rosa Knorr, Alois Bendekovics sowie Katharina Pintarich besaßen bereits vor dem Krieg ihre Gaststätten. Neu hinzu kam Helene Dworak, eine Nichte von Heinrich Staudacher. Sie übernahm das Gasthaus Staudacher, das als einziges Gebäude nach dem Krieg als massives Ziegelgebäude errichtet wurde. Betreiben konnte sie das Gasthaus jedoch nur knapp zehn Jahre, danach sah sie sich aus wirtschaftlichen Gründen gezwungen, den Gasthausbetrieb einzustellen. Trotz intensiver Bemühungen, einen Pächter zu finden, konnte und wollte den Betrieb niemand weiterführen.

Im Laufe der sechziger Jahre mußte schließlich auch Rosa Knorr altersbedingt ihren Betrieb schließen. Bis zu ihrem Tod lebte sie weiter in ihrem Gasthaus, das nun als Wohnhütte diente. Ende der siebziger Jahre wurde das Gebäude niedergerissen.

So blieben nur mehr zwei Gaststätten im Böhmischen Prater bestehen, die Gasthäuser Bendekovics und Pintarich. Daneben führte auch die Familie Wildenauer ihre Schutzhütte im Bereich der Schrebergartensiedlung weiter.

Mehr als die Gasthäuser gewannen nun zunehmend die kleinen Imbißstuben an Bedeutung.[284] Äußerlich glichen die Verkaufsloka-

Citrolo und Blockmalz, 1955.

le kleinen Gaststätten, die Pachtplätze boten auch hier die Möglichkeit, Gastgärten anzulegen. Im Unterschied zu den Gasthäusern war es jedoch den Verkaufshüttenbesitzern nicht gestattet, die Gäste in ihren Gärten zu bedienen. Die Verkaufshütten durften nur als Selbstbedienungslokale geführt werden, dafür war jedoch auch keine Gasthauskonzession erforderlich, was vor allem aus steuerlichen Gründen dazu führte, daß kleine Speisen und Getränke oft erheblich billiger waren als in den Gasthäusern. Besonders neben Spielhallen erwiesen sich die Imbißstände und Verkaufshütten als einträgliches Geschäft, denn viele Gäste der Spielhallen nutzten die Möglichkeit, während des Spielens an den Automaten Bier, Wein oder kleine Speisen zu konsumieren, ohne dafür ein Gasthaus aufzusuchen.

Im Jahr 1947 konnten zwei Verkaufshütten eröffnet werden, die Lokale von Amalia Schwarz und Christine Jambor. In beiden bestand das Angebot vor allem in Süßigkeiten, Eis, Getränken sowie Zigaretten, also etwa vergleichbar mit einem herkömmlichen Greißlerladen. Im Anschluß an die Hütten besaßen beide Lokale Gastgärten. Die Verkaufshütte von Amalia Schwarz befand sich in unmittelbarer Nachbarschaft des Schaustellerplatzes von Johann Leitgeb, wodurch vor allem im Laufe der fünfziger Jahre ein erheblicher Geschäftszuwachs zu verzeichnen war.

Im Jahr 1950 erhielt der Automatenbesitzer Karl Koch die Konzession für das Zuckerbäckergewerbe im Laaer Wald, eingeschränkt auf die Erzeugung von Speiseeis.[285] Den Eisverkauf betrieb er in einer von Franz Kummer übernommenen Hütte, wo er auch einige Spielautomaten aufgestellt hatte. Ende

Allerlei Süßigkeiten in der Zuckerlhütte Jambor, 1960.

der fünfziger Jahre erweiterte Koch sein Gebäude, das bald einer Imbißstube mit Spielautomaten glich. Wie sehr diese Kombination einem Gasthausbetrieb ähnlich wurde, zeigte sich auch daran, daß Koch sich intensiv darum bemühte, das behördliche Rauchverbot in der Spielhalle aufheben zu lassen, da sich dieses geschäftsbehindernd auswirkte. Für Kochs Spielautomaten kam jedoch ebenfalls nach wenigen Jahren das Ende. Das im selben Gebäude untergebrachte Lebensmittelgeschäft der Familie Jambor hingegen blieb bestehen und wird bis heute weiterbetrieben.

Schließlich ist im Bereich der Verkaufshütten auch der Verkaufsstand für Galanterie- und Spielwaren der Familie Hanak zu nennen, der bereits in der Zwischenkriegszeit geführt wurde. In der kleinen Holzhütte gab es Puppen, Windräder, Plastikpistolen, also allerlei Spielwaren, wobei nach wie vor die »Katz im Sack« zu den beliebtesten Waren zählte. Daneben verkaufte Hanak auch Salzgurken und ähnliche Kleinigkeiten.

Zählten die ambulanten Verkäufer noch bis zum Zweiten Weltkrieg zum gewohnten Erscheinungsbild des Böhmischen Praters, so ging dieser Geschäftszweig nach dem Krieg kontinuierlich zurück. Nur noch selten versuchten ambulante Händler, hier einen Absatzmarkt für ihre Produkte zu erschließen.

»PRATERFREMDE« NUTZUNGEN

Einige Schaustellerplätze wurden nach 1945 nicht mehr betrieben. Diese Plätze konnten von den am Laaerberg verbleibenden Familien zusätzlich gepachtet werden. Doch auch viele jener Plätze, die nach 1945 wiederum bespielt worden waren, wurden im Laufe der fünfziger Jahre endgültig geschlossen. Vielfach dienten diese aufgelassenen Schaustellerplätze nach wie vor Wohnzwecken, denn jede Familie besaß neben ihren Geschäften zumindest eine kleine Holzhütte oder bisweilen auch einen alten Wohnwagen. So gewann ein Pachtplatz im Laaer Wald zunehmend einen neuen Wert in der Art eines Klein- oder Schrebergartens.

Mehrere Familien gingen schließlich daran, andere Nutzungsweisen als die des Schaustellergeschäfts für ihre Plätze zu finden. Wie bereits vor dem Krieg lag es nahe, die doch verhältnismäßig großen Grundstücke dazu zu nutzen, Gewerbebetriebe einzurichten. So eröffnete Otto Geißler wiederum seine Karussellschlosserei.[286] Hier stellte er Ringelspiele und andere Schaustellergeschäfte her, doch auch Reparaturarbeiten und technische Überprüfungen konnte er vornehmen. Sein

Bruder Hugo Geißler übernahm den Platz von Marie Geißler, auf dem er ein Wohnhaus sowie mehrere Lagerhütten errichtete.[287] Hugo Geißler war in der Leuchtstoffröhrenproduktion tätig, die er jedoch nur zu einem geringen Teil am Laaerberg betrieb. Schließlich führte auch Rudolf Rusniak in der Nachkriegszeit eine Schlosserwerkstätte[288] im Böhmischen Prater, wobei er die behördliche Auflage erhielt, keine Karussells oder Schaubuden herzustellen.

Wie bereits vor dem Krieg benutzte Franz Scholler seinen Pachtplatz unter anderem als Abstellplatz seiner Autobusse, die im Wiener Linienverkehr eingesetzt wurden. Daneben betrieb Scholler das »Café Monte Laa«, eine kleine Imbißstube, die jedoch nur wenige Jahre in Betrieb war.

Die Lage der Grundstücke am Stadtrand nutzte ab den späten fünfziger Jahren Franz Eisenführer, der einen aufgelassenen Pachtplatz erwarb, wo er einen Hundeabrichteplatz eröffnete.[289] Die Hundepension und Hundedressuranstalt Eisenführer wurde jedoch schon bald nach der Eröffnung Mittelpunkt heftiger Beschwerden der übrigen Anrainer des Böhmischen Praters, die sich vor allem über die erhebliche Lärm- und Geruchsbelästigung beschwerten. In mehreren engen Kobeln beherbergte Eisenführer Dutzende Hunde; auch Hundeausstellungen und Wettbewerbe fanden hier statt. So etwa eine Ausstellung und preisrichterliche Bewertung des Österreichischen Schnauzer- und Pintscherklubs im Mai 1958.[290]

Die Beschwerden häuften sich jedoch zunehmend, doch konnten auch mehrere Abbruchbescheide der Stadtverwaltung Eisenführer nicht dazu bewegen, den Hundeabrichteplatz aufzulassen. Schließlich wurde der Platz Ende der sechziger Jahre behördlich geräumt und endgültig geschlossen.

Zahlreiche andere Nutzungen der Pachtplätze wurden ebenfalls in Erwägung gezogen, die aber durchwegs nicht realisiert werden konnten. Als Beispiel soll nur der Plan eines Gastwirtes genannt werden, im Laaer Wald einen Campingplatz zu errichten. Der Genehmigung dieses Projekts standen vor allem die unzureichenden sanitären Voraussetzungen am Laaerberg entgegen, denn für den Campingplatz hätte eine Wasserleitung gebaut werden müssen, was aus finanziellen Erwägungen nicht möglich war.

Die »Villa Waldesruh«, das Wohnhaus der Familie Leitgeb, um 1955.

Gegen Ende der fünfziger Jahre kam der Praterbetrieb im Laaer Wald weitgehend zum Erliegen. Daran konnte auch die Initiative einiger Schausteller und Gastwirte nichts ändern, die den »Verschönerungsverein Laaerberg« ins Leben gerufen hatten.[291] Dieser Verein war in erster Linie darum bemüht, die offensichtlich nach dem Krieg vernachlässigte Infrastruktur am Laaerberg zu verbessern, was jedoch von seiten der Kommunalpolitik weitgehend ignoriert wurde. Schließlich mußte diese Initiative ihre Kampagne nach wenigen Monaten wieder einstellen.

Die meisten Schaustellergeschäfte, die bald nach dem Krieg instand gesetzt worden waren, waren nun verkauft oder abgebaut, neue Geschäfte kamen so gut wie keine hinzu. Die einzige Sparte, die einen enormen Aufschwung erlebte, war das Geschäft mit Spielautomaten. In zwei Spielhallen standen zahlreiche sogenannte »amerikanische« Automaten, zumeist Flipper und ähnliche Geschicklichkeitsautomaten, die vor allem ein jugendliches Publikum ansprachen. Vermehrt wurde der Böhmische Prater zum Treffpunkt von Jugendlichen aus den Bezirken Favoriten und Simmering, die hier einen Freiraum vorfanden, der im Wien der Nachkriegszeit schon knapp geworden war. Gruppen von Jugendlichen erkoren jeweils eine der Spielhallen als Treffpunkt, von wo aus die Freizeit organisiert werden konnte. Vielfach waren die Jugendgruppen mit Mopeds

Die Rocking Fifties, 1959.

Die Ästhetik der Jugend am Laaerberg (und nicht nur dort), 1960.

unterwegs, und so konnten auch von hier aus weitere Unterhaltungsplätze leicht erreicht werden.

Die Besucherfrequenz bei Erwachsenen und Familien hingegen ging deutlich zurück. Der Laaer Wald bot keineswegs jenes Bild einer gepflegten, vorstädtischen Idylle, das dem Ideal der Nachkriegszeit entsprochen hätte. Sauber und gepflegt sollten die Ziele für Familienausflüge sein, und dem konnte das Umfeld des Böhmischen Praters nicht entsprechen. Die Zerstörungen des Zweiten Weltkriegs blieben hier noch um einiges länger sichtbar als in anderen Stadtteilen. Niemand versuchte konsequent, die Kriegsschäden zu beseitigen, die Bombentrichter zuzuschütten, und auch so manche Brandruine blieb bestehen. So geriet der Böhmische Prater immer mehr ins Abseits des großstädtischen Vergnügungsangebotes.

Zwar blieben es nach wie vor die Arbeiterfamilien Simmerings und Favoritens, die als potentielle Kunden des Praters am ehesten in Frage kamen, doch entsprach offensichtlich das Angebot an Unterhaltungen im Laaer Wald nicht mehr jenem Standard, der notwendig gewesen wäre, den Böhmischen Prater ernsthaft als Konkurrenz zu anderen Vergnügungseinrichtungen zu etablieren. Jene Familien, die Pratervergnügungen aufsuchen wollten, fanden im Wurstelprater ein weit attraktiveres, bereits durchwegs technisiertes und auf spektakuläre Effekte gerichtetes Vergnügungsangebot, sowohl für Kinder als auch für Erwachsene.

Zudem waren Ausflüge in den Laaer Wald in den fünfziger Jahren eher die Ausnahme. Zwar boten die Wiesen und Felder um den Wald beliebte Spielplätze für Kinder, wo unter anderem zum Drachensteigen im Herbst oft Hunderte von Kindern mit ihren Eltern ihre Freizeit verbrachten. Ebenso stellten die freien Wiesen, unter anderem auch für die Wiener Kinderfreunde, einen

Das Umfeld des Böhmischen Praters: Blick gegen Simmering, um 1960.

Veranstaltungsort für Kinderfeste dar. Der Familienausflug in den Böhmischen Prater jedoch gehörte nur noch selten zu den Sonntagsvergnügungen.

Viele Familien dürften durch die »Wildnis« am Stadtrand eher abgeschreckt als angezogen worden sein. Und in dem Maß, in dem vor allem das jugendliche Publikum den Böhmischen Prater als Rückzugsgebiet seiner Freizeitgestaltung wählte, erreichte die Trennung zwischen »guten« und »schlechten« Besuchern – zumindest was die vielzitierte öffentliche Meinung anbelangt – ihren Höhepunkt. Beinahe feindselig wurde der Böhmische Prater als jene Gegend Favoritens bezeichnet, »wo nur das G'sindel verkehrt«, die gefährlich und daher zu meiden wäre. Und tatsächlich stellte der Laaer Wald eines der letzten Refugien der Stadt dar, das von der kommunalen Verwertbarkeit nicht erfaßt werden konnte. Denn als Bauland konnte der Laaerberg aus technischen Gründen nicht herangezogen werden, da der Boden der Last von Wohnhäusern nicht gewachsen gewesen wäre. Außerdem blieb die Widmung als Grünland im Zuge des Wald- und Wiesengürtels auch nach dem Krieg aufrecht. Der Bedarf nach etwaigen Fitneß-Parcours war ebenfalls noch nicht geweckt, und so hielt sich die »Wildnis« als Kennzeichen der Peripherie. Ganz im Gegensatz zum Ideal von Sauberkeit und gepflegter Stadtrandidylle dominierte im Laaer Wald das Ungeordnete, Improvisierte. Die Plätze wurden zwar durchwegs gepflegt und als Kleingärten der hier ansässigen Familien ausgestaltet, ohne jedoch den Standard von öffentlichen Parkanlagen jener Zeit zu erlangen. Die kommunale Einbeziehung der Peripherie geschah durch die Errichtung zahlreicher öffentlicher

Parkanlagen, etwa des Donauparks, des Laaerberger Parks usw., deren wichtigstes Kennzeichen die sterile Konzeption darstellte. Asphaltierte Wege zwischen Rasenanlagen und Blumenbeeten sollten der Erbauung der Spaziergänger dienen. Das Betreten der Rasenflächen war behördlich untersagt. Parkwächter kontrollierten die Einhaltung der Verbote. Unter dem programmatischen Titel »Wien wird schöner« gereichte es den Kommunalpolitikern zur Freude, alles zu begradigen, was auch nur ansatzweise als ungepflegte und daher häßliche Naturlandschaft beziehungsweise als Rest früherer Industrialisierung zu bezeichnen gewesen wäre.

Diesem fragwürdigen ästhetischen Anspruch konnte der Laaer Wald nicht Genüge tun, nicht zuletzt, weil die Besitzerfirma der Pachtgründe im Laaer Wald keinerlei Interesse an der Pflege eines Naherholungsraumes Laaer Wald hatte, und am wenigsten an der Gestaltung einer Parkanlage.

In ökologischer Hinsicht mehr als bedenklich zeigte sich die »Wildnis« am Laaerberg im Bereich der Ziegelteiche, die nach wie vor zu beliebten Badeplätzen zählten. Zunehmend jedoch frequentierten neben Badegästen auch Autofahrer diese Teiche, um hier ihre Fahrzeuge zu reparieren oder zu waschen. Als sichtbare Überreste derartiger Autopflegeaktionen blieben Motoröldosen, Putzlappen usw. neben den Teichen zurück. Nicht selten wurde im Zuge eines Ölwechsels das Altöl dadurch entsorgt, daß es in den Teich geschüttet wurde. Auch kaputte Autoersatzteile und nicht zuletzt ganze Autowracks zierten das Umfeld der Ziegelteiche am Laaerberg. So erscheint es nicht weiter verwunderlich, daß das Baden in den Ziegelteichen stark zurückging, es den Badegästen opportun erschien, anstelle dieser Wildbadeplätze öffentliche Bäder zu besuchen. Schon bald zeigte sich, daß die nicht gepflegte Naturlandschaft als Müllablageplatz mißverstanden wurde. Neben Autowracks fanden auch defekte Kühlschränke, Bettbänke usw. ihr Endlager, was wohl kaum zur Attraktivität des Laaer Waldes beitragen konnte.

Die »wilde Zeit« des Böhmischen Praters war zweifellos auch die Zeit jener Jugendbewegungen, die nicht nur durch den »Wilden mit seiner Maschin« hervorragend charakterisiert wurde. Mopeds, Lederjacken und Elvis-Frisur galten als die bestimmenden Merkmale vieler Jugendlicher dieser Zeit.

Einer, der dabei war, erinnert sich:

»Das war echt die schlimmste Zeit, die fünfziger und sechziger Jahr', das war damals gerade die richtige Zeit. Da sind gerade rausgekommen der Elvis Presley, der Bill Haley, das war eine sehr wilde Zeit damals da heroben . . . Ruhiger geworden ist es um 1965 herum oder 1968. Da ist es ruhiger geworden. Bis sie das abgesperrt haben [die Neuaufforstung, Anm. WS]. Da hat es heroben viele Raufereien gegeben, darum sagen wir halt die wilde Zeit dazu. Die jungen Leut' waren halt ein bißchen aufgeweckter. Das

Die Wiese Richtung Simmering als Weidefläche von Ziegen, 1966.

waren keine Banden, früher waren wir auch immer zwanzig bis fünfundzwanzig Burschen. Man hat halt Banden dazu gesagt, in dem Sinn waren wir ja keine Banden, wir haben auch niemandem etwas getan ... Wir waren halt Gruppen, die sich zusammengeschlossen haben, das gibt es ja heute auch, nur war die Zeit ein bißchen freier, darum waren wir vielleicht etwas wilder. Nicht, daß wir jemanden niedergehaut oder angepöbelt hätten, wir waren nur ein bißl aufgeweckter, ausgelassener. Es war nicht alles ganz so streng wie heute, es war ein bißl freier. Das war auch die Zeit der ersten Mopeds, Motorräder, da sind gerade die Mopeds rausgekommen, da ist es wieder angegangen mit den Mopeds. Jeder von uns hat ein Moped gehabt, natürlich, wenn wir dann weggefahren sind, haben wir uns einen Spaß gemacht, das waren halt Streiche. Wenn man heute so darüber nachdenkt, das war ja gar nichts. Dann ist es aber ruhig geworden. Wenn Sie nehmen, daß heute verliebte Pärchen gehen um halb zwölf in der Nacht allein, das sagt schon einiges aus. Vor zwanzig Jahren war das nicht unbedingt empfehlenswert. Es war nicht so, daß was Ärgeres wäre, aber nicht unbedingt empfehlenswert. Heute gehen die Familien mit Kindern auf d' Nacht spazieren, wenn es lau ist heroben ..., es ist sehr ruhig heute, echt für Familien, sagen wir so. (...) Wenn ich nach Haus gekommen bin, um eins oder so, haben mich ein paar Burschen eingeringelt, die hab' ich aber alle gekannt, sie haben mich gekannt, haben sie gesagt, ›Schleich ma sich‹. (...)
Da sind früher auch immer Polizisten durchgegangen, zu dritt oder zu viert, heute fährt einmal eine Funkstreife durch, aber heut ist nichts mehr ...«[292]

Blick vom Laaerberg gegen Simmering: Im Hintergrund die vier markanten Gasometer, um 1960.

Die deutliche Umstrukturierung des Böhmischen Praters im Laufe der fünfziger und sechziger Jahre fand ihren Niederschlag in mehreren wehmütig in die Vergangenheit gerichteten Zeitungsberichten. Widmete im Jahr 1964 die »Kronen-Zeitung« dem Böhmischen Prater noch einen recht zuversichtlich gehaltenen Artikel unter dem Motto »Als Böhmen noch bei Oest'reich war . . .«,[293] so vermeldete fünf Jahre später die »Neue« unter der Schlagzeile »Noch drehen sich die Ringelspiele, aber in Favoriten herrscht Trauer: ›Böhmischer Prater‹ in Wien stirbt« den rapiden Niedergang der Unterhaltungsgeschäfte im Laaer Wald.

»Eine Geldfrage ist es nicht: Konnte man in der vielzitierten ›guten alten Zeit‹ am Laaerberg um fünf Kreuzer bis zum Umfallen tanzen, so kostet dieses Vergnügen dort auch heute nur ein paar Schilling. Aber das Stammpublikum bröckelt ab. Und die noch vorhandenen Ringelspiele lassen sich an den Fingern einer Hand abzählen. Es geht zu Ende mit dem Rummelplatz der Favoritner. Schade! Wien wird dann wieder um ein Stückchen Lokalkolorit ärmer sein . . . sonst sehr flau.

›Heute ist hier nichts mehr los‹, erzählte der ehemalige Schausteller Rudolf Rusniak aus der Laaer-Wald-Straße den Reportern der NEUEN. Vor zwei Jahren gab er seinen Betrieb auf. ›Ein Geschäft war nicht mehr zu machen. Am Sonntag ging's noch so halbwegs, aber sonst war es sehr flau.‹

Rusniak ist einer von der alten Garde. Die Großeltern seiner Frau eröffneten seinerzeit ein Ringelspiel. ›Damals ging es hier oben hoch her‹, erinnerte sich der Schausteller. ›Man hörte fast kein deutsches Wort, nur Tschechisch. Daher stammt ja die Bezeichnung ›böhmischer Prater‹. Jeden Sonntag haben die ›Klarinettenwenzeln‹ zur Polka aufgespielt, an allen Ecken und Enden gab es Tanzböden.‹

Geblieben ist von dieser Herrlichkeit ein einziger großer Gasthausgarten, in dem an jedem Wochenende die Hauskapelle Leo Kern konzertiert.

Geblieben sind einige Unentwegte, die ein Tänzchen wagen – zumeist ältere Semester. Geblieben sind die Polka und der Walzer. Moderne Tänze, heiße Rhythmen finden nur wenig Liebhaber. Und geblieben ist der Wunsch und die Gelegenheit zum ›Anbandeln‹. Denn hie und da mischt sich doch auch das jüngere Volk unter die eingesessenen Favoritner.

›Fensterschwitz‹

Freilich finden sich auch ›Fremde‹ ein. Jugoslawische Gastarbeiter, die mit ihrer Freizeit nichts Rechtes anzufangen wissen. Bier, Brezeln und Gurkerln kosten nicht viel – für die Sparsamen aus dem Nachbarland gerade der richtige Boden.

›Weil grad von Bier die Rede ist‹, schmunzelt Rudolf Rusniak.

›Wissen Sie, woher der Ausdruck ‚Fensterschwitz' stammt? Nein? Also, in der Kaiserzeit waren die Leut' in der Gegend hier nicht grad mit Glücksgütern gesegnet. Sie haben das billige ‚Abzugsbier' getrunken. Geschmeckt hat's wie kalter Küchendunst: daher der Name.‹

Damals

So seltsam es klingen mag, aber in den dreißiger Jahren, während der großen Arbeitslosigkeit, erlebte der ›Böhmische Prater‹ eine Hochblüte. Die Lokale waren bumvoll, Schießbuden und Ringelspiele florierten, und die Imbißstanderln hatten Hochbetrieb.

›Damals‹, sinniert der Schausteller, ›damals waren wir hier oben eine echte Konkurrenz für den Wurstelprater. Aber jetzt . . .?‹«[294]

Wie bereits erwähnt, war das Gebiet des Laaer Waldes bereits ab dem Jahr 1905 fester Bestandteil des Projekts »Wald- und Wiesengürtel«, das von der Gemeinde Wien als Grundlage zur Schaffung eines großräumigen Naturschutz- und Naherholungsgebietes ins Leben gerufen wurde. Spezielle Bauvorschriften und Flächenwidmungen sollten die bestehenden Grünzonen in der Stadt beziehungsweise im unmittelbaren Nahbereich vor Zersiedlung und Verbauung schützen. Bereits damals faßten Architekten den Plan, am Laaerberg eine 234 ha große Wald- und Wiesenzone zu schaffen, wobei eine Begrünung der brachliegenden Schotterflächen vorgesehen war.[295] Die Realisierung dieses großangelegten Projekts konnte jedoch erst im Laufe der fünfziger Jahre ernsthaft erwogen werden. Im Jahr 1953 fanden erste Aufforstungsversuche statt, deren Ergebnisse jedoch äußerst bescheiden waren. Nicht zuletzt standen den Grundeigentümern (Wienerberger Ziegelfabrik- und Baugesellschaft, später Universale Baugesellschaft) andere Nutzungen der Baugründe näher als die Bewahrung in Form eines Erholungsgebietes. Erst nach dem Kauf großer Grundstücke durch die Gemeinde Wien konnte ab dem Jahr 1955 mit der Aufforstung begonnen werden. Durch weitere Ankäufe von Grundflächen wurde schließlich das Aufforstungsgebiet am Laaerberg auf ca. 25 ha erweitert, wobei die beiden Ziegelteiche, die »Blaue« und der Butterteich, das Kerngebiet darstellten. Für mehr als zehn Jahre mußte das gesamte Gebiet, das zur Neuaufforstung vorgesehen war, der Öffentlichkeit entzogen werden, um den komplizierten biologischen Eingriff nicht zu gefährden. Durch große Zaunanlagen war der Wald weitgehend abgeschlossen, das Durchqueren war bis auf wenige Korridore nicht mehr möglich. Der Verlust der Badeplätze an den Teichen wirkte sich zweifellos auch auf den Geschäftsgang des Böhmischen Praters negativ aus, da nun jenes Gebiet, das auch von Ausflüglern und Spaziergängern häufig aufgesucht worden war, der Öffentlichkeit nicht mehr zur Verfügung stand. Als positiver Aspekt kann in diesem Zusammenhang aber die Erhaltung der Schilfpflanzen genannt werden, eine wichtige Lebensgrundlage der Wasservögel. Als Vogelschutzgebiet dienen die beiden großen Ziegelteiche am Laaerberg einer Vielzahl von Wasservögeln als Brut- und Nistplätze.

Fast dreißig Jahre nach dem Beginn der Aufforstungsaktion am Laaerberg konnte der Laaer Wald der Bevölkerung wieder zugänglich gemacht werden. Am 23. Mai 1982 erfolgte die offizielle Eröffnungsfeier. Doch blieb das aufgeforstete Gebiet durch Zäune abgeschlossen, wenn auch mehrere Eingänge in das Naturschutzgebiet den Zutritt ermöglichen. Doch ist der Zutritt nur während

Die Romantik der Ziegelteiche, 1958.

bestimmter Öffnungszeiten gestattet. Kieswege führen nun durch den Laaer Wald, zahlreiche Rastbänke sowie mehrere Spielwiesen sollen den Besuchern eine möglichst angenehme Atmosphäre vermitteln. Das Baden in den Ziegelteichen jedoch ist aus Gründen des Naturschutzes heute streng verboten. Alles in allem stellt der Laaer Wald nach der Aufforstung einen durchaus attraktiven Ausflugsort dar, der zwar den Erfordernissen großstädtischer Naherholungsgebiete angepaßt erscheint, dennoch nicht den Eindruck eines mit allen Mitteln begradigten Parks macht. Auf übertriebene Kultivierung von Rasenflächen und die Anlegung von Blumenbeeten wurde verzichtet, so daß die erfolgten Eingriffe in die Natur kaum negativ auffallen.
Doch mit der »Wildnis« der Peripherie, mit der ist es endgültig vorbei . . .

LANGSAMES ERWACHEN

Was sich bereits gegen Ende der fünfziger Jahre deutlich abgezeichnet hatte, trat im Laufe der sechziger Jahre schließlich auch ein: der Böhmische Prater führte nur noch ein zaghaftes Schattendasein als Unterhaltungs- und Vergnügungsort. Um 1970 existierte am Laaerberg lediglich ein größerer Vergnügungsbetrieb, jener von Hans Leitgeb.[296]
Nicht zuletzt aus den Einnahmen der Automatenhalle konnte Leitgeb mehrere Schaustellergeschäfte betreiben. So besaß er einen Kettenflieger, einen Kinderkettenflieger, ein Kinderkarussell sowie eine Schießbude. 1969 erwarb Leitgeb ein weiteres Kindergeschäft, das Kinderautodrom mit 10 Auto- und Motorradmodellen. An Abenden konnte der Autodromplatz auch anders genutzt werden, wie etwa zur Aufstellung von Tischtennistischen.
Aus Altersgründen übergab Hans Leitgeb um 1970 seine Geschäfte an seinen Sohn Johann sowie seine Tochter Hedwig, was jedoch nicht bedeutete, daß er sich aus dem Schaustellergeschäft zurückzog: Bis zu seinem Tod im Jahr 1976 blieb er im Böhmischen Prater tätig.
Hans Leitgeb jun. betrieb in erster Linie die Spielhalle, in der er durch den Erwerb der benachbarten Imbißstube den Speise- und Getränkeverkauf zu integrieren versuchte. Als Novität im Pratergeschäft installierte er mehrere Imbißautomaten, die zur gleichen Zeit gerade im Bereich der Autobahnraststätten vermehrt eingesetzt wurden. Aus den vollautomatischen Pommes-frites-Automaten beispielsweise konnte nach Geldeinwurf eine Portion frischgemachter Pommes frites entnommen werden. Doch fand diese Art der Speisenaufbereitung beim Publikum kein besonderes Interesse, vielmehr suchten die Gäste den Kontakt zum (möglichst jungen und weiblichen) Bedienungspersonal. So erwies sich die Anschaffung als Fehlinvestition.
Neben der Spielhalle blieben auch der Kettenflieger sowie der Kinderkettenflieger in Betrieb. Mehrere Saisonen lang besaß Leitgeb als besondere Kinderattraktion zwei Ponys, mit denen er ein kleines Pony-Reitgeschäft betrieb.
Neben den beiden Plätzen der Familie Leitgeb waren nur noch vereinzelt und unregelmäßig weitere Schaustellergeschäfte geöffnet. Anna Beisteiner betrieb das Springpferdkarussell weiter, das sie von Rosa Wendl übernommen hatte. Auch neun Fahrradrundbahnen für Kinder blieben bestehen. Am

Nachbarplatz führte Stefanie Mayer eine kleine Kinderschiffschaukel.

Jedenfalls konnte in den frühen siebziger Jahren nicht mehr von einem geregelten Praterbetrieb gesprochen werden. Die genannten Geschäfte waren zum Teil nur noch fallweise geöffnet und entsprachen viel mehr einem nostalgischen Hobby der Betreiber als kommerziellem Geschäftsinteresse. Zum Teil hatten die Geschäfte auch eine Art Alibifunktion, da die Pachtgründe im Laaer Wald nur unter der Voraussetzung der Führung eines Schaustellerbetriebes weiter benutzt werden konnten. Wer kein Pratergeschäft besaß, mußte damit rechnen, die Pachtverträge nicht mehr verlängert zu bekommen.

Ab dem Jahr 1973 begann Otto Geißler jun. damit, alte Schaustellergeschäfte wieder herzurichten. Bis 1973 führte er auf seinem Grundstück ausschließlich einen Autoersatzteilhandel und einen Autoverwertungsbetrieb. Als erstes Schaustellergeschäft erwarb er von seiner Tante Rosa Rusniak die Raupe, jene Rundbahn, die bereits ab 1929 im Böhmischen Prater betrieben worden war. Die durch mangelnde Pflege und Witterungseinflüsse bereits stark beschädigte Rundfahrbahn konnte wieder renoviert und schließlich am heutigen Standplatz aufgestellt werden. Die guten Kontakte zu Schaustellerkollegen ermöglichten ihm, relativ kostengünstig gebrauchte Geschäfte zu erhalten. So kaufte er ein Autodrom und im Jahr 1974 eine 18-Loch-Minigolfanlage, die ein Jahr lang im Rahmen der Wiener Internationalen Gartenschau (WIG 74) am Laaerberg aufgestellt war. Ebenfalls als gebrauchtes Geschäft erwarb Geißler im selben Jahr das »Schnauferl«, eine Autorundbahn auf Schienen, die vorher im Wurstelprater in Betrieb gewesen war.

Im Jahr 1983 kam das bislang letzte neue Geschäft Otto Geißlers hinzu, die »lustige Eisenbahn«. Diese Liliput-Rundbahn war ebenfalls jahrelang im Wurstelprater aufgestellt gewesen. Auf einer Rundbahn von etwa 100 Metern Länge zieht eine mit einem Elektromotor betriebene Lokomotive mehrere Waggons mit Sitzplätzen. Neben den genannten großen Schaustellergeschäften kaufte Otto Geißler noch eine Reihe von kleineren Automatengeschäften, so etwa ein Kinderauto und ein Kinderkarussell, die durch den Einwurf von Münzen betrieben werden können.

Mitte der siebziger Jahre begann auch die Familie Wilfert erneut das Schaustellergeschäft im Böhmischen Prater mit der Aufstellung eines Riesenrades sowie einer Kinderrundfahrbahn, auf der mehrere Auto- und Motorradmodelle durch Münzeinwurf betätigt werden können.

Schließlich kamen Schausteller hinzu, die vorher noch keinerlei Kontakt zu diesem Gewerbe gehabt hatten. So pachtete Gerd Simon einen Platz im Laaer Wald, auf dem er neben dem Wohngebäude einen Kinderkettenflieger errichtete. Dieser Kettenflieger, den Otto Geißler sen. im Jahr 1943 angefertigt hatte, war bis 1947 im Böhmischen Prater aufgestellt gewesen. Anschließend betrieb ihn ein Schausteller im Wurstelprater, bis er schließlich von Simon erworben werden konnte. Ende der siebziger Jahre konnte Gerd Simon eine zweite Attraktion ankaufen, eine zur Verschrottung vorgesehene alte Straßenbahn der Wiener Verkehrsbetriebe. Diese richtete er als Verkaufshütte mit dem Namen »Die süße Tram« ein, wo neben gesponnenem Zucker, kandierten Früchten und Bäckereien eine Reihe weiterer Süßigkeiten angeboten werden.

Der merkliche Aufschwung des Böhmischen Praters ab den frühen achtziger Jahren hing eng zusammen mit der vermehrten Werbetätigkeit von seiten der beiden Spielhallen, dem Casino Tivoli [vormals Monaco] sowie dem Casino Monte Laa. Diese beiden Automatencasinos unternahmen eine Reihe gemeinsamer Werbeaktivitäten, die dem gesamten Prater zugute kamen. So wurden Neonschilder und Plakatwände als Wegweiser installiert. Durch Zeitungseinschaltungen, Plakate, Postkarten, Aufkleber sowie Streuartikel wie Kugelschreiber und Feuerzeuge wurde der Böhmische Prater der Bevölkerung auch jenseits des unmittelbaren Einzugsgebietes wieder schmackhaft gemacht. Zudem waren die Spielcasinos an der Ausrichtung von großen Praterfesten maßgeblich beteiligt. Neben einer Reihe von Festveranstaltungen richtet der »Club Monte Laa«, die Vereinigung der am Laaerberg ansässigen Praterunternehmer, alljährlich im Sommer das internationale Treffen der Drehorgelspieler »Memusi« aus, im Herbst folgt der »Kroatische Kirtag«. Schließlich wurde neben anderen Freizeiteinrichtungen auch der Böhmische Prater als ein Stützpunkt des »Wiener Ferienspiels« gewählt, wodurch während der Sommermonate vermehrt Besucher gewonnen werden konnten. Besonders beliebt sind Ausflüge von Schulklassen auf den Laaerberg, wobei unter anderem die Möglichkeit besteht, den Biologieunterricht am Naturlehrpfad mit einem Besuch des Böhmischen Praters zu verbinden.

Die vermehrte Öffentlichkeitsarbeit zeigte bereits zu Beginn der Werbeaktionen positive Auswirkungen auf die Besucherfrequenz am Laaerberg. Besonders Familien mit kleinen Kindern kamen nun verstärkt in den Böhmischen Prater. Neben der langsam wieder ansteigenden Attraktivität des Böhmischen Praters für Familienspaziergänge entwickelte sich jedoch ab etwa 1982 ein zweiter, von den bisher bestehenden Schaustellungen deutlich unterschiedlicher Geschäftszweig, nämlich jener der Spielhallen. Standen bisher vorwiegend mechanische Unterhaltungsapparate zur Verfügung, so zeigten nun mehrere Verleiher von Geldspielautomaten, sogenannten »Gamblern«, erhöhtes Interesse an einem Standpunkt im Böhmischen Prater.

SPIELCASINOS & MÜNZGEWINNSPIELAUTOMATEN

Im Jahr 1971 verabschiedete der Wiener Landtag ein der Praxis öffentlicher Veranstaltungen entsprechendes Gesetz zur Regelung dieses Bereichs, das Wiener Veranstaltungsgesetz.[297] Dieses umfaßte sowohl die Vorschriften in bezug auf verschiedenste öffentliche Veranstaltungen, regelte im speziellen aber auch die Frage der Unterhaltungsapparate in Gaststätten und Spielhallen. Demnach durften Unterhaltungsspielapparate in Gast- und Schankgewerbebetrieben nur in beschränkter Zahl aufgestellt werden. In diesen Gaststätten wurden nur zwei derartige Automaten zugelassen. An anderen Veranstaltungsstätten wurde die Zahl der Automaten auf sechs beschränkt, wobei nur der Volksprater von dieser Regelung ausgenommen blieb. Dort bestand keinerlei Einschränkung. Betroffen von dieser Regelung waren vor allem die Spielhallenbesitzer außerhalb des Wurstelpraters, denn nun waren aufgrund des Veranstaltungsgesetzes der Expansion der Gewerbebetriebe mit Spielautomaten enge Grenzen gesetzt.

Durch eine Novelle des Wiener Veranstaltungsgesetzes aus dem Jahr 1976 schließlich wurde neben dem Volksprater auch der Böhmische Prater von der Beschränkung der Zahl der erlaubten Unterhaltungsspielapparate ausgenommen.

Erhebliche Rechtsunsicherheiten traten jedoch ab der Zeit auf, als zahlreiche Münzgewinnspielapparate in das Unterhaltungsgewerbe Einzug fanden. Diese Spielautomaten, die früher im wesentlichen nur in Spielcasinos aufgestellt worden waren, gehörten nun auch vermehrt zum Angebot in Gaststätten und Spielhallen, waren jedoch nicht durch die Regelung des Veranstaltungsgesetzes von 1971 erfaßt. So entschloß sich der Wiener Gemeinderat zu einer Novelle des Veranstaltungsgesetzes, die nun auch explizit die Frage der Münzgewinnspielapparate regeln sollte. So wurde nach dem novellierten Veranstaltungsgesetz aus dem Jahr 1983 die Gesamtzahl der erlaubten Unterhaltungsapparate und Münzgewinnspielapparate auf zwei Automaten pro Aufstellungsort beschränkt. Die Ausnahmeregelung bezüglich der beiden Wiener Praterbereiche, Volksprater und Laaer Wald, blieb weiter aufrecht.

Die explizit genannte Sonderstellung des Böhmischen Praters veranlaßte mehrere Besitzer von Münzgewinnspielapparaten, sich vermehrt um eine Aufstellungsmöglichkeit im Böhmischen Prater zu bemühen.

Allen voran zeigte sich eine internationale Automatenerzeugerfirma am Erwerb des gesamten Böhmischen Praters höchst interessiert. An den Grundeigentümer, die Baufirma Universale, soll ein finanziell lukratives Angebot herangetragen worden sein, was zur Folge gehabt hätte, daß die Pachtverträge der am Laaerberg ansässigen Praterunternehmer hätten gekündigt werden müssen. Die Verträge einiger Mieter sollten nicht mehr verlängert werden, die Plätze zum Teil abgetragen und der neuen Nutzung zugeführt werden. Zusätzlich zu den Praterbelustigungen sollte ein »Las Vegas« am Laaerberg entstehen, eine Ansiedlung einer Reihe an Spielhallen mit Geldspielautomaten und Videospielen. Zusätzlich sollten entlang der Laaerberg-Straße mehrere Hotels mit angeschlossenen Sport- und Freizeitmöglichkeiten gebaut werden.

Als die betroffenen Unternehmer des Böhmischen Praters mit diesen Plänen konfrontiert wurden, entwickelte sich massiver Widerstand gegen die designierten Eigentümer des Laaerbergs. Erst die Intervention des Wiener Bürgermeisters sowie erheblicher Druck von seiten der Öffentlichkeit verhinderte den Verkauf des Laaerbergs an die Automatenerzeugerfirma. Schließlich kaufte die Gemeinde Wien das Areal am Laaerberg und die Wiener Zeitung berichtete am 24. Mai 1985:

»Das Märchen vom Monte Laa: Der Böhmische Prater hätte ein paarmal ein schlechtes Ende gefunden. So im Jahr 1945, als viele Bahnen, Ringelspiele und Karussells zerstört wurden und die meisten Schausteller vor dem Ruin standen. So im Jahr 1984, als jene große Baufirma (Universale Bau AG), deren Pächter die Schausteller sind, das Grundstück an eine ebenso große Automatenfirma verkaufen wollte. Die Pachtverträge waren schon ausgelaufen, die Bahnen, Ringelspiele und Karussells hätten den Video-Games und Peep-Shows weichen sollen. Zwei Tage vor dem geplanten Verkauf intervenierten die Schausteller beim Bürgermeister.

Ergebnis: Der Böhmische Prater ist nicht verkauft worden . . .«[298]

Die vorläufig endgültige Entscheidung zur Erhaltung des Böhmischen Praters in der heutigen Form fiel erst im Jahr 1986, als die Gemeinde Wien die Grundstücke des Böhmischen Praters erwarb.[299] Durch eine gleichzeitig erfolgte Novelle des Wiener Veranstaltungsgesetzes sollte sichergestellt werden, daß zu den derzeit bestehenden Spielhallen keine neue hinzukommt. So konnte der bestehende Charakter des Böhmischen Praters bewahrt werden.

»DAS MÄRCHENLAND AM LAAERBERG«

Nach den Turbulenzen und den zum Teil heftig geführten politischen Auseinandersetzungen um die Erhaltung des Böhmischen Praters in der ersten Hälfte der achtziger Jahre ist im Laaer Wald wieder jene beschauliche Ruhe eingekehrt, die dieses Gebiet seit Jahrzehnten auszeichnet. Nach dem Erwerb der Grundstücke durch die Gemeinde Wien ist auch nicht mehr damit zu rechnen, daß in den nächsten Jahren eine neuerliche Diskussion über die Absiedlung des Praters einsetzen wird. Die deutlichen Aussagen von Kommunalpolitikern zur Bewahrung dieses Unterhaltungs- und Naherholungsgebietes müssen mehr als Lippenbekenntnisse sein, zumal gerade im Zuge der Wiederentdekkung traditioneller Wiener Unterhaltungsstätten ein Quentchen Nostalgie in Fragen der Stadtplanung und der Kulturpolitik nicht zu kurz kommt.

Einen neuerlichen Aufschwung im Geschäftsgang konnten die Unternehmer im Böhmischen Prater im Laufe der achtziger Jahre verzeichnen, woran die vermehrte Werbetätigkeit in lokalen Zeitungen wesentlich Anteil hatte, vor allem was das Image des Böhmischen Praters als Vergnügungs- und Erholungsgebiet anbelangt. Neue Publikumsschichten wurden gewonnen, und die alten Vorurteile gegen die »Wildnis« am Laaerberg gibt es nur noch vereinzelt. Heute stellt der Böhmische Prater einen wesentlichen Bestandteil des Naherholungskonzepts der Stadt Wien dar, was auch durch die Einbindung des Laaer Waldes in das Netz der Stadtwanderwege beziehungsweise der Radwege deutlich wird.

Nach wie vor stehen vor allem Unterhaltungen für Kinder im Vordergrund. Weit mehr als etwa der Wurstelprater gilt der Böhmische Prater in erster Linie als Kinderprater, als einfacher und wenig technisierter Vergnügungspark. Große Fassaden und leuchtende Neonreklametafeln, wie sie auf anderen Rummelplätzen durchaus üblich sind, fehlen. Die Pratergeschäfte des Böhmischen Praters sind auf das Wesentliche reduziert, der Funktionalität ist weit mehr Raum gewidmet als der Verpackung der Geschäfte beziehungsweise der lautstarken Werbung dafür.

Karussells sowie andere Fahrgeschäfte stehen im Vordergrund. Zwei Ringelspiele sowie ein Kinderkettenflieger sind heute im Prater aufgestellt. Eines davon, das Springpferdkarussell von Karl Mayer, steht seit 1985 unter Denkmalschutz,[300] da es sich laut Bundesdenkmalamt um eines der letzten Karussells dieser Bauweise handelt, das in Europa vorhanden ist. Neben dem Springpferdkarussell betreibt Mayer neun Fahrradkarussells.

Außerdem stehen zwei Kinderselbstfahrgeschäfte zur Verfügung, das Kinderautodrom der Familie Kargl sowie die Kinderautobahn von Inge Wilfert. Bei beiden Geschäften kommen Fahrzeuge mit Elektromotoren zum Einsatz, deren Geschwindigkeit so gering ist, daß selbst Kleinkinder diese Unterhaltungen gefahrlos benützen können.

Als Rundfahrgeschäfte gibt es für Kinder die »Lustige Eisenbahn«, das »Schnauferl« sowie die »Raupe« der Familie Geißler sowie Wilferts »Drehende Kaffeetassen«.

Neben diesen Fahrgeschäften sind schließlich mehrere Kinderschiffschaukeln der Familie Mayer sowie der Familie Sommer zu nennen.

Mehrere Schausteller betreiben auch Kinderunterhaltungen, die gegen Münzeinwurf zu benutzen sind, kleine Karussells sowie Rennautos oder das durch die Fernsehserie »Knight Rider« bekannt gewordene sprechende Auto »Kitt«.

Auch ein Kasperltheater ist im Böhmischen Prater seit wenigen Jahren wieder vorhanden. An Samstagen und Sonntagen veranstaltet der Puppenspieler Peter Schafler jeweils drei Kasperltheateraufführungen. An die fünfzig Kinder finden pro Aufführung im Kasperltheater Platz, das seine Heimstätte in der aufgelassenen »Manhatten-Spielhalle« gefunden hat.

Deutlich geringer als die Zahl der Kinderunterhaltungen ist das Angebot der Pratergeschäfte für Jugendliche und Erwachsene. Die wohl auffälligste Attraktion ist das etwa 20 m hohe Riesenrad der Familie Wilfert; daneben sind noch das Autodrom von Otto Geißler, die Schießbude von Hedwig Kargl sowie der Kettenflieger von Helmut Tatschl zu nennen. Die Minigolfanlage von Otto Geißler schließlich ergänzt das Angebot für Erwachsene.

Vornehmlich von Jugendlichen wird die Spielhalle Tatschl besucht, wo mechanische Spiel- und Unterhaltungsapparate, Computerspiele, aber auch ein Billard zur Verfügung stehen. Nach wie vor gilt diese Spielhalle als Treffpunkt von Jugendlichen aus dem Bezirk. Der ihr angeschlossene Selbstbedienungsbetrieb verleiht der Spielhalle zum Teil den Charakter einer Gaststätte.

Für Imbisse, Süßigkeiten und Getränke steht den Besuchern des Böhmischen Praters eine Greißlerei, die Renate Kazda betreibt, zur Verfügung. Türkischen Honig, Zuckerwatte sowie kleine Bäckereien kann man in der »Süßen Tram« erwerben. Schließlich sind noch den Gasthäusern Sommer und Pintarich Verkaufshütten für kleine Imbisse angeschlossen, die für den Gassenverkauf vorgesehen sind.

Zum Abschluß ist noch die Verkaufshütte der Familie Gruber zu nennen, in der während der Saison vor allem Spielwaren zum Verkauf angeboten werden. Die »Katz im Sack« um acht Schilling ist hier ebenso beliebt wie Spielzeugautos, Pistolen oder Gewehre aus Plastik, Sonnenbrillen, Kinderuhren usw.

In Zeitungen wird der Böhmische Prater als »Märchenland am Laaerberg« bezeichnet.[301] Und ein Märchenland ist er zweifellos, besonders für Kinder, für die zwischen Ringelspielen und Schaukeln allerlei Träume wahr werden.

Gegen Abend wird dieses Märchenland dann von einer anderen Gruppe beherrscht, von den Gasthausbesuchern. Der Böhmische Prater ist schick geworden im Laufe der letzten Jahre, und dementsprechend sind die Lokale an Abenden stets gut besucht. Nichts ist hier mehr zu merken von jener sonderbaren Stellung, die der Böhmische Prater noch bis in die siebziger Jahre innehatte, als »Wildnis« in der Großstadt, als verrufene und wenig attraktive Gegend zwischen Simmering und Favoriten. Die reizvolle Mischung aus Gasthäusern, Unterhaltungsgeschäften und großen Gärten läßt hier noch jene Spuren vorstädtischer Improvisation erkennen, die man heute in Wien zumeist vergeblich sucht. Zwar erinnert die nahe Südosttangente nachhaltig an die Großstadt, doch durch die Randlage des Laaer Waldes konnte jener Charakter des Rückzugsgebietes bewahrt werden, der heute mehr denn je als wesentlicher Bestandteil großstädtischer Lebensqualität empfunden wird.

ANHANG

WIE KOMMT MAN IN DEN BÖHMISCHEN PRATER?

1. ZU FUSS

Für all jene, die den Besuch des Böhmischen Praters mit einer Wanderung durch den Süden der Stadt verbinden wollen, bietet sich der Stadtwanderweg 7 an. Dieser rund 15 km lange, durch Hinweistafeln gekennzeichnete Wanderweg führt vom dichtverbauten Stadtgebiet im Zentrum Favoritens an den südlichen Stadtrand und bietet durch die Vielfalt städtischer Erscheinungsformen einen abwechslungsreichen Querschnitt durch die lebendige Kultur der Vorstadt. Ausgangspunkt des Stadtwanderwegs 7 ist der Reumannplatz (Anschluß U 1, 6, 7 A, 14 A). Von hier aus gelangt man über die Laaer-Berg-Straße, Hausergasse, Feuchterslebengasse und Ferd.-Löwe-Straße zur Fußgängerbrücke, die über die Südosttangente führt. Weiter geht es durch die Moselgasse und die Urselbrunnengasse in den Böhmischen Prater. Für diese Etappe braucht man etwa 30 Minuten. Am Osthang des Laaerberges führt der Wanderweg über Wiesen und Feldwege nach Unterlaa. Die Liesing entlang gelangt man in der Folge durch Oberlaa und Rothneusiedl in einem weiten Bogen in die alte Hannsson-Siedlung. Über die Heuberggstätten führt der Weg schließlich in die Ettenreichgasse und in der Folge wiederum zum Reumannplatz. Insgesamt muß man für den gesamten Wanderweg eine Gehzeit von etwa 4 bis 5 Stunden einrechnen.

Ein ebenfalls reizvoller Zugang führt von Simmering auf den Laaerberg. Von der Simmeringer Hauptstraße (Anschluß 6, 15 A, 71) gelangt man durch die Grill-Gasse zur ÖBB-Hauptwerkstätte. Hinter dieser führt ein Holzsteg beim Bahnhof Simmering-Ostbahn über die Gleisanlagen. Von hier aus kann man entweder über die Wiese am Osthang des Laaerberges in den Böhmischen Prater gelangen, oder man wählt einen der Gehwege durch die Siedlung an der Ostbahn.

2. MIT DEM FAHRRAD

Vom Zentrum Favoritens aus führt ein gut ausgebauter und abwechslungsreicher Radweg in den Böhmischen Prater. Dieser beginnt am Reumannplatz. Über die Bürgergasse gelangt man zum FavAC-Platz und in der Folge durch die Wohnhausanlage am Eisenstadtplatz zur Fußgängerbrücke über die Südosttangente. Entlang der Autobahn führt der Radweg weiter zum Horrstadion und schließlich durch ein kleines Waldstück zur Laaer-Berg-Straße und Bitterlichstraße. Über die Klemens-Dorn-Gasse und die Alte-Laaer-Straße erreicht man die weiten Felder am Laaerberg, über die der Radweg schließlich in den Böhmischen Prater führt. Die Fahrzeit entlang des Radweges beträgt rund 30 Minuten.

3. MIT ÖFFENTLICHEN VERKEHRSMITTELN

Da der Böhmische Prater etwas abseits der öffentlichen Verkehrsmittel liegt, ist von den nächstgelegenen Haltestellen mit rund 15 bis 20 Minuten Gehzeit zu rechnen.

Linie 6: Haltestelle Absberggasse. Absberggasse – Puchsbaumgasse – Laaer Wald.

Linie 15 A: Haltestelle Langsulzgasse. Wiesenthalgasse – Fußweg durch den Laaer Wald.

Linie 68 A: Haltestelle Urselbrunnengasse. Urselbrunnengasse – Laaer Wald.

4. MIT DEM AUTO

Eine Zufahrt zum Böhmischen Prater ist sowohl von der Simmeringer[1] als auch von der Favoritner[2] Seite möglich. Auf beiden Seiten stehen Parkplätze zur Verfügung, doch ist es an stark frequentierten Tagen vielfach problematisch, einen Parkplatz zu finden. So ist es ratsam, anstelle des Autos öffentliche Verkehrsmittel zu wählen. Die Durchfahrt durch den Böhmischen Prater ist im übrigen an Wochenenden verboten.

[1] Bitterlichstraße – An der Ostbahn – Donabaumgasse

[2] Urselbrunnengasse oder Puchsbaumgasse – Laaer Wald

ANMERKUNGEN

[1] Josef Ehmer, Rote Fahnen – Blauer Montag. Soziale Bedingungen von Aktions- und Organisationsformen der frühen Wiener Arbeiterbewegung. In: Detlev Puls (Hg.), Wahrnehmungsformen und Protestverhalten. Studien zur Lage der Unterschichten im 18. und 19. Jahrhundert, Frankfurt/Main 1979, S. 143 ff., hier S. 147.

[2] Josef Ehmer, Wiener Arbeitswelten um 1900. In: Hubert Chr. Ehalt u. a. (Hg.), Glücklich ist, wer vergißt . . .? Das andere Wien um 1900 (= Kulturstudien, Bd. 6) Wien, Köln, Graz 1986, S. 195 ff., hier S. 195.

[3] Josef Ehmer, Rote Fahnen – Blauer Montag, a. a. O., S. 152.

[4] Renate Schweitzer, Die Entwicklung Favoritens zum Arbeiterbezirk. In: Wiener Geschichtsblätter, 29. Jg., 1974, Heft 4, S. 253 ff., hier S. 262.

[5] Ebenda, S. 262.

[6] Eugen von Philippovich, Wiener Wohnungsverhältnisse, Berlin 1894, zit. nach Hans Bobek und Elisabeth Lichtenberger, Wien. Bauliche Gestalt und Entwicklung seit der Mitte des 19. Jahrhunderts (= Schriften der Kommission für Raumforschung der Österreichischen Akademie der Wissenschaften), Wien, Köln, Graz 1978 (2. Aufl.), S. 60.

[7] Hans Bobek und Elisabeth Lichtenberger, S. 61, 117.

[8] Franz Baltzarek, Das territoriale und bevölkerungsmäßige Wachstum der Großstadt Wien im 17., 18. und 19. Jahrhundert. In: Wiener Geschichtsblätter, 35. Jg., 1980, Heft 1, S. 13.

[9] Arbeiterleben um 1900, hg. vom Autorenkollektiv unter Leitung von Dietrich Mühlberg, Berlin 1985, S. 26.

[10] Michael John, Obdachlosigkeit – Massenerscheinung und Unruheherd im Wien der Spätgründerzeit. In: Hubert Chr. Ehalt u. a. (Hg.), Glücklich ist, wer vergißt . . .? a. a. O., S. 173 ff., hier S. 173.

[11] Monika Glettler, Die Wiener Tschechen um 1900. Strukturanalyse einer nationalen Minderheit in der Großstadt (= Veröffentlichungen des Collegium Carolinum, Bd. 28), München, Wien 1972, S. 32.

[12] Ebenda, S. 57.

[13] Ebenda, S. 27.

[14] Ebenda, S. 40.

[15] Ebenda, S. 40 f.

[16] Ebenda, S. 56 f.

[17] Ebenda, S. 51 ff.

[18] Renate Schweitzer, Die Entwicklung Favoritens zum Arbeiterbezirk, a. a. O.

[19] Denkschrift der Vororte, 1884. Zit. nach Gerhard Meißl, Favoriten. Bezirk ohne Vergangenheit. Bezirk mit Zukunft? In: Wien wirklich. Ein Führer durch den Alltag und seine Geschichte, Wien 1983, S. 193 ff., hier S. 196.

[20] Otto Rühle, Das proletarische Kind. München 1922, S. 38 f., zit. nach Jürgen Kucsynski, Geschichte des Alltags des deutschen Volkes, Bd. 3, Köln 1982, S. 229.

[21] Dietrich Mühlberg, Proletariat. Kultur und Lebensweise im 19. Jahrhundert (= Kulturstudien, Sonderband 2), Wien, Köln, Graz 1986, S. 190.

[22] Otto Rühle, Illustrierte Kultur- und Sittengeschichte des Proletariats, 2 Bde., Frankfurt am Main 1971 und Lahn-Gießen 1977 (Reprints), Bd. 2, S. 290.

[23] Oskar Negt und Alexander Kluge, Geschichte und Eigensinn, Frankfurt/Main 1987 (9. Aufl.), S. 191.

[24] Otto Rühle, Illustrierte Kultur- und Sittengeschichte des Proletariats, Bd. 2, a. a. O., S. 286.

[25] Eduard Fuchs, Illustrierte Sittengeschichte vom Mittelalter bis zur Gegenwart. Das bürgerliche Zeitalter, Berlin o. J. (Reprint), S. 427.

[26] Dietrich Mühlberg, Proletariat, a. a. O., S. 63.

[27] James S. Roberts, Wirtshaus und Politik in der deutschen Arbeiterbewegung. In: Gerhard Huck (Hg.), Sozialgeschichte der Freizeit, Wuppertal 1980, S. 123 ff., hier S. 128.

[28] Otto Rühle, Illustrierte Kultur- und Sittengeschichte des Proletariats, Bd. 2., a. a. O., S. 288 f.

[29] Jens Flemming, ». . .von Jahr zu Jahr ein Sorgen und Bangen ohne Ende«. Einkommen, Lohn, Lebensstandard. In: Wolfgang Ruppert (Hg.), Die Arbeiter, München 1986, S. 137 ff., hier S. 141.

[30] Ebenda, S. 141.

[31] Carola Lipp, Sexualität und Heirat. In: Wolfgang Ruppert (Hg.), Die Arbeiter, a. a. O. S. 186 ff., hier S. 191.

[32] Josef Ehmer, Rote Fahnen – Blauer Montag, a. a. O., S. 152.

[33] Wiener Stadt- und Landesarchiv, Exhibitenprotokolle der Gemeinde Oberlaa (in der Folge mit EP abgekürzt), B 1–7/1882/764.

[34] EP, B 1–7/1882/1140.

[35] Wiener Stadt- und Landesarchiv, Gemeinderat-Sitzungsprotokolle der Gemeinde Oberlaa, A 1–1/939.

[36] EP, B 1–7/1882/1386.

[37] EP, B 1–8/1883/240, 321, 1670, 1696.

[38] EP, B 1–8/1883/2896, 3135.

[39] EP, B 1–8/1883/2756.

[40] EP, B 1–8/1883/1995.

41 EP, B 1–9/1884/991.
42 Wiener Stadt- und Landesarchiv, Gemeinderat-Sitzungsprotokolle der Gemeinde Oberlaa, A 1–1/18. 9. 1883.
43 EP, B 1–9/1884/1486.
44 Konst. Vorstadt-Zeitung, 30. 4. 1886.
45 In der Fachsprache der Schausteller und davon hergeleitet auch in der Amtssprache jener offiziellen Stellen, die mit Genehmigungsverfahren von Schaustellungen befaßt sind, werden alle »pratermäßigen Volksvergnügungen« als »Geschäft« bezeichnet, unabhängig von der Größe und der jeweiligen Technologie. Sei es nun ein Riesenrad oder eine Ausspiellotterie, für beide wird der Begriff »Geschäft« verwendet.
46 Vgl. u. a. Anm. 35.
47 EP, B 1–9/1884/1259, 1422.
48 Pachtvertrag, abgeschlossen zwischen der Wienerberger Ziegelfabriks- und Baugesellschaft und Johann Leitgeb vom 1. 1. 1901, Privatbesitz.
49 Wiener Bilder, 24. 10. 1897, S. 8.
50 Illustriertes Wiener Extrablatt, 22. 5. 1884.
51 EP, B 1–9/1884/1610.
52 Es ist kein Beleg bekannt, der besagt, daß den Besuchern des Laaer Waldes Einschränkungen verordnet worden wären.
53 EP, B 1–11/1887/734.
54 EP, B 1–9/1884/1529.
55 Wiener Stadt- und Landesarchiv, Gemeinderat-Sitzungsprotokolle der Gemeinde Oberlaa, A 1–1/30. 12. 1884.
56 EP, B 1–11/1886/3031.
57 EP, B 1–11/1886/2867.
58 EP, B 1–11/1886/2801.
59 EP, B 1–11/1886/86.
60 Konst. Vorstadt-Zeitung, 30. 4. 1886.
61 Polizei-Directions-Erlaß vom 31. März 1886, Z. 20.425. In: Die Normen für die Wiener Polizei-Verwaltung, hg. vom Präsidium der k. k. Pol. Direction in Wien, Jg. 1886, S. 29.
62 Konst. Vorstadt-Zeitung, 30. 4. 1886.
63 Vgl. dazu u. a. Archiv der Baupolizei Favoriten, Augenscheins-Protokoll vom 27. 5. 1892 bei Johann Gregor, Laaer Wald 216, Z. 6310.
64 EP, B 1–8/1883/1932.
65 Neue Freie Presse, 12. 11. 1884.
66 EP, B 1–13/1888/736, B 1–15/1890/2334.
67 Vielfach wurde der Genehmigung von Festen die »Bitte um Bericht« angeschlossen.
68 Arbeiter-Zeitung, 3. 5. 1897.
69 EP, B 1–8/1883/1994.
70 EP, B 1–8/1883/2006, 2510.
71 EP, B 1–8/1883/2470.
72 EP, B 1–8/1883/2008, 2080, 2162.
73 EP, B 1–9/1884/3086.
74 EP, B 1–8/1883/2511, B 1–9/1884/1120, 1333.
75 EP, B 1–10/1885/1418.
76 EP, B 1–8/1883/2405, 3149
77 EP, B 1–9/1884/1722.
78 EP, B 1–9/1884/1046, 1227.
79 Vgl. Hans Pemmer und Nini Lackner, Der Prater. Von den Anfängen bis zur Gegenwart, Wien, München 1974, S. 257.
80 EP, B 1–11/1886/1626.
81 EP, B 1–9/1884/1846, 2183, 2522.
82 EP, B 1–10/1260.
83 EP, B 1–10/1885/1210, 1301.
84 EP, B 1–9/1884/2184, 3760.
85 EP, B 1–8/1883/2537, 2870, 2993.
86 EP, B 1–10/1885/970, 1029.
87 EP, B 1–10/1885/1031.
88 EP, B 1–9/1884/1159.
89 EP, B 1–9/1884/856, 935, B 1–11/1885/1090.
90 EP, B 1–9/1884/1076, B 1–10/1885/940.
91 EP, B 1–9/1884/1084.
92 EP, B 1–9/1884/1251, 1838, B 1–11/1886/2090.
93 EP, B 1–9/1884/2910, B 1–11/1886/830.
94 EP, B 1–8/1883/2498, 2563.
95 Illustriertes Wiener Extrablatt, 18. 6. 1897.
96 EP, B 1–9/1884/1252.
97 EP, B 1–10/1885/729, 1211.
98 EP, B 1–14/1889/1179, 1185, 1788, 1862.
99 Stephan Oettermann, Das Panorama, Frankfurt/Main 1980.
100 EP, B 1–8/1883/1734.
101 EP, B 1–8/1883/1810.
102 EP, B 1–11/1886/1551, Konst. Vorstadt-Zeitung, 30. 4. 1886.
103 EP, B 1–9/1884/1178.
104 EP, B 1–9/1884/1575, 1937.
105 EP, B 1–13/1888/1372.
106 Komet, Nr. 422, 1893.
107 EP, B 1–13/1888/950.
108 EP, B 1–14/1889/1481, 1548.
109 EP, B 1–14/1889/1437.
110 Es gibt eine Reihe von Konzessionsansuchen von Milchverkäufern, Bäckern, Lebzeltern etc., die offensichtlich nur sporadisch Verkaufsstände betrieben. Auf sie kann hier nicht einzeln eingegangen werden.
111 EP, B 1–8/1883/2176.
112 EP, B 1–8/1883/2215.
113 EP, B 1–8/1883/3347.
114 EP, B 1–8/1883/2407, 2869, 3066.

[115] EP, B 1–9/1884/1491.
[116] EP, B 1–9/1884/1542.
[117] EP, B 1–9/1884/1470.
[118] EP, B 1–9/1884/1073.
[119] EP, B 1–11/1886/1078, 1246, 1576.
[120] EP, B 1–8/1883/1869.
[121] EP, B 1–10/1885/908.
[122] EP, B 1–13/1888/736.
[123] EP, B 1–9/1884/1677.
[124] EP, B 1–7/1882/699.
[125] EP, B 1–10/1885/1257.
[126] EP, B 1–8/1883/1843.
[127] Konst. Vorstadt-Zeitung, 30. 4. 1886.
[128] EP, B 1–8/1883/1799.
[129] EP, B 1–11/1886/1040.
[130] EP, B 1–16/1891/1322.
[131] EP, B 1–7/1882/1430.
[132] EP, B 1–9/1884/992.
[133] EP, B 1–10/1885/1844.
[134] EP, B 1–13/1888/1566.
[135] EP, B 1–12/1887/1174.
[136] EP, B 1–9/1884/1486.
[137] EP, B 1–9/1884/1620.
[138] EP, B 1–14/1889/2224 sowie zahlreiche ähnliche Eintragungen.
[139] EP, B 1–10/1885/2238.
[140] EP, B 1–13/1888/2006, B 1–15/1890/3362.
[141] EP, B 1–13/1888/1856.
[142] EP, B 1–13/1888/2067.
[143] EP, B 1–13/1888/2011.
[144] EP, B 1–13/1888/1269, B 1–14/1889/2179.
[145] EP, B 1–14/1889/536.
[146] Wiener Bilder, 24. 10. 1897, S. 8.
[147] Klemens Dorn, Favoriten. Ein Heimatbuch des 10. Wiener Gemeindebezirkes, Wien 1928, S. 53.
[148] Ebenda, S. 54.
[149] Ebenda, S. 53, 175.
[150] Ebenda, S. 56.
[151] Interview Nr. 7.
[152] Interview Nr. 1.
[153] Interview Nr. 4.
[154] Interview Nr. 9.
[155] Interview Nr. 2.
[156] Interview Nr. 9.
[157] Interview Nr. 2.
[158] Interview Nr. 4.
[159] Interview Nr. 4.
[160] Interview Nr. 3.
[161] Interview Nr. 3.
[162] Interview Nr. 4.
[163] Interview Nr. 10.
[164] Interview Nr. 4.
[165] Interview Nr. 4.
[166] Wiener Stadt- und Landesarchiv, M. Abt. 471, Fasz. Kommissionierungsakten, Böhmischer Prater (in der Folge mit KA abgekürzt), 1941/32 (9. 4. 1932), 2713/29 (19. 6. 1929), 2715/1934 (18. 4. 1934). Archiv der Baupolizei Favoriten, Laaer Wald (in der Folge mit BP abgekürzt), Nr. 7/L. 473, Sit. Plan 6102/1937.
[167] Zahlreiche Aussagen von Schaustellern bestätigen das rege Interesse der Behörden an derartigen Vorschriften. Bei den Kettenfliegern galt im übrigen dasselbe. »Bei der Benützung des Karussells durch weibliche Personen ist darüber zu wachen, daß der Anstand nicht verletzt wird.« So lautete etwa ein Punkt der Produktionslizenz für das Kettenkarussell der Marie Ledofsky aus dem Jahr 1928 (KA, Prod. Lizenz, A. B. 775/28, 13. 3. 1928).
[168] KA, 2173/29, 19. 6. 1929.
[169] KA, 2091/33, 29. 3. 1933.
[170] KA, 2711/29, 13. 5. 1929, BP, Nr. 1/L. 37, EZ. 918, Mai 1929.
[171] KA, 2717/29, 25. 6. 1929.
[172] KA, 3101/35, 6. 6. 1935.
[173] KA, Prod. Lizenz, A. B. 778/28, 13. 3. 1928.
[174] KA, 1880/29, 5. 7. 1929.
[175] Interview Nr. 3.
[176] Interview Nr. 4.
[177] Interview Nr. 2.
[178] Interview Nr. 2.
[179] Interview Nr. 4.
[180] Interview Nr. 2.
[181] BP, Nr. 9/L. 216, G. Z. 12412/1927.
[182] Hans Pemmer und Nini Lackner, Der Prater, a. a. O., S. 226.
[183] KA, 2717, 25. 6. 1929.
[184] Interview Nr. 3.
[185] KA, 2429/41, 28. 5. 1941.
[186] KA, 1880/29, 5. 7. 1929.
[187] KA, 310/39, 6. 3. 1939.
[188] KA, 2012/39, 21. 8. 1939.
[189] KA, 1878/29, 17. 6. 1929.
[190] KA, 2502/38, 1. 8. 1938.
[191] Interview Nr. 4.
[192] KA, 1412/5. 5. 1937.
[193] KA, 2903/37, 31. 5. 1937.
[194] KA, 1206/39, 16. 5. 1939.
[195] KA, 1878/29, 17. 6. 1929.
[196] Interview Nr. 10.
[197] Sammlung Leitgeb.
[198] Sammlung Leitgeb.
[199] Interview Nr. 3.

200 KA, B. St. A. II/3–2901/36, 26. 6. 1936.
201 Interview Nr. 1.
202 KA, 3032/32, 28. 6. 1932.
203 KA, 2716/29, 17. 5. 1929.
204 KA, 2045/35, 8. 5. 1935, 1458/38, 20. 5. 1938.
205 KA, 2712/29, 15. 6. 1929.
206 Interview Nr. 1.
207 KA, Prod. Lizenz, A. B. 772/28, 13. 3. 1928.
208 KA, 1941/32, 9. 4. 1932.
209 Information Otto Geißler.
210 KA, Prod. Lizenz, A. B. 785/28, 13. 6. 1928, 2502/38, 1. 8. 1938, 1639/41, 1. 4. 1941.
211 Information Margarit Hruby.
212 BP, Nr. 9/L. 216, 23. 4. 1925.
213 Information Karl Mayer.
214 KA, 3583/33, 10. 7. 1933.
215 Information Margarit Hruby.
216 Information Otto Geißler.
217 Interview Nr. 3.
218 Vgl. dazu Klemens Dorn, Favoriten. a. a. O., S. 49. Dort heißt es: »Als die Gebiete südlich von der Absberggasse verbaut wurden, galt dieser Bezirksteil als besonders unsicher und erhielt nach der Insel Kreta, wo in dieser Zeit ein Aufstand wütete, die volkstümliche Bezeichnung ›Kretainsel‹ oder ›Auf der Kreta‹.«
219 Interview Nr. 5.
220 Interview Nr. 7.
221 Interview Nr. 4, Interview Nr. 2.
222 Ebenda.
223 BP, Nr. 11/L. 32 b, 4. 2. 1914.
224 BP, Nr. 5/L. 290, 8. 7. 1913.
225 Information Otto Geißler.
226 Interview Nr. 7.
227 Neues Wiener Journal, 30. 8. 1925.
228 Interview Nr. 8.
229 Interview Nr. 1.
230 Interview Nr. 2.
231 Interview Nr. 9.
232 Interview Nr. 1.
233 Interview Nr. 9.
234 Interview Nr. 1.
235 Interview Nr. 2.
236 K. K. Arbeitsstatistisches Amt im Handelsministerium, Erhebung über die Kinderarbeit in Österreich im Jahre 1908, II. Teil, Textliche Darstellung, I. Heft, Wien 1911.
237 Ebenda, S. 288.
238 Ebenda, S. 224.
239 Ebenda, S. 182.
240 Ebenda, S. 243.
241 Interview Nr. 2.
242 Favoritner Bezirksblatt, 10. 1. 1924.
243 Interview Nr. 2.
244 Interview Nr. 4.
245 Österreichisches Staatsarchiv – Allgem. Verwaltungsarchiv, 131.941–30.
246 Vgl. Ingrid Heinrich-Jost, Wer will noch mal? Wer hat noch nicht? Aus der Geschichte der Berliner Rummelplätze, Berlin o. J., S. 97 ff.
247 KA, B. St. A. II/3–2687/36, 20. 6. 1936.
248 KA, G 12–98, 6. 1. 1942.
249 Interview Nr. 10.
250 Ebenda.
251 Information Bezirksmuseum Favoriten (Anton Lang).
252 Widerstand und Verfolgung in Österreich. Eine Dokumentation, hrsg. vom Dokumentationsarchiv des österr. Widerstands, Bd. 3, 1938–1945, Wien 1975, S. 363 f. Vgl. dazu auch Bericht über ehemalige Arbeitslager vom 5. 5. 1959 (Bezirksmuseum Simmering, Inv. Nr. 3719).
253 Ebenda.
254 Ebenda.
255 Interview Nr. 4.
256 Interview Nr. 2.
257 Interview Nr. 3.
258 Interview Nr. 2.
259 Interview Nr. 4.
260 Interview Nr. 9.
261 Interview Nr. 9.
262 Interview Nr. 3.
263 Volksstimme, 20. 4. 1947.
264 KA, 864/47, 1. 4. 1947.
265 BP, Nr. 4/L. 149, 19. 4. 1949.
266 KA, 1/52, 14. 10. 1952.
267 Interview Nr. 3.
268 Ebenda.
269 KA, 8/58, 24. 4. 1958.
270 Interview Nr. 3.
271 Interview Nr. 2.
272 Ebenda.
273 Interview Nr. 4.
274 Ebenda.
275 Ebenda.
276 Interview Nr. 11.
277 KA, 1558/48, 6. 9. 1948, Revision KA, 1593/48, 14. 4. 1948.
278 KA, 1452/49, 8. 4. 1949.
279 KA, 1297/50, 30. 6. 1950.
280 KA, 5/52, 28. 4. 1952.
281 KA, 2/52, 24. 5. 1952.
282 KA, 1/54, 8. 5. 1954.

283 Kalender der Genossenschaft der Gastwirte in Wien und dessen Umgebung, Jg. 1949.

284 BP, Nr. 11/L. 32b., Nr. 10/L. 26, Nr. 1/L. 1, 28. 7. 1947.

285 KA, 1/54, 23. 12. 1954.

286 Information Otto Geißler.

287 Ebenda.

288 Information Margarit Hruby.

289 KA, 2/58, 26. 4. 1958.

290 KA, 1648/58, 7. 5. 1958.

291 Laaerberger Rundschau, Jg. 1, 2, Nr. 1–4, Mai 1955–Juli 1956.

292 Interview Nr. 12.

293 Kronen-Zeitung, 26. 9. 1964.

294 Die Neue, 14. 8. 1969.

295 Gemeinderat-Sitzungsprotokoll vom 24. 5. 1905.

296 Information zahlreicher Gewährspersonen.

297 Landesgesetzblatt für Wien, Jg. 1971, 28. 5. 1971, 10. Stück, sowie folgende.

298 Wiener Zeitung, 24. 5. 1985.

299 Information von Gewährspersonen, vgl. Favoriten aktuell, Nr. 1/1987.

300 Bundesdenkmalamt, Bescheid Zl. 13.402/84.

301 Der Standard, 25. 3. 1989.

LITERATUR

Victor Adler, Aufsätze, Reden und Briefe, Wien 1925

Theodor W. Adorno, Gesellschaftstheorie und Kulturkritik, Frankfurt/Main 1981

Theodor W. Adorno, Negative Dialektik, Frankfurt/Main 1966

Arbeit/Mensch/Maschine. Der Weg in die Industriegesellschaft. Katalog zur Oberösterreichischen Landesausstellung 1987, Linz 1987

Arbeiterleben um 1900, hg. vom Autorenkollektiv unter der Leitung von Dietrich Mühlberg, Berlin 1985

Arbeiter-Zeitung, 3. 5. 1897

Franz Baltzarek, Das territoriale und bevölkerungsmäßige Wachstum der Großstadt Wien im 17., 18. und 19. Jahrhundert. In: Wiener Geschichtsblätter, 35. Jg. (1980), Heft 1, S. 1 ff.

Renate Banik-Schweitzer, Urbanisierung und Metropolenbildung im 19. Jahrhundert. In: Beiträge zur historischen Sozialkunde 17/86, Wien 1986, S. 5 ff.

Renate Banik-Schweitzer und *Gerhard Meißl,* Industriestadt Wien. Die Durchsetzung der industriellen Marktproduktion in der Habsburgerresidenz (= Forschungen und Beiträge zur Wiener Stadtgeschichte Bd. 11), Wien 1983

Walter Benjamin, Illuminationen. Ausgewählte Schriften, Frankfurt/Main 1977

Walter Benjamin, Das Passagen-Werk, Frankfurt/Main 1983

Berlin um 1900. Anfänge der Arbeiterfreizeit (= Mitteilungen aus der kulturwissenschaftlichen Forschung Nr. 21), Berlin 1987

Joachim Bischoff und *Karlheinz Maldaner* (Hg.), Kulturindustrie und Ideologie, Hamburg 1980

Werner K. Blessing, Fest und Vergnügen der »kleinen Leute«. Wandlungen vom 18. bis zum 20. Jahrhundert. In: *Richard van Dülmen* und *Norbert Schindler* (Hg.), Volkskultur. Zur Wiederentdeckung des vergessenen Alltags (16.–20. Jahrhundert), Frankfurt/Main 1984, S. 352 ff.

Ernst Bloch, Spuren, Frankfurt/Main 1985

Ernst Bloch, Das Prinzip der Hoffnung, Frankfurt/Main 1985

Hans Bobek und *Elisabeth Lichtenberger,* Wien. Bauliche Gestalt und Entwicklung seit der Mitte des 19. Jahrhunderts (= Schriften der Kommission für Raumforschung der Österr. Akademie der Wissenschaften Bd. 1), Wien, Köln, Graz 1978 (2. Aufl.)

Johann Böhm, Erinnerungen aus meinem Leben, Wien u. a. 1964

Pierre Bourdieu, Die feinen Unterschiede. Kritik der gesellschaftlichen Urteilskraft, Frankfurt/Main 1988 (2. Aufl.)

David Braithwaite, Fairground Architecture, London 1976 (2. Aufl.)

Rolf Wilhelm Brednich u. a. (Hg.), Lebenslauf und Lebenszusammenhang. Autobiographische Materialien in der volkskundlichen Forschung, Freiburg/Br. 1982

Ernst Bruckmüller, Sozialgeschichte Österreichs, Wien, München 1985

Ernst Bruckmüller, Arbeitswelt und Freizeit. In: Beiträge zur historischen Sozialkunde 2/82, Wien 1982, S. 44 ff.

Bertrand Michael Buchmann, Der Prater. Die Geschichte der Unteren Werd (= Wiener Geschichtsbücher Bd. 23), Wien 1979

Lucius Burckhardt, Die Kinder fressen ihre Revolution, Köln 1985

Peter Burke, Helden, Schurken, Narren. Europäische Volkskultur in der frühen Neuzeit, München 1985

Florian Dering, Volksbelustigungen. Eine bildreiche Kulturgeschichte von den Fahr-, Belustigungs- und Geschicklichkeitsgeschäften der Schausteller vom 18. Jahrhundert bis zur Gegenwart, Nördlingen 1986

Klemens Dorn, Favoriten. Ein Heimatbuch des 10. Wiener Gemeindebezirkes, Wien 1928

Franz Dröge und *Thomas Krämer-Badoni,* Die Kneipe. Zur Sozialgeschichte einer Kulturform, Frankfurt/Main 1987

Dieter Düding u. a. (Hg.), Öffentliche Festkultur. Politische Feste in Deutschland von der Aufklärung bis zum Ersten Weltkrieg, Reinbek 1988

Richard van Dülmen und *Norbert Schindler* (Hg.), Volkskultur. Zur Wiederentdeckung des vergessenen Alltags (16.–20. Jahrhundert), Frankfurt/Main 1984

Umberto Eco, Apokalyptiker und Integrierte. Zur kritischen Kritik der Massenkultur, Frankfurt/Main 1984 (2. Aufl.)

Umberto Eco, Über Gott und die Welt, München, Wien 1985 (2. Aufl.)

Hubert Ch. Ehalt u. a. (Hg.), Glücklich ist, wer vergißt ...? Das andere Wien um 1900 (= Kulturstudien Bd. 6), Wien, Köln, Graz 1986

Hubert Ch. Ehalt (Hg.), Geschichte von unten (= Kulturstudien Bd. 1), Wien, Köln, Graz 1984

Josef Ehmer, Rote Fahnen – Blauer Montag. Soziale Bedingungen von Aktions- und Organisationsformen der frühen Wiener Arbeiterbewegung. In: *Detlev Puls, E. P. Thompson* u. a. (Hg.), Wahrnehmungsformen und

Protestverhalten. Studien zur Lage der Unterschichten im 18. und 19. Jahrhundert, Frankfurt/Main 1979, S. 143 ff.

Josef Ehmer, Wiener Arbeitswelten um 1900. in: *Hubert Ch. Ehalt* u. a. (Hg.), Glücklich ist, wer vergißt . . .? Das andere Wien um 1900 (= Kulturstudien Bd. 6), Wien, Köln, Graz 1986, S. 195 ff.

Ernst A. Ekker, Die Kirschenfrau geht in die Luft, Wien 1966

Wolfgang Emmerich (Hg.), Proletarische Lebensläufe. Autobiographische Dokumente zur Entstehung der Zweiten Kultur in Deutschland, 2 Bde., Reinbek 1974/75

Michael Faber, Schausteller. Volkskundliche Untersuchung einer reisenden Berufsgruppe im Köln–Bonner Raum (= Rheinisches Archiv 113), Bonn 1982 (2. Aufl.)

Michael Faber, Schockfreier. Untersuchungen zur Lebens- und Arbeitswelt der Schaustellergehilfen. In: Studien zur Arbeiterkultur. Beiträge der 2. Arbeitstagung der Kommission »Arbeiterkultur« in der Deutschen Gesellschaft für Volkskunde in Hamburg vom 8. bis 12. Mai 1983 (= Beiträge zur Volkskultur in Nordwestdeutschland Heft 44), Münster 1984, S. 447 ff.

Favoritner Bezirksblatt, 10. 1. 1924

Helmut P. Fielhauer, Volkskunde als demokratische Kulturgeschichtsschreibung (= Beiträge zur Volkskunde und Kulturanalyse Bd. 1), Wien 1987

Helmut P. Fielhauer, Der einfache Alltag um die Jahrhundertwende. In: Alltag in Wien seit 1848. Ausstellungskatalog des Österr. Gesellschafts- und Wirtschaftsmuseums, Wien 1979, S. 47 ff.

Helmut P. Fielhauer, »Kartoffeln in der Früh, des Mittags in der Brüh . . .«. Arbeiternahrung. In: *Wolfgang Ruppert* (Hg.), Die Arbeiter, München 1986, S. 157 ff.

Helmut Fielhauer und *Olaf Bockhorn* (Hg.), Die andere Kultur. Volkskunde, Sozialwissenschaften und Arbeiterkultur, Wien, München, Zürich 1982

Jens Flemming, ». . .von Jahr zu Jahr ein Sorgen und Bangen ohne Ende«. In: *Wolfgang Ruppert* (Hg.), Die Arbeiter, München 1986, S. 137 ff.

Freizeit in der Kritik. Alternative Konzepte zur Freizeit- und Kulturpolitik, hg. von der Herausgebergruppe »Freizeit«, Köln 1980

Freizeitkultur. Freizeit als Lebensraum arbeitender Menschen im Sozialismus – ihr Platz in der Freizeitkultur des 20. Jahrhunderts (= Mitteilungen aus der kulturwissenschaftlichen Forschung Nr. 22), Berlin 1987

Eduard Fuchs, Illustrierte Sittengeschichte vom Mittelalter bis zur Gegenwart, 2 Bde.., Berlin o. J. (Reprint)

Ulli Fuchs und *Wolfgang Slapansky*, Trümmer und Träume. Alltag in Favoriten 1945–1955, Wien 1991.

Werner Fuchs, Biographische Forschung. Eine Einführung in Praxis und Methoden (= WV Studium Bd. 127), Opladen 1984

Uwe Geese, Eintritt frei, Kinder die Hälfte. Kulturgeschichtliches vom Jahrmarkt, Marburg/Lahn 1981

Christian Gerbel, Alexander Mejstrik, Reinhard Sieder, Die »Schlurfs«. Verweigerung und Opposition von Wiener Arbeiterjugendlichen im »Dritten Reich«. In: *Emmerich Talos* u. a. (Hg.), NS-Herrschaft in Österreich 1938–1945, Wien 1988, S. 243 ff.

Helge Gerndt, Kultur als Forschungsfeld. Über volkskundliches Denken und Arbeiten (= Münchner Beiträge zur Volkskunde Bd. 5), München 1986 (2. Aufl.)

Sigfried Giedion, Die Herrschaft der Mechanisierung, Frankfurt/Main 1987

Roland Girtler, Methoden der qualitativen Sozialforschung. Anleitung zur Feldarbeit (= Studien zur qualitativen Sozialforschung Bd. 2), Wien, Köln, Graz 1984

Monika Glettler, Die Wiener Tschechen um 1900. Strukturanalyse einer nationalen Minderheit in der Großstadt (= Veröffentlichungen des Collegium Carolinum Bd. 28), München, Wien 1972

Andreas Grießinger, Das symbolische Kapital der Ehre. Streikbewegung und kollektives Bewußtsein deutscher Handwerksgesellen im 18. Jahrhundert, Reinbek 1981

Horst Groschopp, Zwischen Bierabend und Bildungsverein, Berlin 1985

Großstadtproletariat. Zur Lebensweise einer Klasse. Ausstellungskatalog der staatlichen Museen zu Berlin – Museum für Volkskunde, Berlin 1983

Gustav Haberman, Aus meinem Leben, Wien 1919

Jürgen Habermas, Theorie des kommunikativen Handelns, Frankfurt/Main 1981

Christa Hansen-Löve, Auf in den Böhmischen Prater. Glanz und Elend der Tschechen in Wien. In: Pannonia Nr. 3–4, 1976, S. 31 ff.

Wolfgang F. Haug und *Kaspar Maase* (Hg.), Materialistische Kulturtheorie. Alltagskultur (= AS 47), Berlin 1980

Franz Heigl, Der Vergnügungspark, Salzburg 1987

Peter Henisch, Vom Baronkarl. Peripheriegeschichten und andere Prosa, Frankfurt/Main 1972

Ingrid Heinrich-Jost, Wer will noch mal? Wer hat noch nicht? Aus der Geschichte Berliner Rummelplätze, Berlin 1985

Hans Willy Hohn, Die Zerstörung der Zeit, Frankfurt/Main 1984

Max Horkheimer und *Theodor W. Adorno*, Dialektik der Aufklärung, Frankfurt/Main 1969

Franz Hubmann und *Helmut Qualtinger*, Der Wiener Prater oder Die schönste Illusion der Gegenwart, Wien 1986

Gerhard Huck (Hg.), Sozialgeschichte der Freizeit, Wuppertal 1980

Erika Iglauer, Ziegel – Baustoff unseres Lebens (= Volkskundliche Veröffentlichungen Nr. 1), Wien 1974

Illustriertes Wiener Extrablatt, 22. 5. 1884

Sigrid und *Wolfgang Jacobeit,* Illustrierte Alltagsgeschichte des deutschen Volkes 1810–1900, Leipzig, Jena, Berlin 1987

Wolfgang Jacobeit, Weltbild im Wandel? Zur »Volkskultur« zwischen Feudalismus und Kapitalismus. In: Utz Jeggle u. a. (Hg.), Volkskultur in der Moderne, Reinbek 1986, S. 25 ff.

Utz Jeggle u. a. (Hg.), Volkskultur in der Moderne, Reinbek 1986

Michael John, Obdachlosigkeit – Massenerscheinung und Unruheherd im Wien der Spätgründerzeit. In: *Hubert Ch. Ehalt* u. a. (Hg.), Glücklich ist, wer vergißt . . .? Das andere Wien um 1900 (= Kulturstudien Bd. 6), Wien 1986, S. 173 ff.

Gareth Stedman Jones, Kultur und Politik der Arbeiterklasse in London 1870 bis 1900. In: *Detlev Puls, E. P. Thompson* u. a. (Hg.), Wahrnehmungsformen und Protestverhalten. Studien zur Lage der Unterschichten im 18. und 19. Jahrhundert, Frankfurt/Main 1979, s. 317 ff.

Franz Kaiser, Die Brigittenau, Wien, München o. J.

Kalender der Genossenschaft der Gastwirte in Wien und dessen Umgebung, Jg. 1949

K. K. Arbeitsstatistisches Amt im Handelsministerium, Erhebung über die Kinderarbeit in Österreich im Jahre 1908, Textliche Darstellung, I. Heft, Wien 1911

Emil Kläger, Durch die Wiener Quartiere des Elends und Verbrechens, Wien 1908

Theodor Kohlmann und *Hermann Bausinger* (Hg.), Großstadt. Aspekte empirischer Kulturforschung. 24. Deutscher Volkskunde-Kongreß in Berlin vom 26. bis 30. September 1983 (= Schriften des Museums für Deutsche Volkskunde Berlin Bd. 13), Berlin 1985

Rudolf Kohoutek und *Gottfried Pirhofer,* Hammer und Sonnenuntergang. Architektur, Wien o. J.

Der Komet, Jg. 1893, Nr. 422

Konst. Vorstadt-Zeitung, 30. 4. 1886

Angelika Kopecny, Fahrende und Vagabunden. Ihre Geschichten, Überlebenskünste, Zeichen und Straßen, Berlin 1980

Gottfried Korff und *Reinhard Rürup* (Hg.), Berlin, Berlin. Die Ausstellung zur Geschichte der Stadt, Berlin 1987

Wolfgang Kos, Die endlose Mitte. Über Mödling, Vösendorf und den Rand von Wien. In: Mödlinger Lesebuch, Mödling 1986 (2. Aufl.)

Dieter Kramer, Freizeit und Reproduktion der Arbeitskraft, Köln 1977 (2. Aufl.)

Dieter Kramer, Arbeiterkultur und Kulturanalyse, Klassen- und Formationsspezifik. In: Studien zur Arbeiterkultur. Beiträge der 2. Arbeitstagung der Kommission »Arbeiterkultur« in der Deutschen Gesellschaft für Volkskunde in Hamburg vom 8. bis 12. Mai 1983, hg. von *Albrecht Lehmann* (= Beiträge zur Volkskultur in Nordwestdeutschland Heft 44), Münster 1984, S. 216 ff.

Dieter Kramer, Marktstruktur und Kulturprozeß. Überlegungen zum Verhältnis von Kultur und kapitalistischer Gesellschaft. In: *Utz Jeggle* u. a. (Hg.), Volkskultur in der Moderne, Reinbek 1986, S. 37 ff.

Dieter Kramer, Theorien zur historischen Arbeiterkultur (= Schriftenreihe der Studiengesellschaft für Sozialgeschichte und Arbeiterbewegung Bd. 57), Marburg/Lahn 1987

Kronen-Zeitung, 26. 9. 1964

Jürgen Kucsynski, Geschichte des Alltags des deutschen Volkes, Studien 1–6, Berlin 1980–1985

Laaerberger Rundschau, Jg. 1, 2, Nr. 1–4, Mai 1955–Juli 1956

Leben und arbeiten im Industriezeitalter. Ausstellungskatalog des Germanischen Nationalmuseums, Nürnberg 1985

Henri Lefebvre, Kritik des Alltagslebens, Kronberg/Ts. 1977

Alfred Lehmann, Zwischen Schaubuden und Karussells. Ein Spaziergang über Jahrmärkte und Volksfeste, Frankfurt/Main 1952

Wladimir I. Lenin, Briefe, Bd. 10, Berlin 1976

Carola Lipp, Sexualität und Heirat. In: *Wolfgang Ruppert* (Hg.), Die Arbeiter, München 1986, S. 186 ff.

Christa Lorenz, Volksfeste – Freizeitvergnügen für Proletarier? In: Freizeitkultur (= Mitteilungen aus der kulturwissenschaftlichen Forschung Nr. 22), Berlin 1987, S. 81 ff.

William F. Mangels, The Outdoor Amusement Industry, New York 1952

Karl Marx und *Friedrich Engels,* Ökonomische Manuskripte (= MEW Bd. 42), Berlin 1983

Karl Marx und *Friedrich Engels,* Ausgewählte Werke, Moskau 1975

Gerhard Meißl, Produktionsarbeit in der Großstadt. In: Beiträge zur historischen Sozialkunde 1/86, Wien 1986, S. 15 ff.

Mit uns zieht die neue Zeit. Arbeiterkultur in Österreich 1918–1934. Ausstellungskatalog, Wien 1981

Mödlinger Heimatbuch. Annäherung an eine Kleinstadt, Mödling 1986 (2. Aufl.)

Jim Morrison, Die Herren und die neuen Geschöpfe, Berlin o. J.

Dietrich Mühlberg, Proletariat. Kultur und Lebensweise im

19. Jahrhundert (= Kulturstudien Sonderband 2), Wien, Köln, Graz 1986

Oskar Negt und *Alexander Kluge,* Geschichte und Eigensinn, Frankfurt/Main 1987 (9. Aufl.)

Oskar Negt und *Alexander Kluge,* Öffentlichkeit und Erfahrung. Zur Organisationsanalyse von bürgerlicher und proletarischer Öffentlichkeit, *Frankfurt/Main 1972*

Neue Freie Presse, 12. 11. 1884

Neues Wiener Journal, 30. 8. 1925

Wolfgang Niess, Volkshäuser, Freizeitheime, Kommunikationszentren. Zum Wandel kultureller Infrastruktur sozialer Bewegungen. Beispiele aus deutschen Städten von 1848–1984, Hagen 1984

Lutz Niethammer (Hg.), Lebenserfahrung und kollektives Gedächtnis. Die Praxis der »Oral-History«, Frankfurt/Main 1980

Lutz Niethammer, Anmerkungen zur Alltagsgeschichte. In: *K. Bergmann* und *R. Schörken* (Hg.), Geschichte im Alltag – Alltag in der Geschichte, Düsseldorf 1982, S. 11 ff.

Stephan Oettermann, Das Panorama, Frankfurt/Main 1980

Das Oktoberfest. Einhundertfünfundsiebzig Jahre Bayerischer National-Rausch. Ausstellungskatalog zur Jubiläumsausstellung im Münchner Stadtmuseum 1985, München 1985

Hans Pemmer und *Nini Lackner,* Der Prater, Wien, München 1984 (2. Aufl.)

Hans Pemmer, Alt-Wiener Gast- und Vergnügungsstätten. Manuskript aus dem Wiener Stadt- und Landesarchiv (Sign. B. 1372-1)

Leander Petzoldt, Volkstümliche Feste, München 1983

Plakate 1880–1914. Inventarkatalog der Plakatsammlung des Historischen Museums Frankfurt, Frankfurt/Main 1986

Douglas A. Reid, Der Kampf gegen den »Blauen Montag« 1766 bis 1876. In: *Detlev Puls* und *E. P. Thompson* (Hg.), Wahrnehmungsformen und Protestverhalten, Frankfurt/Main 1979, S. 265 ff.

Friedrich Reischl, Wien zur Biedermeierzeit, Wien 1921

Michael Reitschmied, Der Laaerberg, Dipl. Arb., Wien 1987

James S. Roberts, Wirtshaus und Politik in der deutschen Arbeiterbewegung. In: *Gerhard Huck* (Hg.), Sozialgeschichte der Freizeit, Wuppertal 1980, S. 123 ff.

Horst W. Rohls, Das Massenmietshaus im Arbeiterquartier. In: Berlin um 1900. Anfänge der Arbeiterfreizeit (= Mitteilungen aus der kulturwissenschaftlichen Forschung Nr. 21), Berlin 1987, S. 31 ff.

Horst W. Rohls, Vom Notbehelf zum Freizeit-Ort. Laube in der Großstadt. In: Berlin um 1900. Anfänge der Arbeiterfreizeit (= Mitteilungen aus der kulturwissenschaftlichen Forschung Nr. 21), Berlin 1987, S. 110 ff.

Otto Rühle, Illustrierte Kultur- und Sittengeschichte des Proletariats, 2 Bde.., Frankfurt/Main 1970 bzw. Lahn-Gießen 1977 (Reprints)

Felix Salten, Der Wurstelprater, Wien o. J.

Roman Sandgruber, Bittersüße Genüsse. Kulturgeschichte der Genußmittel, Wien, Köln, Graz 1986

Roman Sandgruber, Die Anfänge der Konsumgesellschaft. Konsumgüterverbrauch, Lebensstandard und Alltagskultur in Österreich im 18. und 19. Jahrhundert (= Sozial- und wirtschaftshistorische Studien Bd. 15), Wien 1982

Norbert Schindler, Spuren in der Geschichte der »anderen« Zivilisation. Probleme und Perspektiven einer historischen Volkskulturforschung. In: *Richard van Dülmen* und *Norbert Schindler* (Hg.), Volkskultur. Zur Wiederentdeckung des vergessenen Alltags (16.–20. Jahrhundert), Frankfurt/Main 1984, S. 13 ff.

Manfred Schlösser, Freizeit und Familienleben von Industriearbeitern, Frankfurt/Main, New York 1981

Peter Schoenwald, Erinnerungen an die Glanzzeit des Praters. In: Wiener Geschichtsblätter, 42. Jg. (1987), Heft 3, S. 108 ff.

Thomas Scholze, Im Lichte der Großstadt. Volkskundliche Erforschung metropolitaner Lebensformen, Wien, St. Johann/Pongau 1990

Werner Schubert, Favoriten. Von der Siedlung zur Großstadt, Wien 1980

Renate Schweitzer, Die Entwicklung Favoritens zum Arbeiterbezirk. In: Wiener Geschichtsblätter, 29. Jg. (1974), Heft 4, S. 253 ff.

Hans-Joachim Simm (Hg.), Feiern und Feste, Frankfurt/Main 1988

Wolfgang Slapansky, Städtische Freizeit und Vergnügungsparks, Deipl. Arb., Wien 1989

So feiern die Bayern. Bilder, Texte und Untersuchungen zum öffentlichen Festwesen der Gegenwart. Ausstellungsbegleitheft, München 1978

Werner Sombart, Der moderne Kapitalismus, Berlin 1969 (Reprint)

Der Standard, 25. 3. 1989

Silke Steglich, Das Kino. In: Berlin um 1900. Anfänge der Arbeiterfreizeit (= Mitteilungen aus der kulturwissenschaftlichen Forschung Nr. 21), Berlin 1987, S. 106 ff.

Wolfgang Steinitz, Die volkskundliche Arbeit in der Deutschen Demokratischen Republik, Leipzig 1955 (2. Aufl.)

Hannes Stekl, Arbeitswelt im 19. Jahrhundert. In: Alltag in Wien seit 1848. Ausstellungskatalog des Österreichischen Gesellschafts- und Wirtschaftsmuseums, Wien 1979, S. 15 ff.

Adalbert Stifter, Aus dem alten Wien, Wien 1940

Kurt Stimmer (Hg.), Die Arbeiter von Wien. Ein sozialdemokratischer Stadtführer, Wien, München 1988

Emmerich Talos, Ernst Hanisch, Wolfgang Neugebauer (Hg.), NS-Herrschaft in Österreich 1938–1945, Wien 1988

Gerhard Tanzer, Spazierengehen – Zum ungewöhnlichen Aufschwung einer gewöhnlichen Freizeitform im Wien des ausgehenden 18. Jahrhunderts. In: Beiträge zur historischen Sozialkunde 2/82, Wien 1982, S. 67 ff.

E. P. Thompson, Plebeische Kultur und moralische Ökonomie. Aufsätze zur englischen Sozialgeschichte des 18. und 19. Jahrhunderts, Frankfurt/Main, Berlin, Wien 1980

E. P. Thompson, Die »sittliche« Ökonomie der englischen Unterschichten im 18. Jahrhundert. In: *Detlev Puls, E. P. Thompson* u. a. (Hg.), Wahrnehmungsformen und Protestverhalten, Frankfurt/Main 1979, S. 13 ff.

Marina Tichy, Alltag und Traum. Leben und Lektüre der Dienstmädchen im Wien der Jahrhundertwende (= Kulturstudien Bd. 3), Wien, Köln, Graz 1984

Holger Twele, Artisten, Attraktionen, Automaten. In: Die Fürther Straße. Ein Gang durch ihre Geschichte, hg. vom Centrum Industriekultur Nürnberg (= Aufriß Heft 5), Nürnberg 1985, S. 16 ff.

Volksfeste und Märkte. Jubiläumsbuch 100 Jahre Der Komet, Pirmasens 1983

Volksstimme, 20. 4. 1947

Christoph Wagner, Das große Buch vom Bier. Eine Kulturgeschichte der österreichischen Bierbraukunst, Wien, München 1984

Bernd Jürgen Warneken, »Sozialkultur« auf Stadtfesten. Über die Möglichkeiten und Grenzen eines Reformmodells. In: *Wolfgang Fritz Haug* und *Kaspar Maase* (Hg.), Materialistische Kulturtheorie und Alltagskultur (= AS 47), Berlin 1980, S. 176 ff.

Ingeborg Weber-Kellermann, Die deutsche Familie, Frankfurt/Main 1974

Ingeborg Weber-Kellermann, Volksfeste in Deutschland, Hamburg 1981

Widerstand und Verfolgung in Österreich. Eine Dokumentation, hg. vom Dokumentationsarchiv des österreichischen Widerstands, Bd. 3, Wien 1975

Wiener Bilder, 24. 10. 1897

Wiener Zeitung, 24. 5. 1985

Max Winter, Im unterirdischen Wien (= Großstadtdokumente Bd. 13), Berlin, Leipzig 1905

Thilo Zantke, Der Berliner Prater. Streiflichter aus der Geschichte einer Freizeit- und Vergnügungsstätte, Berlin 1987

Karl Ziak, Des Heiligen Römischen Reiches größtes Wirtshaus. Der Wiener Vorort Neulerchenfeld, Wien 1979

Adelhard Zippelius, Der Mensch als lebendes Exponat. In: Utz Jeggle u. a. (Hg.), Volkskultur in der Moderne, Reinbek 1986, S. 410 ff.

BILDNACHWEIS

Helmut Neuber: Umschlag (Farbbild), S. 33–47, S. 201. – Plakat zur Feier »Böhmischer Prater 100 Jahre bei Wien«, Design Casino Tivoli: S. 48. – K. u. k. militär-geographisches Institut in Wien (Hg.), Umgebungskarte von Wien um 1900: S. 57. – Österreichische Nationalbibliothek, Bildarchiv: S. 50, 67, 144. – Illustriertes Wiener Extrablatt v. 22. 5. 1884: S. 71, 72, 74, 75, 83. – Verein für Geschichte der Arbeiterbewegung: S. 78. – Wiener Bilder, v. 24. 10. 1897: S. 80, 95, 96. – Baupolizei Favoriten: S. 86, 115, 116, 125, 126. – 60 Jahre Sicherheitswache 1869–1929, Wien 1929: S. 92. – Der Kuckuck, Nr. 22, 1929: S. 103, 106, 129. – Wiener Stadt- und Landesarchiv: S. 119, 176, 177, 179, 180, 181, 182. – Bezirksmuseum Simmering: S. 151. – Österreichische Nationalbibliothek, Flugschriften und Plakatsammlung: S. 158.

Autor und Verlag danken folgenden Personen für die freundliche Überlassung von Bildern aus Privatbeständen: Johann Bahonek, Otto Geißler, Wolfgang Geißler, Erich Kargl, Hedwig Kargl, Renate Kazda, Charlotte König, Hildegard König, Johann Leitgeb, Karl Mayer sen., Karl Mayer jun., Hans Pintarich, Otto Slapansky, Inge Wilfert.

DER AUTOR

Wolfgang Slapansky, Dr. phil., geboren 1959 in Wien, betreibt seit frühester Jugend systematische Feldforschung in Vergnügungsparks, im besonderen im Böhmischen Prater. Er ist Lehrbeauftragter der Universität Wien. Arbeitsschwerpunkte: Arbeiter- und Stadtkulturforschung, Museologie und Ausstellungswesen. Freiberuflicher Kulturwissenschaftler und Journalist. Mehrere Publikationen, zuletzt: »Trümmer und Träume. Alltag in Favoriten von 1945 bis 1955«, Wien 1991.